KDJ随机指标

入门与实战

桂　阳　刘晓彤▶编著

中国铁道出版社有限公司

CHINA RAILWAY PUBLISHING HOUSE CO., LTD.

内 容 简 介

本书是一本介绍KDJ指标基础知识与实战运用方法的工具书。全书共9章，主要内容包括KDJ指标应用入门基础、KDJ指标运行曲线详解、KDJ指标买卖形态分析、KDJ指标与K线的综合运用、KDJ指标与成交量的结合、KDJ指标与其他指标的结合、KDJ指标与时间周期的结合、KDJ指标在实战中的研判策略以及运用KDJ指标与主力博弈。

本书内容丰富，通过采用理论知识与案例相结合的方式进行讲解，能够帮助新股民从零开始，快速掌握KDJ指标的基础知识与实战技术，对老股民提升买卖点研判技术也有一定的帮助。

希望所有读者都能从本书中有所收获，摸索出适合自己的股票交易方法，准确把握买卖点，在股市中持续稳定获利。

图书在版编目（CIP）数据

KDJ随机指标入门与实战/桂阳，刘晓彤编著. —北京：中国铁道出版社有限公司，2020.9
ISBN 978-7-113-27031-5

Ⅰ.①K… Ⅱ.①桂… ②刘… Ⅲ.①股票交易-基本知识 Ⅳ.①F830.91

中国版本图书馆CIP数据核字（2020）第115267号

书　　名：KDJ随机指标入门与实战	
KDJ SUIJI ZHIBIAO RUMEN YU SHIZHAN	
作　　者：桂　阳　刘晓彤	

责任编辑：张亚慧	读者热线：(010)63560056
责任校对：王　杰	
责任印制：赵星辰	封面设计：宿　萌

出版发行：中国铁道出版社有限公司（100054，北京市西城区右安门西街8号）
印　　刷：三河市宏盛印务有限公司
版　　次：2020年9月第1版　2020年9月第1次印刷
开　　本：700 mm×1 000 mm　1/16　印张：16　字数：262千
书　　号：ISBN 978-7-113-27031-5
定　　价：59.00元

　　股票是一个风险与收益都高于基金和债券的投资品种，投资者进入股市切记不能想着每一次交易都稳赚不赔。股市中有一句话：一赚二亏七平。我们能做的就是尽可能地充实自己，掌握一定的交易技术，使自己成为俗语中所说的"一"或者"七"。

　　起源于期货市场的分析指标KDJ曲线，主要是利用指标曲线波动的真实波幅来反映价格走势的强弱和超买、超卖现象，它能够在价格尚未上升或下降之前发出买卖信号，因此对投资者而言，这是一个非常实用的分析工具。将KDJ指标与MACD、均线等其他技术指标相结合，能更为准确地研判股票交易中的买卖点。

　　本书重点讲述的就是如何进行KDJ指标的运用，首先从基础知识开始介绍，直至实战中的综合运用。读者通过一步步地学习，能够越来越明确股票买卖点的研判方法，甚至跟随主力俯瞰股市风云。

　　股市投资博弈是一门博大精深的学问，如浩瀚海洋难以了解全面，本书择取了其中部分内容进行讲述，希望投资者们能通过本书有所思、有所获。

主要内容

　　本书共9章，内容如下：

◆ 第1章主要介绍KDJ指标应用相关的基础知识，让读者了解KDJ指标究竟是什么？掌握KDJ参数设置的方法与指标计算的方法，并初步了解KDJ指标曲线在实战中是怎样运用的。

◆ 第2章主要介绍KDJ指标每一条曲线分别代表的含义与基本运用方法，其次是介绍KDJ指标怎样进行空间划分，几条线的作用各是什么？

◆ 第3章主要是对KDJ指标买卖形态的分析，让投资者理解黄金交叉、死亡交叉、超买与超卖以及指标的背离等KDJ曲线形态的重要概念，为实战操作奠定坚实的基础。

◆ 第4章主要是将KDJ指标与K线进行结合，讲解不同形态在实战中综合使用的方法。帮助投资者更加准确、及时地判断股市行情。

◆ 第5章主要是将KDJ指标与成交量进行结合，详细讲解实战法则，帮助投资者在股票交易中更精准地抓住买卖点。

◆ 第6章主要介绍KDJ指标与常见指标MACD、均线以及布林线相结合的实战技法，帮助投资者综合了解多种炒股技法，从而更灵活地运用KDJ指标进行股票交易。

◆ 第7章主要是将KDJ指标与时间周期相结合，通过运用不同周期的方法，帮助投资者利用KDJ曲线更准确地抓住买卖点。

◆ 第8章主要介绍KDJ指标与其他炒股技巧的综合运用，帮助投资者在实战中灵活使用各种方法，以获得更大利润。

◆ 第9章主要分析了主力在建仓、洗盘、拉升及出货阶段的各种变化特点，结合KDJ曲线的买卖信号，帮助投资者紧跟主力做出正确的判断。

内容特点

本书从实用的角度出发，选取了大量的KDJ指标相关案例进行剖析，系统、全面地介绍了KDJ指标的各种基础知识以及实战运用技法。此外，在讲述中以直观、明晰的各种图示来进行知识点的辅助介绍，让读者在一种轻松的阅读氛围中学习本书的知识。

读者对象

本书主要针对准备入市或入市不久的股票投资爱好者和懂得一些炒股基本知识的老股民，对有一定股票投资经验但分析技术不系统的股民朋友也具有较高的指导意义。

编　者

2020年6月

目 录

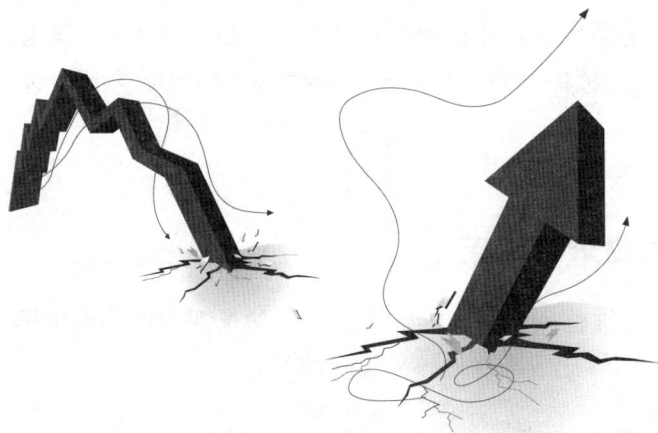

第1章
KDJ指标应用入门基础

KDJ指标又被称为随机指标，它是源于期货市场的一种技术分析方法，后被应用于股票市场中的中短期趋势分析，是一种非常有用的指标。本章将从KDJ指标的理论概述、参数设置等方面对其进行介绍，帮助投资者快速入门，全面了解KDJ指标相关的基础常识。

1.1 KDJ指标的理论概述

在运用KDJ指标进行股票投资分析之前，投资者理应先对KDJ指标进行全面了解，在对其由来、构成等理论做到心中有数之后，才能游刃有余地进行应用。

1.1.1 KDJ指标的由来与构成

KDJ指标又被称为随机指标，它综合了动量观念、强弱指标及移动平均线的优点，能够比较准确地预示买卖信号。

1.KDJ指标的由来

KDJ指标由美国的乔治·莱恩博士首创，起初是为了在高风险的期货市场中为短线投资者提供迅速、直观的风险预测，后来慢慢被股票投资者吸收运用，适用于中短线的投资分析。

2.KDJ指标的构成

KDJ指标的构成基于统计学原理，其形态如图1-1所示。从图中可以看到，该指标由3条曲线（K、D、J）和4根水平空间轴构成（100、80、50、20线）。

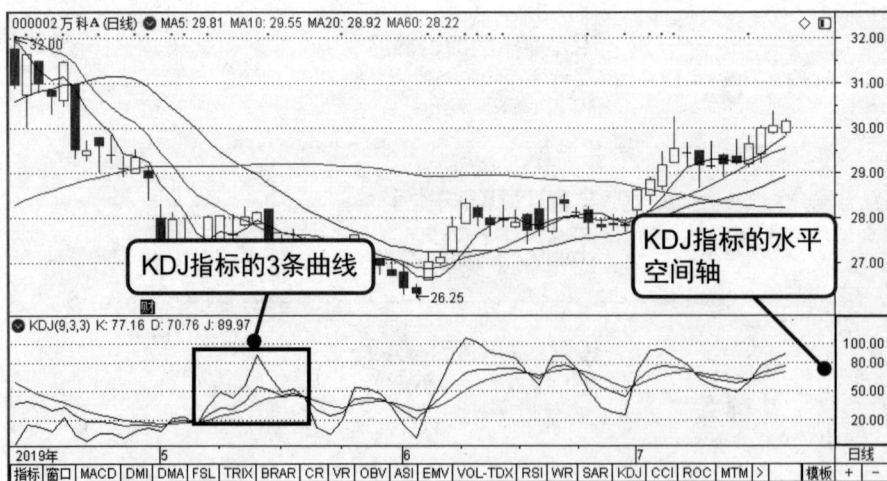

图1-1 KDJ指标构成图

该指标是通过收集特定周期内出现过的最高价、最低价和收盘价，分析三者之间的关系，计算出最后一个周期的未成熟随机值，然后根据平滑移动平均线的方法计算出K值、D值与J值分别在指标的坐标上形成的一个个点，将这些点连接起来即可绘制出完整的、能反映价格波动趋势的曲线图，并用于研判股价走势。

1.1.2
KDJ指标的设计原理

KDJ指标主要是利用价格波动的真实波幅来反映价格走势的强弱和超买、超卖现象，以便在价格尚未上升或下降之前发出买卖信号。该指标的设计原理以如下3个原则为参照依据。

1.趋势价格一致原则

在价格上涨趋势中，收盘价趋向于接近当日（周）价格区间的上端；反之，在下降趋势中，收盘价趋向于接近当日（周）价格区间的下端。

分析实例 捷顺科技（002609）——趋势价格一致预示走势

图1-2为捷顺科技2019年1月至3月的日K线图。从图中可以看到，捷顺科技的股价在2月初开始了一波上涨行情。

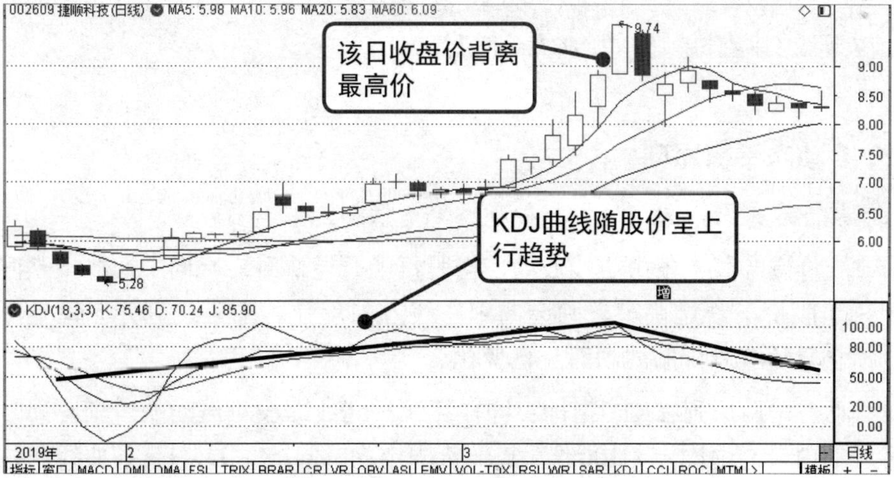

图1-2 捷顺科技在2019年1月至3月的日K线图

在股价上涨时KDJ指标曲线也为上涨趋势，然而不久后的3月13日股价收于阴线，随后KDJ指标中的曲线K跌破曲线D。紧接着KDJ指标曲线呈现下跌趋势，股价开始出现反转下跌，如图1-3所示。

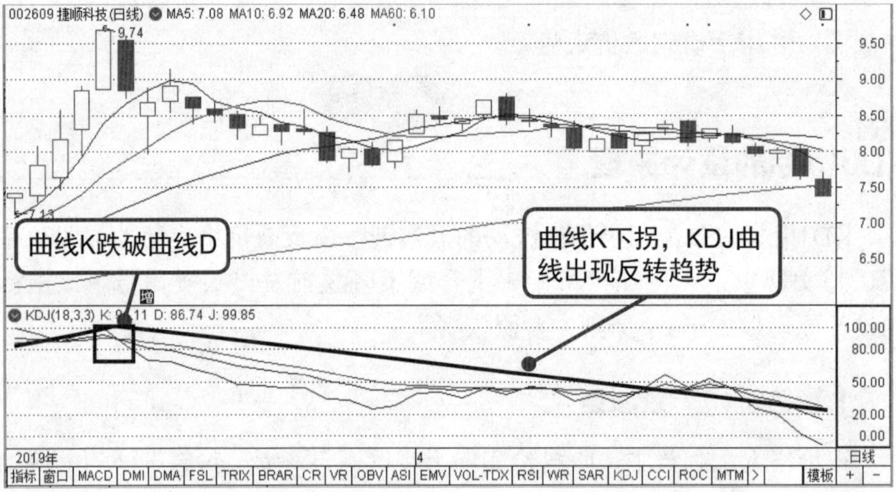

图1-3 捷顺科技在2019年3月至4月的日K线图

TIPS KDJ指标趋势的运用 🔍

在明显上升的趋势周期中，股价多以阳线收盘，当上升趋势即将结束时，当日收盘价则会逐渐远离最高价，反之亦然。投资者需要做的就是在上升或下降趋势中，尽可能提前找到预示反转的信号，即上升趋势中的收盘价位于低点以及下降趋势中的收盘价位于高点。

2.动态平衡原则

从宏观来看，股市处于一种动态平衡状态之中。

股价围绕着一条中心线波动，当股价上升过快时，会向中心线下跌回调；当股价下跌过快时，则会向中心线方向反弹。中心线也并非恒定不变，它会随着股价的波动而起伏变化。

动态平衡原则在KDJ指标中同样存在，50线即股价波动的中轴，同时将周期内最高价固定为100线，最低价固定为0线，K、D、J三条曲线在这一区间中运行，当曲线远离50线时，就会受到50线的吸引而向其靠拢，因而产生波动。

分析
实例 **中利集团（002309）——动态平衡原则预示走势**

图1-4为中利集团2019年1月初至3月的日K线图。从图中可以看到，中利集团的股价在2月初开始了一波上涨行情，KDJ曲线也随之上扬，逐渐远离50线。

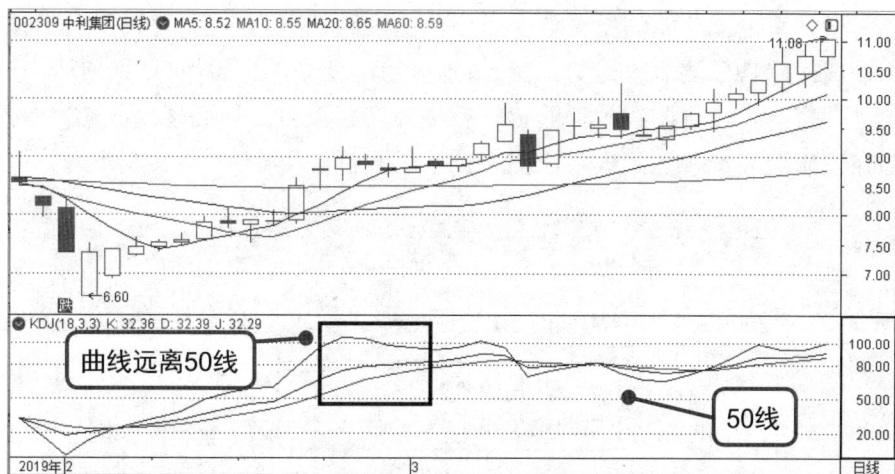

图1-4 中利集团2019年1月初至3月的日K线图

图1-5为中利集团2019年3月底至4月下旬的日K线图。从图中可以看到，中利集团的股价上涨之后开始下跌，4月初KDJ曲线也随之靠近50线。之后KDJ虽下跌背离了50线，但没过多久又开始靠近。

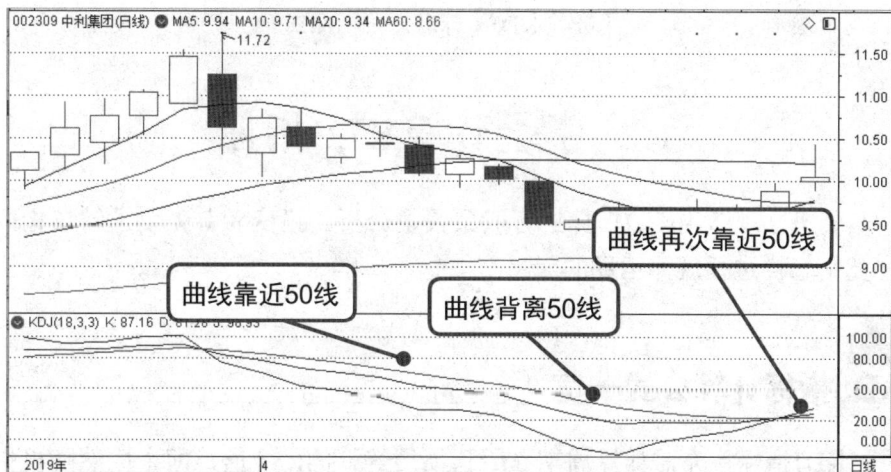

图1-5 中利集团2019年3月底至4月下旬的日K线图

3.动能反转原则

股价的上涨或下跌都需要动能支撑，当股价处于上涨行情时，动能也会随之增加。当动能达到极限无法继续增加时，股价的上涨则很难持续，一旦动能出现衰减，则预示股价会开始反转下跌。

通常来说，动能的反转要先于股价的涨跌，因而投资者可根据KDJ指标曲线的趋势预测股价走势。图1-6显示为，股价在2019年4月见顶后，连续几个交易日收出阴线拉低股价，行情反转，股价见顶回落，而KDJ指标却在创出最高价时达到极限，提前预示了股价的反转。

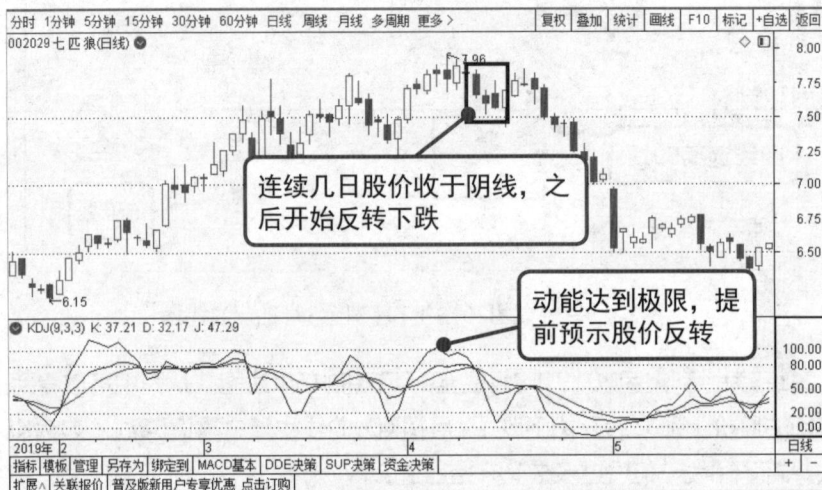

图1-6 KDJ指标动态平衡曲线

1.2 学会计算KDJ指标

要想合理运用KDJ指标进行股票投资分析，投资者首先要了解该指标究竟是怎样进行规律运算的。

1.2.1
KDJ指标计算公式一览

KDJ指标首先需计算周期（n日、n周等）的RSV值，即未成熟随机指标值，然后再计算K值、D值和J值等。其计算公式如下所示：

n日RSV=（第n日收盘价−n日内最低价）/（n日内最高价−n日内最低

价）×100

K=2/3×前一日K值+1/3×当日RSV（若无前一日K值，可用50代替）

D=2/3×前一日D值+1/3×当日K值（若无前一日K、D值，可用50代替）

J=3K–2D

1.2.2 KDJ指标的计算方法与意义

KDJ指标中不同参数的计算方法具有不同的交易指导意义，下面分别进行讲解。

1.RSV值的意义

RSV是英文Raw Stochastic Value的缩写，中文意思是未成熟随机值。

以9日周期为例，KD指标公式为：9日RSV=（第9日的收盘价–9日内的最低价）÷（9日内的最高价–9日内的最低价）×100（计算出来的数值为当日的RSV）。

RSV主要用来分析市场是处于"超买"还是"超卖"状态。通常情况下，RSV值接近100线时，预示股价处于顶部即将反转；反之，RSV值接近0线时，预示股价处于底部。即RSV高于80%的时候市场即为超买状况，行情即将见顶，投资者应考虑清仓；当RSV值低于20%时候，市场为超卖状况，预示行情即将见底，投资者可考虑加仓。

2.K值的意义

K曲线实质上是对RSV的平滑处理。K曲线是一条非常敏感的快速确认线，具有以下6个指导意义。

◆ K曲线数值在80以上为超买，数值在20以下为超卖，均预示着市场即将反转，投资者需及时清仓或加仓。

◆ 若K曲线未进入80线就产生回调，说明上涨动力不足。

◆ 若K曲线未进入20线就开始反弹，说明下降动能不足或遇到支撑。

◆ 当K曲线向右上方倾斜，说明股价处于上涨趋势。

◆ 若K曲线在50线之上向右上方倾斜，说明股价处于强势上涨趋势中。

◆ 当K曲线向右下方倾斜，说明股价处于下跌或回调趋势。

**分析
实例** 亿帆医药（002019）——K曲线走势预测股价趋势

图1-7为亿帆医药2019年4月至5月的日K线图。K曲线突破了80线确认超买，之后曲线向下方回落，说明股价即将开始下跌。

图1-7 K曲线走势预示的下跌

从图1-8中可以看到，在K曲线超买现象出现之后的一段时间内，股价持续下跌，若投资者当初若没果断清仓必将损失惨重。

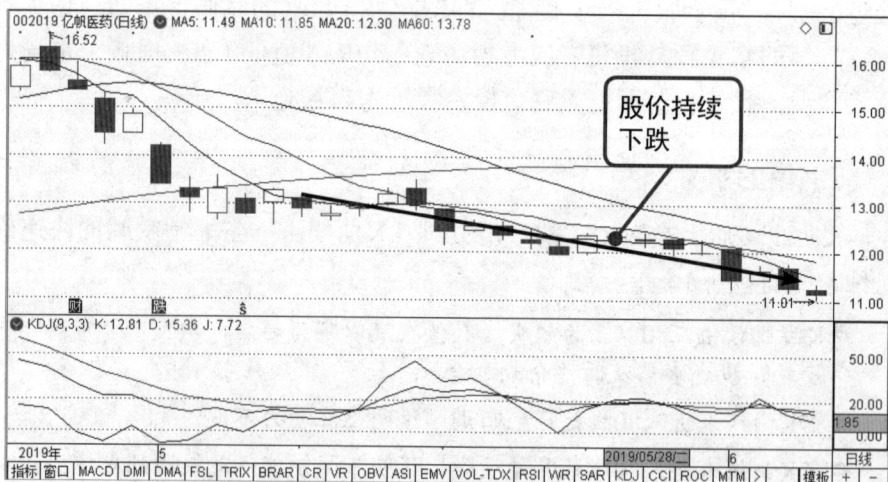

图1-8 K曲线超买之后的持续下跌

3.D值的意义

D曲线为慢速指标，人们将其视作K曲线的均线，它比K曲线更加平缓。在股市中，D曲线与K曲线的结合将产生交易指导意义，其内容如下。

◆ D曲线对K曲线具有支撑与阻力作用，当K曲线自下而上即将穿越D曲线时，将遭到D曲线的阻力，若能成功穿越D曲线则又会得到来自D曲线的支撑力。

◆ 当K曲线位于D曲线的上方，说明股价处在多方强势的上涨趋势中，反之则为下跌趋势。

◆ 当K曲线向上突破D曲线时，表示为上升趋势，可以买进。

◆ 当K曲线向下突破D曲线时，表示为下降趋势，可以卖出。

◆ 当KD值升到90以上时表示进入顶部区域，预示下跌；当KD值跌到20以下时表示进入底部区域，预示反弹上涨。

分析实例 **韵达股份（002120）——D曲线走势预测股价趋势**

图1-9为韵达股份2019年7月至8月的日K线图。在持续的下跌走势中，8月6日KDJ曲线调头向上攀升，K曲线自下而上穿越D曲线，后市看涨。

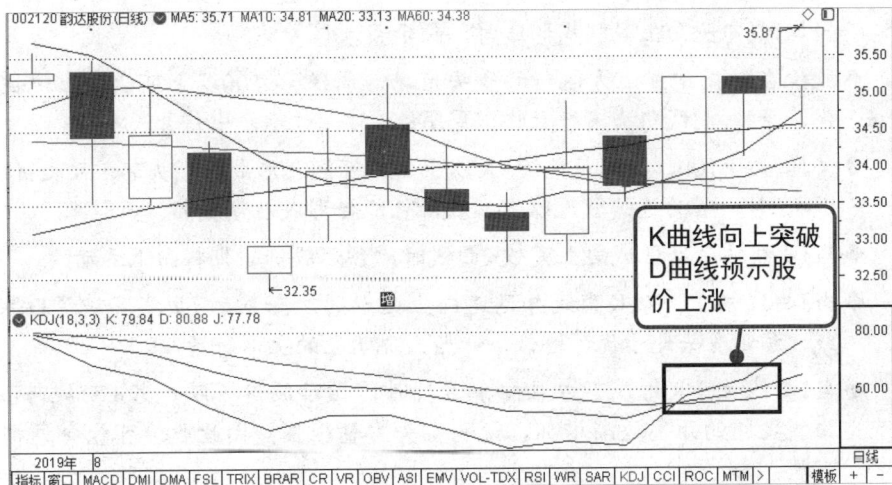

图1-9 D曲线的走势预示

图1-10为韵达股份2019年8月的日K线图。投资者可以看到，在K曲线上穿D曲线之后，KDJ指标曲线整体呈向右上方倾斜趋势，上行走势明显，同时股价随

之持续上涨，投资者若能在前期出现反转趋势时及时买入，必将获利。

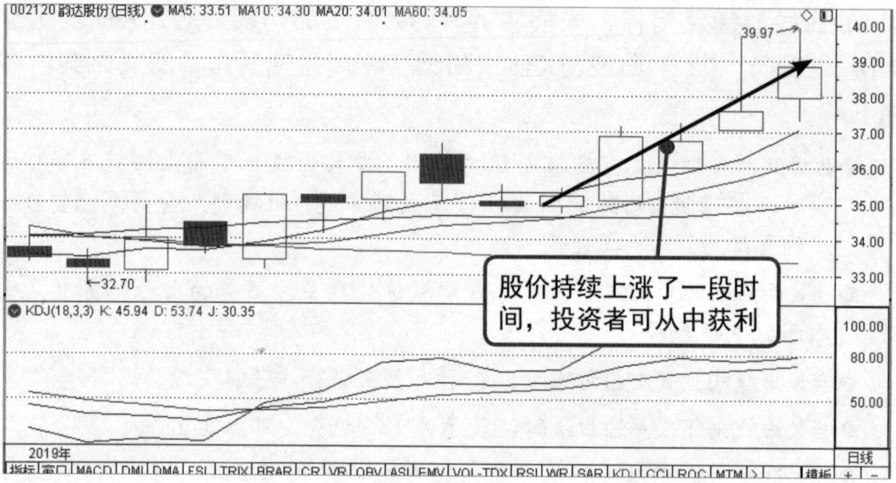

图1-10 韵达股份的股价持续上涨

4.J值的意义

J曲线为方向敏感线，反映的是K值与D值的落差。投资者同样需要注意J曲线，其应用意义内容如下。

◆ 股价在60周均线下方运行的空头市场，周J线经常会在0值下方钝化，当周J线勾头向上且收周阳线时，预示买入信号。

◆ 股价在60周均线上方运行的多头市场，周J线在100以上可能会出现钝化，等待周J线勾头下行且收出周阴K线时，预示卖出信号。

◆ 当J值大于100，特别是连续5天以上，极可能会形成短期头部；反之J值小于0时，若为连续数天以上，股价可能会形成短期底部。

◆ 当J曲线从底部区域向上突破K曲线时，预示股价短期将向上运动。

◆ 当J曲线向上突破K曲线并迅速向上运动时，若同时J曲线突破了D曲线，预示多头处于优势地位，开始出现明显的上涨行情。

◆ 当J曲线位于K曲线下方且向下运行时，预示股价下跌，若K曲线与D曲线之间的距离逐渐增加，说明空头力量很强，因此股价可能会急剧下跌。

TIPS *J曲线运用原则* 🔍

　　J曲线是一条非常灵敏的曲线，在KDJ指标中，K值和D值的取值范围都是0～100，而J值的取值范围可以超过100和低于0。当J曲线升到90以上时表示进入顶部区域，出现超买现象，预示股价回调；当J曲线下降到10以下时表示进入底部区域，出现超卖现象，预示股价反弹回升。

分析实例 **丹邦科技（002618）——J曲线走势预测股价趋势** ───────

　　图1-11为丹邦科技2019年4月至5月的日K线图。可看到，J曲线向下穿越K曲线，之后三条曲线均向右下方倾斜，说明股价即将开始下跌。稍后K、D曲线之间的距离进一步拉大，预示股价下跌趋势会加剧，果不其然，该股票后市持续下跌，投资者若未能及时清仓，必将遭受重大损失。

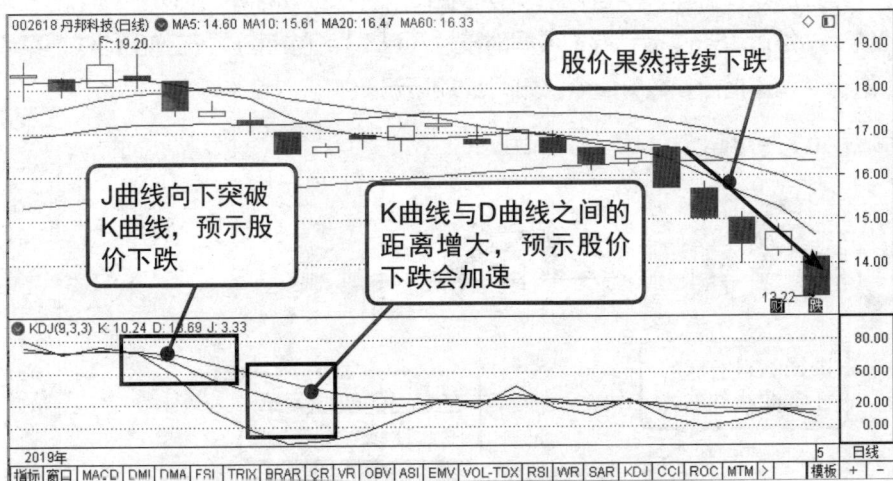

图1-11　J曲线的走势预示

1.3　设置KDJ指标的参数

　　在了解了KDJ指标的计算方法之后，投资者若要想合理运用KDJ指标进行股票投资分析，需学会对其参数进行设置，使之更符合自己的操作习惯与市场实情，以便准确预测股价走势。

1.3.1
怎样设置KDJ指标参数

设置KDJ指标的参数，实质上就是为该指标选择时间周期参数，通常情况下，国内操盘软件的系统默认参数为（9，3，3），其含义如下。

◆9：时间周期，计算9日内的最高价与最低价。

◆3：K值平滑天数，K值是连续3个交易日RSV的平滑移动平均数。

◆3：D值平滑天数，D值是连续3个交易日K值的平滑移动平均数。

在实际运用中，这种参数在日K线下波动比较频繁，过于灵敏，有可能发出误导信号。因此投资者可以根据自己的操作习惯和波段长短，自行修改KDJ参数。

分析实例 设置KDJ指标的参数操作方法

打开股票投资软件，进入KDJ指标窗口，将鼠标光标移至KDJ指标中的任意曲线上，然后单击鼠标右键（或同时按【Alt+T】组合键），在弹出的快捷菜单中选择"调整指标参数"命令，如图1-12所示。

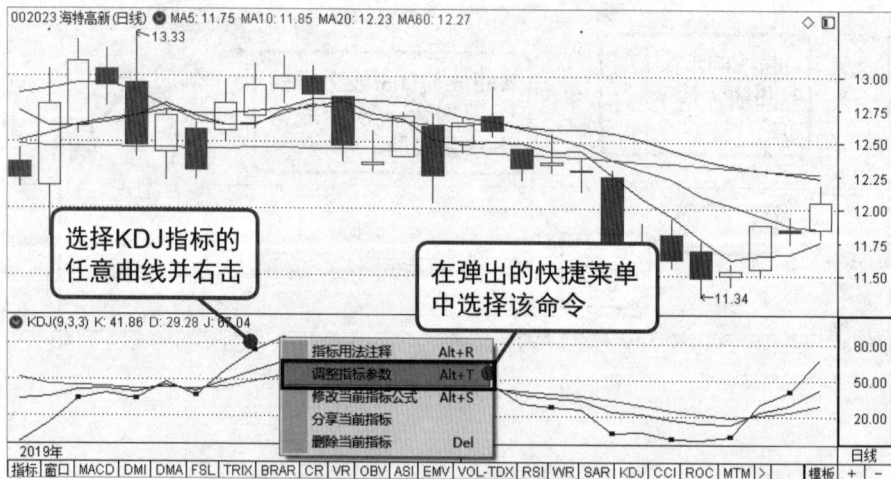

图1-12 选择"调整指标参数"命令

选择该命令之后，投资操作软件会弹出"【KDJ】指标参数调整"对话框，在该对话框中输入不同的数值，就可根据实际的需要调整KDJ指标的参数，如图1-13所示。

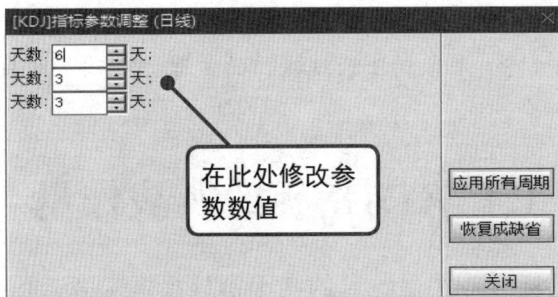

图1-13 调整KDJ指标参数

1.3.2

短线与中长期参数的设置

投资者可以根据不同的需求设置KDJ指标的参数，具体设置数值通常以有利于进行短线或中长线预测为参考依据。

◆ （6，3，3）该指标比较灵敏，波动性强，适合喜欢灵活机动的投资者用作短线操作的参考。

◆ （18，3，3）这种KDJ指标参数反应相对迟钝，但比较稳定且实用，投资者可用于波段操作或者中期行情进行参考。如图1-14所示，投资者可以看到，从2018年1月初开始，KDJ指标曲线缓慢上行，逐渐突破50线，预示后市看涨。

图1-14 适合中线行情的KDJ参数

◆ （24，3，3）这种KDJ指标参数设置在一定程度上排除了价格波动所带来的虚假信号，可以用于中线以上的操作进行参考。

◆ （89，13，13）参数是中长线操作的首选，有利于中长线投资者做出
正确的研判。

1.4 KDJ指标的实战作用

设置KDJ指标参数的最终目的在于指导投资实战，那么在具体实践
中，KDJ指标究竟是怎样发挥作用的呢？下面就来进行简要的介绍，更具
针对性的内容将会在后面的章节中进行详细讲解。

1.4.1
实战中KDJ指标的运用基础

在炒股实战中，投资者们通常会利用KDJ指标来识别短线趋势与预测
趋势转向，寻找买卖点时机，以此低买高卖斩获利润。

1.认识黄金交叉与死亡交叉

在运用KDJ指标时又会运用到两个比较关键的概念，即黄金交叉与死
亡交叉。

◆ 当K值由小于D值转变为大于D值，也就是说，K线由下向上突破D线，
此时形成的交叉为黄金交叉，是买入信号。

◆ 当K值由大于D值转变为小于D值，也就是说，K线由上向下穿破D线
时，形成的交叉为死亡交叉，是卖出信号。

2.识别短线趋势

在股价震荡过程中，KDJ指标也会随之产生波动变化，并且相较于其
他指标，KDJ波动比较剧烈，更容易对短线操作产生一定的指导意义。因
此，投资者可以通过KDJ指标识别短线趋势，其方法如下。

◆ 若KDJ指标连续两次以上出现黄金交叉，且交叉点的位置一次比一次
高，则说明股价处于短线上升趋势，短线交易者可以考虑进场。

◆ 若KDJ指标连续两次以上出现死亡交叉，且交叉点的位置一次比一次
低，则说明股价处于短线下降趋势，短线交易者可以考虑出货。

◆ 在KDJ指标处于上升趋势时，若KDJ指标K曲线跌破上升趋势线，呈现
出向右下方倾斜的走势，则意味着上涨趋势可能结束，短线交易者可

以考虑出货。

◆ 在KDJ指标处于下降趋势时，若KDJ指标K曲线向上突破下降趋势线，呈现出向右上方运行的趋势时，则意味着下降趋势可能结束，短线交易者可以考虑进场。

◆ 当KDJ指标三条曲线均进入高位超买区域时，预示多头力量已进入顶峰，即将出现下跌转向。

◆ 当KDJ指标曲线下行一段时间，三条曲线均进入低位超卖区域时，预示空头力量已达到底部，即将出现转向上涨。

TIPS 同时出现金叉与死叉 🔍

在股价震荡过程中，若KDJ指标随着股价的波动涨跌，多次出现了金叉与死叉，其中金叉的位置一次比一次高，说明此时股价尽管动荡，但依旧处于短线上升趋势中，投资者可以继续持股待涨。

分析实例 韵达股份（002120）——运用KDJ识别短线趋势

从韵达股份2018年11月至12月的日K线图中，投资者可看到，该股票在经历一段时间的持续下跌之后，KDJ指标曲线在20线下出现了两次黄金交叉，如图1-15所示。

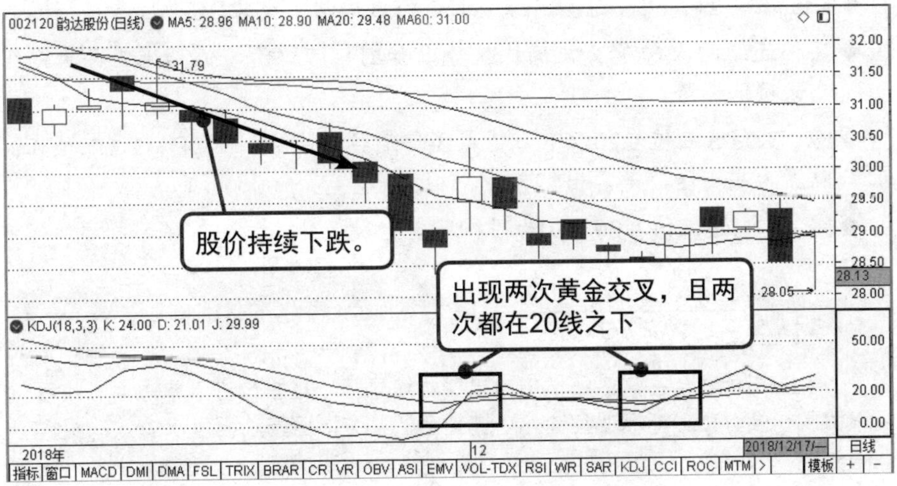

图1-15 韵达股份出现黄金交叉

通过KDJ指标出现明显黄金交叉，且KDJ指标的K曲线向上突破下降趋势线，曲线走势图开始向右上方倾斜，投资者可以预测该股票后市看涨，若能及时持股必将获利。果不其然，韵达股份从2018年年底开始一路上行，至2019年3月已经涨至40元以上的高价位，如图1-16所示。

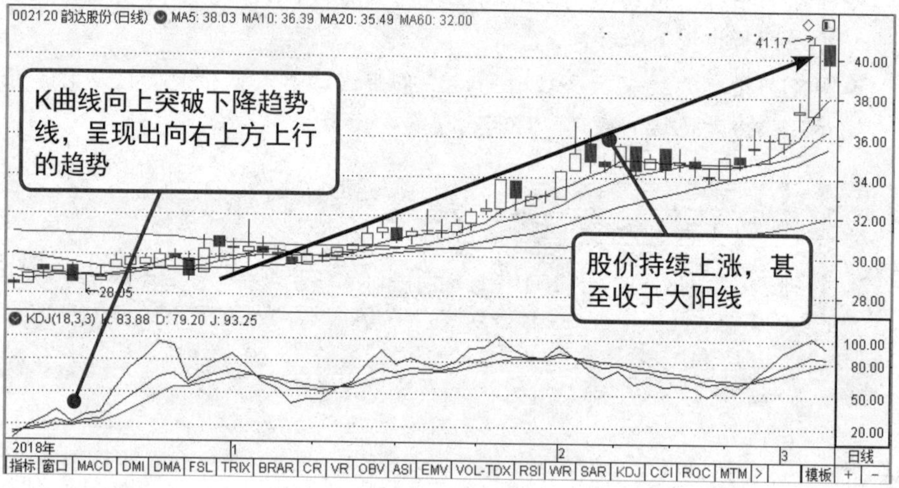

图1-16 一路走高的韵达股份

3.寻找买卖点时机

寻找股票的买卖点是KDJ指标的最重要作用，具体方法如下。

◆ K值由右边向下交叉D值做卖，K值由右边向上交叉D值做买。

◆ 高档连续两次向下交叉确认跌势，如图1-17所示，低档连续两次向上交叉确认涨势。

◆ K、D、J这三值在20以下为超卖区，是买入信号；K、D、J这三值在80以上为超买区，是卖出信号。

◆ K、D、J这三值在20～80为徘徊区，宜观望。

TIPS *KDJ寻买卖点的失效情况*

KDJ指标适合在震荡行情中给出买卖信号，一旦股价进入单边上涨或者下跌的行情，KDJ指标就会钝化，钝化后的KDJ指标无法再发出有效的买卖信号。

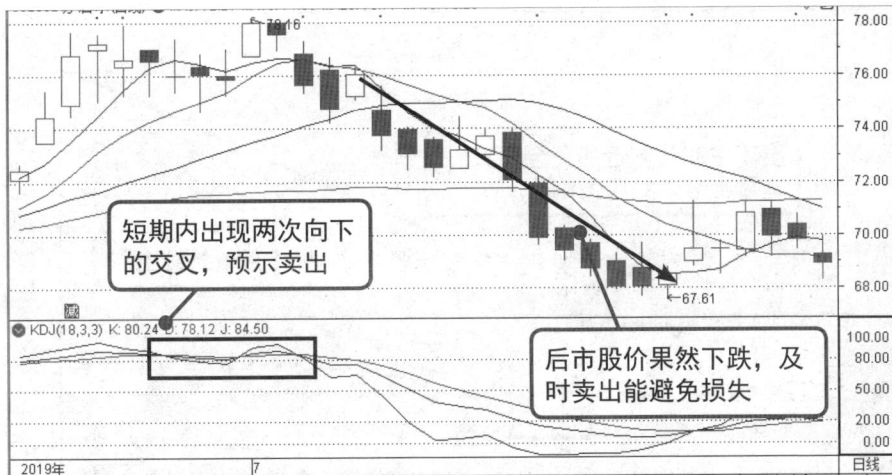

图1-17 连续两次向下交叉

1.4.2
实战中准确识别买卖信号

在炒股实战中，人们通常是通过观察KDJ指标的金叉与死叉、超买与超卖以及股价走势与曲线走势的背离来识别买卖信号。为了更准确地进行信号识别，投资者应注意以下5个要点。

◆ 当K曲线与D曲线形成的黄金交叉值在30（20更好）以下时，透露的买入信号较为准确可靠。

◆ 当K曲线与D曲线在30线之下形成多次黄金交叉，买入信号更强。

◆ 当K曲线与D曲线形成的死亡交叉值在70（80更好）以上时，透露的卖出信号较为准确可靠。

◆ 当K曲线与D曲线在70线之上形成多次死亡交叉，卖出信号更强。

◆ 在30线之下或70线之上出现的K线拐头，也是较为准确的买卖信号。

分析实例 沙钢股份（002075）——运用KDJ准确寻找买卖点

打开个股沙钢股份的日K线图，可看到它的KDJ指标曲线于2019年2月初出现了30线附近的黄金交叉，预示股价即将上涨，如图1-18所示。投资者可抓住买入时机在此期间买入该股票。

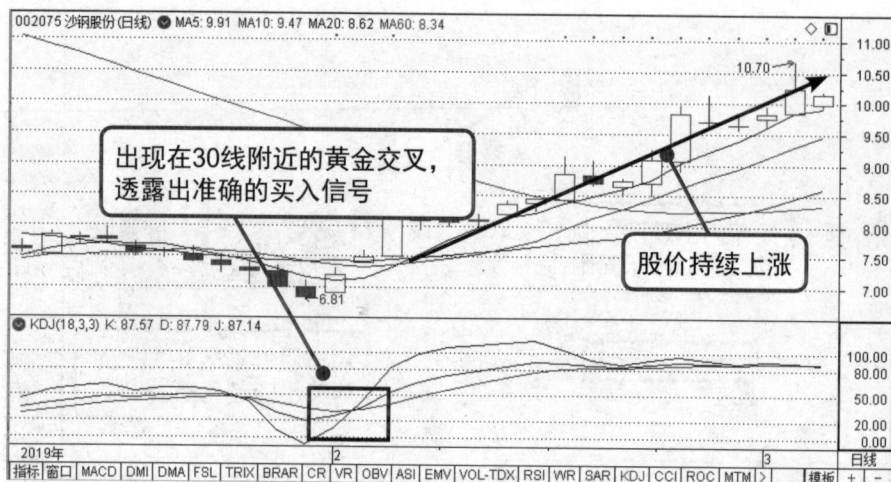

图1-18 准确可靠的黄金交叉

在后市的股票走势中，可看到沙钢股份的KDJ指标曲线于2019年3月上旬出现了80线之上的死亡交叉，这是一个典型的卖出信号，预示着股价即将下跌，投资者需果断清仓止损，如图1-19所示。

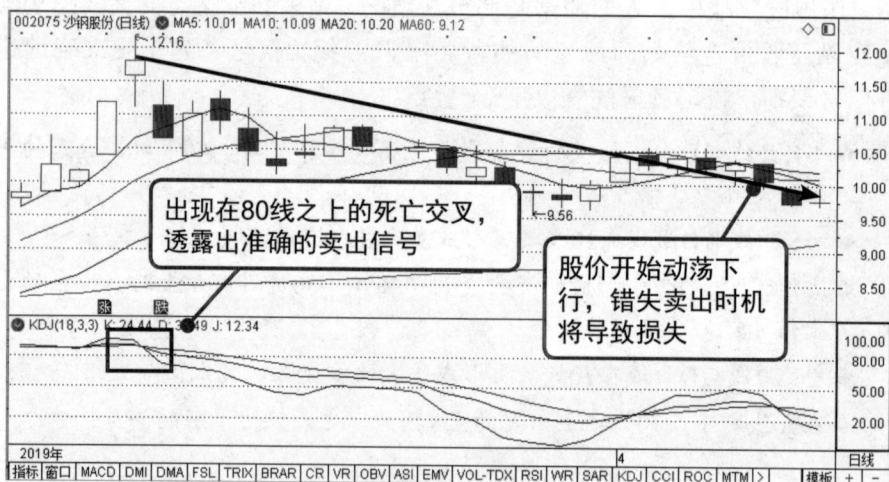

图1-19 准确可靠的死亡交叉

1.4.3
实战中精准运用KDJ指标

要想在股市行情中精准运用KDJ指标预测个股走势，不能仅依靠单一的KDJ指标数据，通常情况下，要以KDJ指标为主、其他技术为辅的多种指标结合进行综合分析，更具准确性。其大致方法如下。

- ◆ 周KDJ指标与日KDJ指标的结合。
- ◆ K线与KDJ指标的结合。
- ◆ KDJ指标与成交量的结合。
- ◆ KDJ指标与MACD、均线、布林线等指标的结合。
- ◆ KDJ指标与时间周期的结合。

分析实例 石基信息（002153）——周KDJ指标与日KDJ指标的结合

将周KDJ指标与日KDJ指标数据相结合来进行股市交易研判，实质上是属于周期共振法，如果周线KDJ指标与日线KDJ指标同时出现了买入点或卖出点，则该信号更为准确与强势。

图1-20为石基信息2019年5月至7月的KDJ曲线走势图。可以看到，2019年5月初时出现了预示买入信号的黄金交叉。

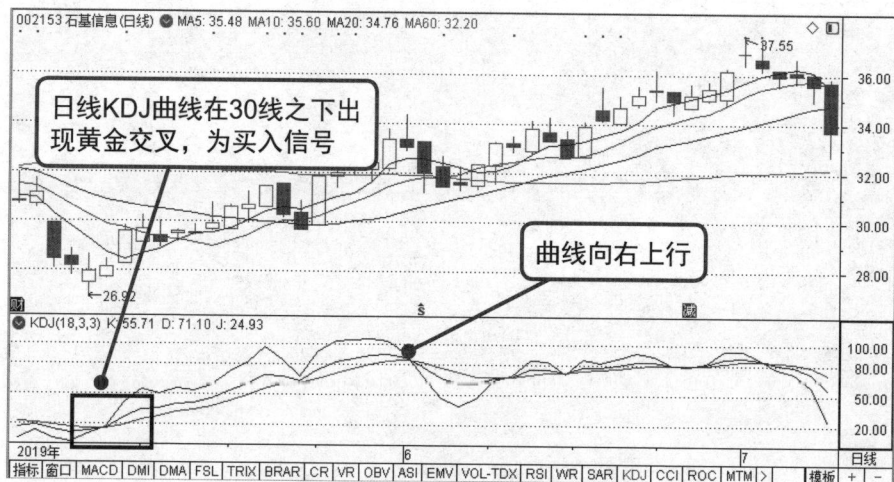

图1-20 石基信息日线KDJ指标曲线

换成周线KDJ曲线之后，可以看到在日线的KDJ指标出现黄金交叉不久，周线下的KDJ指标也出现了黄金交叉，这就更进一步确认了前期日线的KDJ指标出现的黄金交叉的可靠性。日线、周线KDJ都出现黄金交叉，是非常强烈的买入信号，投资者可抓住买入时机在此期间买入该股票，后市将获利颇丰，如图1-21所示。

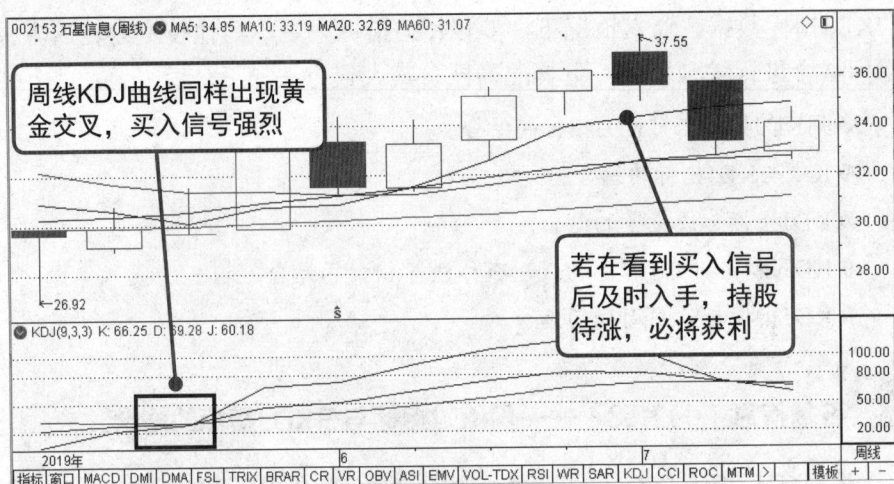

图1-21 石基信息周线KDJ指标曲线

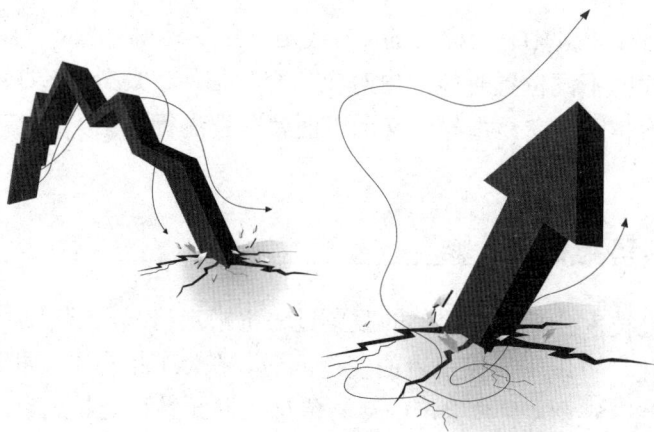

第2章

KDJ指标运行曲线详解

在了解了KDJ指标的基础概念之后，投资者还需要对其进行更深入地研究，仔细体会K、D、J三个指标出现不同数值的意义，掌握KDJ指标运行中透露出的交易信号，并学会在买卖股票的实战中进行运用。

2.1 K曲线透露的交易信息

前面已经介绍过KDJ指标中的K曲线是一条快速确认线，当该曲线处于20线、80线的不同位置时能发出对应的交易信号。此外，K曲线的不同形态具有各不相同的交易指导意义，下面就分别进行介绍。

2.1.1
K曲线的趋势线研判

趋势线是技术分析者们绘制的股票过去价格走势线，它能预测股票未来的趋势变化，可以引导投资者的投资方向。在KDJ指标中，我们可以通过绘制趋势线，观察K曲线提示的交易信息，据此进行交易。

1.上升趋势中的研判

所谓上升趋势，是指在股价运行的一段时间内，K曲线形成的波峰或波谷都高于前一个波峰或波谷，通过连接一串波谷形成的最低点，我们可以绘制一条上行直线，如图2-1所示。

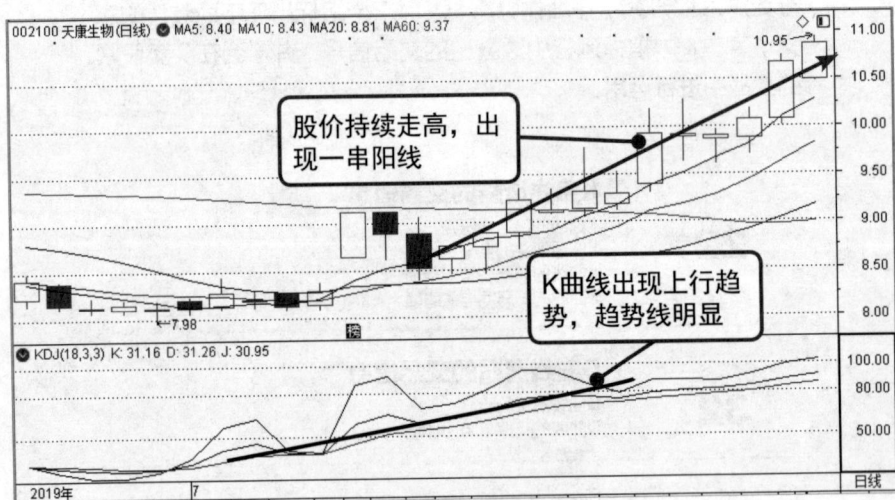

图2-1 K曲线的上升趋势线

在上行趋势中，趋势线发出的交易信号有如下3种情况。

◆K曲线下行至趋势线位置时，可能因为趋势线的支撑而止跌，甚至再次攀升。

◆ 当K曲线有效跌破上升趋势线时，表明股价运行趋势已发生改变，投资者需考虑清仓。

◆ 当K曲线有效跌破上升趋势线后，该上行趋势线将成为K曲线的阻力线，当K曲线希望上行突破该趋势线时，会受到阻力。

2.下降趋势中的研判

下降趋势与上行趋势恰好相对应，是指在股价运行的一段时间内，K曲线形成的波峰或波谷都低于前一个波峰或波谷，通过连接一串波峰形成的最高点，我们可以绘制一条下行直线。

在下降趋势中，趋势线发出的交易信号有如下3种情况。

◆ K曲线上行至趋势线位置时，可能因趋势线的压制而止涨或再次下跌。

◆ 当K曲线有效突破下降趋势线时，表明股价运行趋势已发生改变，投资者需考虑持仓或增仓。

◆ 当K曲线有效突破下降趋势线后，下行趋势线将成为K曲线的支撑线，当K曲线再次下跌至趋势线附近时，可能会因受到支撑而反弹上涨。

分析实例 威海广泰（002111）——K曲线趋势线预测走势

图2-2为威海广泰2019年6月至8月的日K线图。我们可以看到，该股票的前期走势K曲线可以绘制出一根下行趋势线，之后K曲线有效突破了下降趋势线，说明市场可能发生反转。

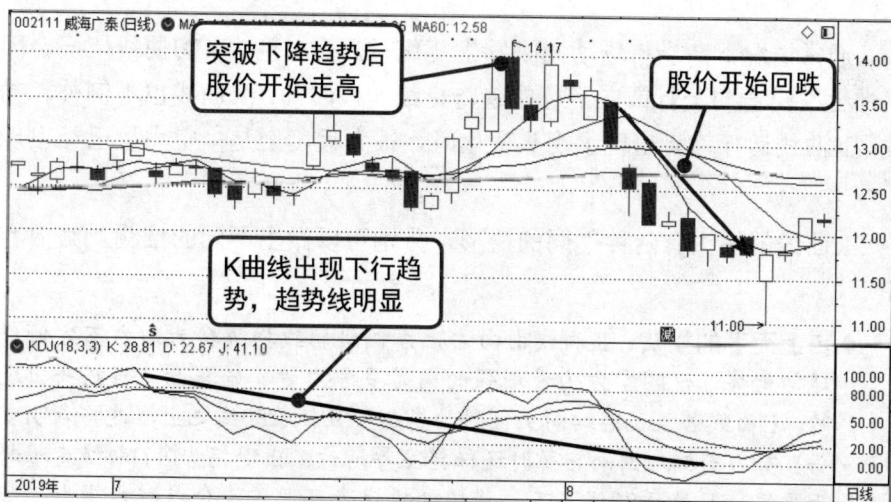

图2-2 K曲线在下降趋势中的反转

从上图中可以看到，不久股价出现回跌，但受支撑影响K曲线并没有再次落回趋势线之下。因此，投资者可以合理预测股价走势可能会发生改变，出现一波上涨行情，可以考虑持仓待涨。

果不其然，如图2-3所示，我们可以看到在后期走势中，K、D曲线都呈现出缓慢上行，股价开始持续上涨，投资者若能及时买入并持仓，必将获利。

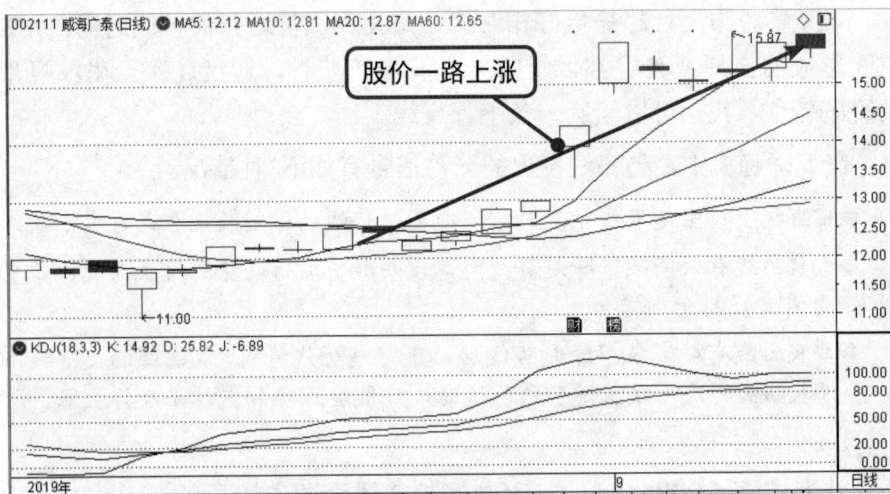

图2-3　遇到支撑后的股价上涨

2.1.2
K曲线拐头的含义

通常情况下，当市场动向刚发生变化时，短时间内KDJ曲线依旧会因"惯性"沿着向上行或向下行的趋势持续一段时间，K曲线也不例外。当发现K曲线运行趋势出现了拐头变化时，很大程度上是多空力量已经出现了改变。

K曲线的拐头有两种不同的情形，分别可以做出不同的推测，其内容如下。

◆自上而下的拐头：K曲线由向右上方倾斜的线拐头转为向右下方倾斜延伸走势，说明空方力量增强的同时多方力量开始萎靡。当拐头出现时，D曲线若呈现继续向上倾斜的姿态并且位于80线之上，这将表明多头在努力支撑，因而它暂时还保持主导地位；出现拐头时D曲线走势趋于平缓，且处于80线之下，谨慎的投资者可考虑清仓以避免损失。如图2-4所示。

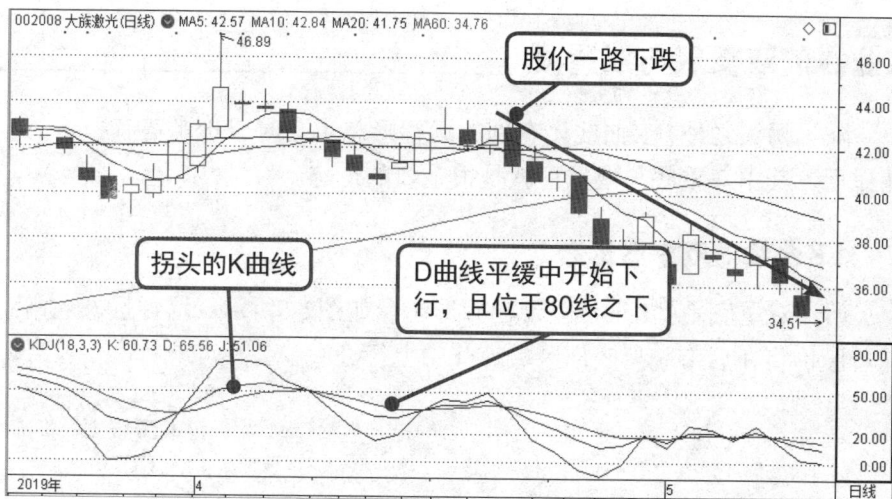

图2-4 K曲线出现拐头预示的下跌

◆ **自下而上的拐头**：K曲线由向右下方倾斜的线拐头转为向右上方倾斜延伸走势，说明多方力量增强同时空方力量开始萎靡。当拐头出现时，D曲线若是呈现出继续向下倾斜的趋势且位于20线之下，表明空方力量暂时还保持主导地位；出现拐头时D曲线走势趋于平缓或开始上行，且处于20线之上投资者可考虑建仓或增仓，如图2-5所示。

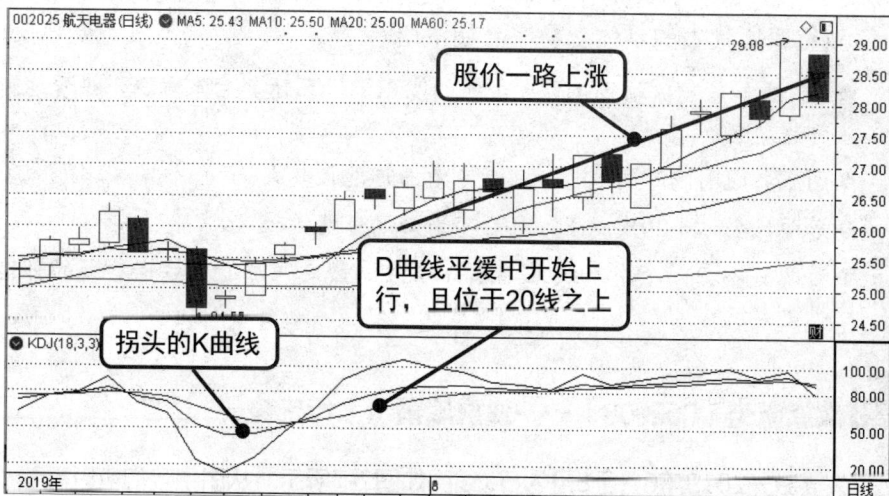

图2-5 K曲线出现拐头预示的上涨

K曲线的双重底与双重顶

除了拐头之外，K曲线还有别的运行形态也会对股价走势有一定的预测作用，其中双重底与双重顶就是很重要的形态。

1.K曲线的双重底形态

所谓双重底是指K曲线呈现出W形态，如图2-6所示。这种形态通常意味着股价将在后市脱离底部区域，开始上行。

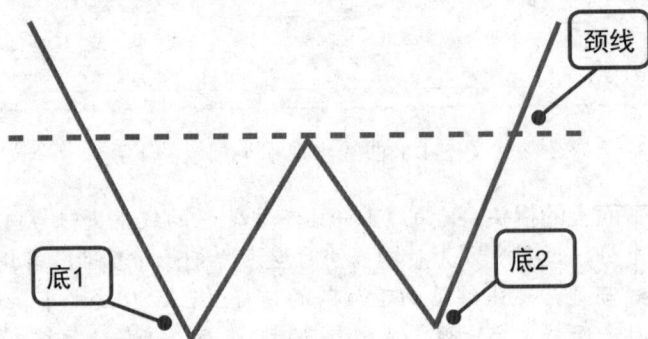

图2-6 双重底示意图

双重底所代表的具体交易信号如下所示。

◆K曲线如果突破颈线（两底之间的高点），预示其后市看涨，投资者可考虑建仓。

◆两底之间间隔时间越长，其后市看涨可能性越大。

◆若两底全位于20线以下，其后市看涨的可能性较大。

◆若两底不在一个水平线上，底2比底1位置更高时，其后市看涨的可能性更大。

分析实例 大族激光（002008）——双重底预示上行走势

大族激光2019年6月至8月的日K线图如图2-7所示。从图中我们可以看到，该股票在经历了前期的震荡行情之后，股价开始持续下跌，并于低位K曲线出现了双重底形态。

依照双重底代表的交易信号来分析，大族激光的双重底在20线之下，且第二个底比第一个底位置更高，除此之外，K曲线还向上突破了颈线，种种迹象都表明该股后市看涨。

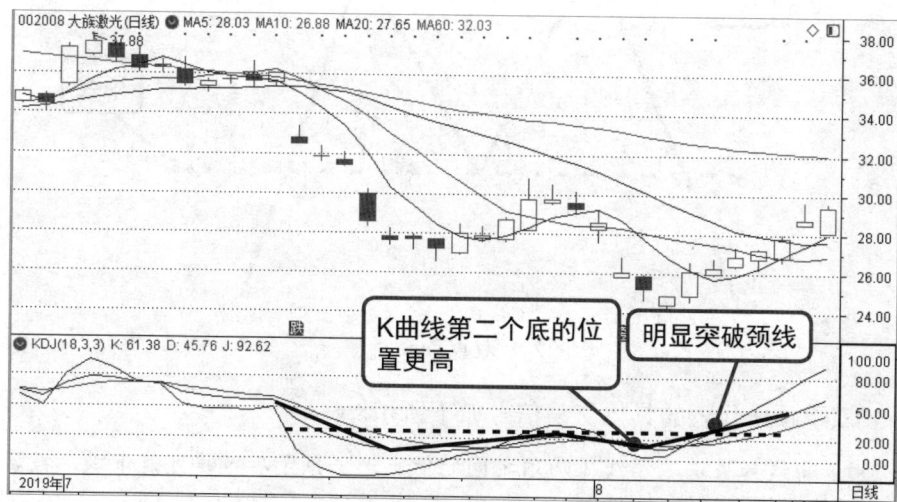

图2-7 大族激光K曲线出现双重底的日K线

投资者可以抓住双重底预示的交易信号，及时建仓，即可在后市上涨行情中获利，大族激光后市走势如图2-8所示。

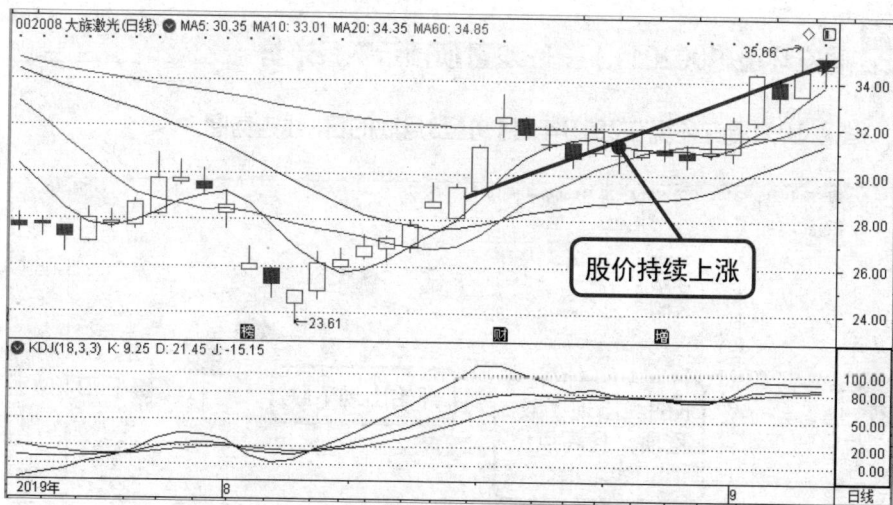

图2-8 发掘双重底预示的交易信号

2.K曲线的双重顶形态

双重顶形态与双重底相反，是指K曲线呈现出M形态，如图2-9所示。这种形态通常意味着股价将在后市将脱离顶部高位区域，开始出现下跌。

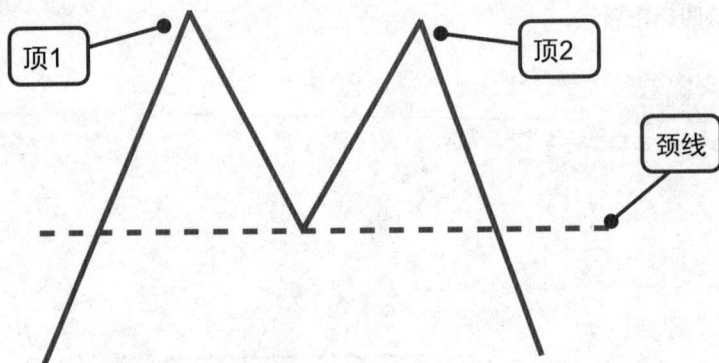

图2-9 双重顶示意图

双重顶所代表的具体交易信号如下所示。

◆ K曲线如果跌破颈线（两顶之间的低点），预示后市将可能下跌，投资者可考虑减仓。

◆ 两顶之间的间隔时间越长，后市看跌可能性越大。

◆ 若两底全位于80线之上，后市看跌的可能性更大。

◆ 若两底不在一个水平线上，顶2比顶1位置更高时后市看跌可能性大。

分析实例 **盾安环境（002011）——双重顶预示下行走势**

图2-10为盾安环境在2019年3月初至3月底的日K线走势图。

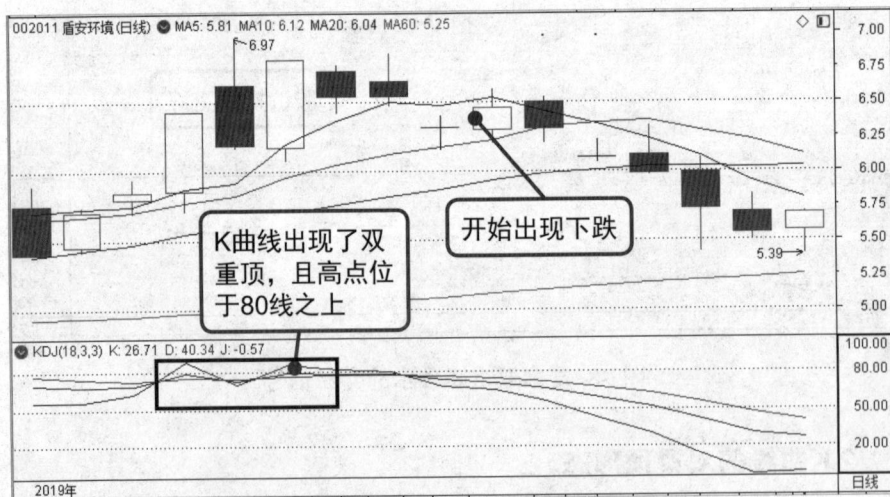

图2-10 盾安环境K曲线双重顶看跌

从上图中可以看到，K曲线出现了双重顶，且两个顶点位于80线之上，除此之外，K曲线还向下突破了颈线，种种迹象都表明该股票后市看跌。果不其然，股价出现了持续下跌与横盘动荡，投资者若在前期发现双重顶端倪时未能及时清仓，就可能损失惨重，如图2-11所示。

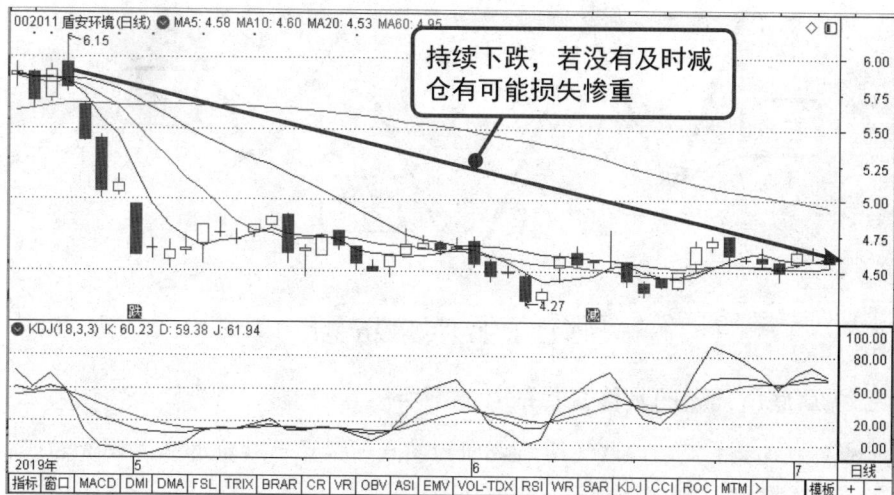

图2-11 盾安环境后市出现持续下跌

TIPS *K曲线的三重底与三重顶*

K曲线的三重底与三重顶和双重底与双重顶寓意相仿，只是效果更明显，算是一种强烈的建仓或减仓信号。当投资者发现三重底与三重顶时，一定要引起重视，及时进行股票操作。

2.1.4

K曲线的头肩底与头肩顶

K曲线的头肩底与头肩顶是三重底与三重顶的一种变异形态，它们也可以对股价的未来走势进行预测，下面分别进行讲解。

1.K曲线的头肩底形态

所谓头肩底是指K曲线呈现出如图2-12所示的形态，与三重底的区别就在于其"头部"比较突出。这种形态强烈预示着股价将在后市脱离底部区域，开始出现上行。

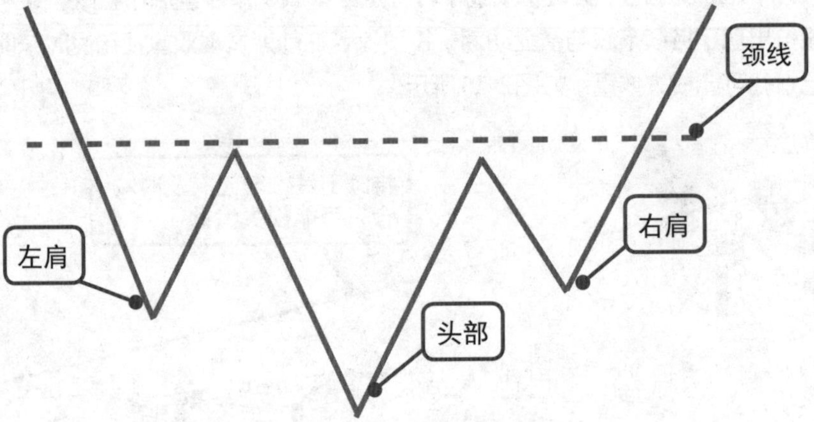

图2-12 K曲线头肩底示意图

头肩底所代表的具体交易信号如下所示。

◆K曲线如果突破颈线（两肩之间的高点），预示后市看涨，投资者可以考虑建仓。

◆若两肩包括头部全位于20线之下，后市看涨的可能性越大。

◆若两肩不在一个水平线上，右肩比左肩位置更高时，后市看涨的可能性更大。

◆若在右肩形成过程中，股价上涨到颈线位置下方受颈线压力回落，且低于或靠近头部，则大概率是一个失败的头肩底，不可作为预测的参考。

分析实例 普利特（002324）——头肩底预示上行走势

图2-13为普利特在2019年6月至8月的日K线走势图。从图中我们可以看到，该个股在经历一段时间的下跌后出现横盘调整，在横盘后期则可以发现其出现一个头肩底形状。

投资者可以发现，在出现头肩底之后K线突破颈线，虽有回落调整但并未低于头部，说明该头肩底已经形成，且后期股价连续出现阳线，种种迹象都预示该股票后市看涨。

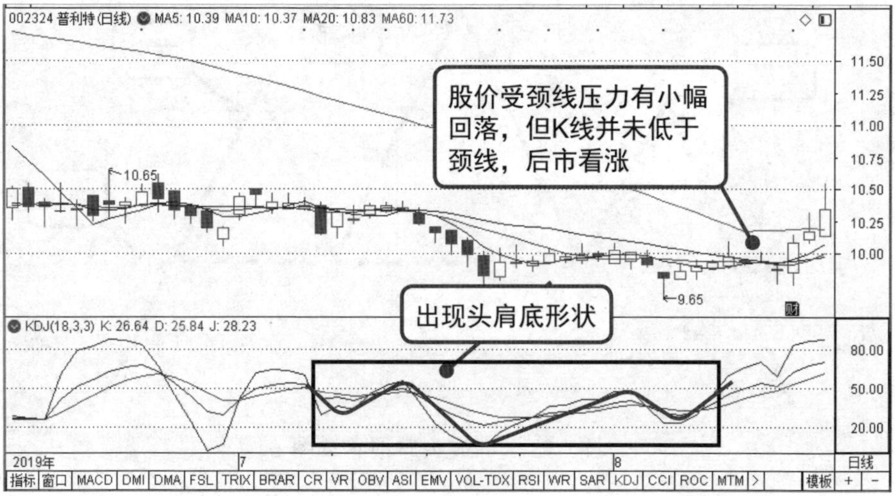

图2-13 普利特K曲线头肩底看涨

图2-14为普利特在2019年8月至9月的日K线走势图，可以看到，在出现头肩底之后，该股的股价开始一路高走，持续上涨，投资者若能及时建仓必能获利。

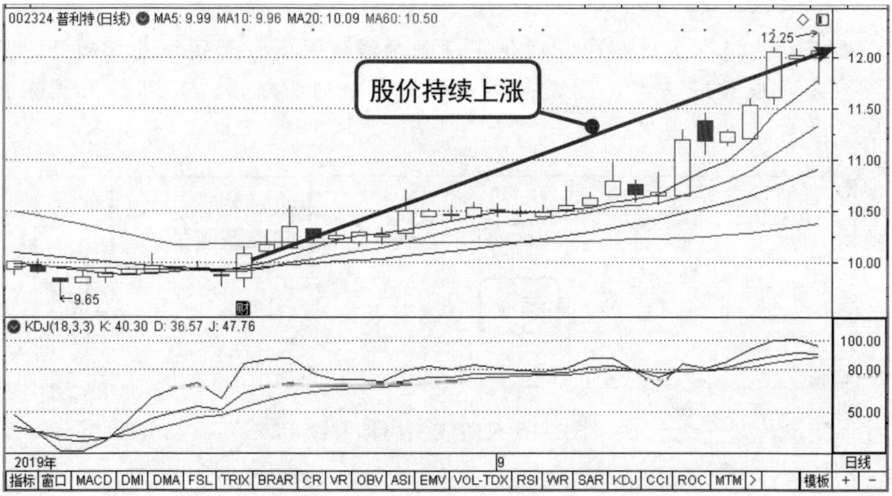

图2-14 普利特股价持续上涨

2.K曲线的头肩顶形态

头肩顶与头肩底正好相反，是指K曲线呈现出如图2-15所示的形态，这种形态强烈预示着股价将在后市脱离顶部区域，开始出现下行。

图2-15 K曲线头肩顶示意图

头肩顶所代表的具体交易信号如下所示。

◆K曲线如果向下跌破颈线（两肩之间的低点），预示后市看跌，投资者可考虑减仓，如图2-16所示。

◆若两肩包括头部全位于80线之上，后市看跌的可能性越大。

◆若两肩不在一个水平线上，右肩比左肩位置更低时，后市看跌的可能性更大。

◆若在右肩形成过程中，股价下跌到颈线位置上方受颈线支撑回升，且高于或靠近头部，则大概率是一个失败的头肩顶，不可作为预测的参考。

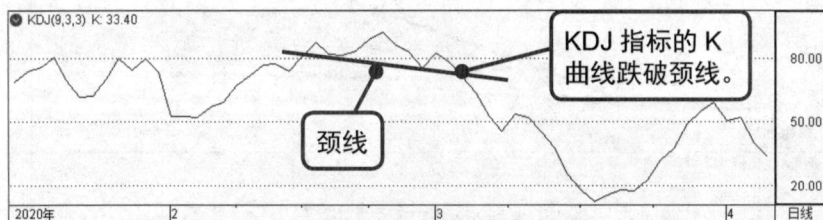

图2-16 K曲线头肩顶看跌

2.2 D曲线透露的交易信息

D曲线功能类似于K曲线的均线，其运行速度慢于K曲线，但透露的交易信息具有更强的持久性与稳定性。D曲线不同的形态或其行进的位置具有各不相同的交易指导意义，下面就分别进行介绍。

D曲线拐头的含义

　　D曲线与K曲线一样会出现拐头形式，且因D曲线反应速度比K曲线慢，所以当D曲线出现滞后的拐头时，市场多空力量通常已经出现明显变化。投资者可以结合参考D曲线的稳定性，选择适时进入或退出市场，把握好买卖时机。

　　D曲线的拐头同样有两种不同的情形，分别可以做出不同的推测，其内容如下。

◆ **自上而下的拐头**：D曲线由向右上方倾斜的线拐头转为向右下方倾斜延伸走势，说明空方力量增强，多方力量萎靡。若此时已经出现K曲线的拐头，说明卖出信号强烈，若拐头的K曲线甚至已经穿越了刚开始拐头的D曲线，则说明走势下跌信号明确，如图2-17所示。投资者需及时察觉市场进入下行趋势，以避免损失。

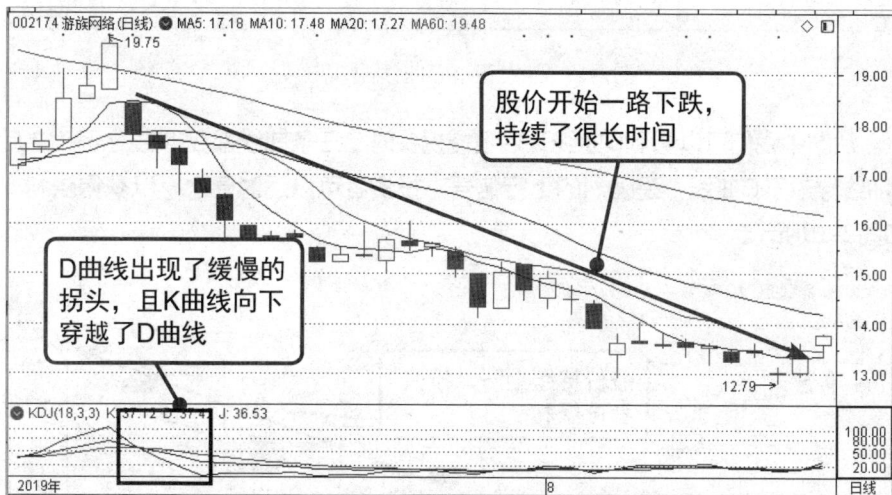

图2-17 D曲线向下拐头看跌

◆ **自下而上的拐头**：D曲线由向右下方倾斜的线拐头转为向右上方倾斜延伸走势，说明多方力量增强，空方力量萎靡。若此时已经出现K曲线的拐头，说明买入信号强烈，若拐头的K曲线甚至已经穿越了刚开始拐头的D曲线，则说明走势反转信号明确，投资者可及时建仓。

分析实例 科大讯飞（002230）——D曲线拐头中的买入信号

　　从科大讯飞2019年4月至6月的日K线图中，投资者可看到该股票在经历一段时间的持续下跌之后，6月中旬连续出现两根阳线，并且K、D、J三条曲线都开始拐头，如图2-18所示。

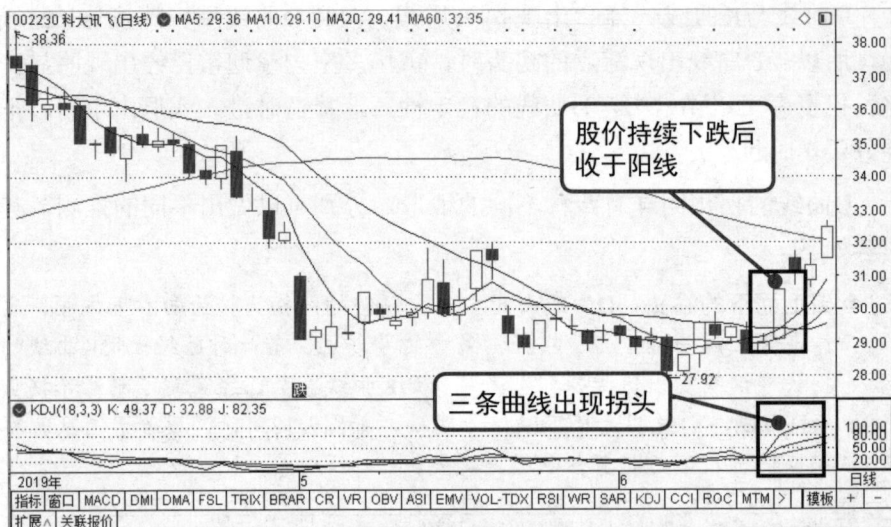

图2-18 科大讯飞D曲线出现拐头

从图中我们可以看到D曲线开始缓慢拐头时，三条曲线都在20线之下，之后K曲线穿越了D曲线，是强烈的上行信号，投资者可以适时建仓，以获得盈利，如图2-19所示。

图2-19 科大讯飞股价一路走高

TIPS D曲线穿越50线的含义 🔍

　　D曲线穿越50线与D曲线出现拐头类似，都预示着多空双方的力量发生了逆转，预示着股票走势将开始反转。不同的是，D曲线的穿越是对K曲线的确认，只有当两条曲线都进行了逆转穿越之后，投资者才可确认该信号，从而进行股票买卖的交易操作。

2.2.2
D曲线的支撑与阻力作用

　　前面已经提过D曲线可以被视为K曲线的均线，因而在KDJ曲线的运行中，D曲线会对K曲线产生一定的支撑与阻力作用。这种无形的力量会在一定程度上影响股票的走势，其透露的具体交易信号如下。

◆D曲线的支撑作用：当K曲线运行于D曲线上方时，若股价产生回调使K曲线向下运行靠近D曲线时，D曲线会对K曲线产生支撑作用，这很可能使K曲线放弃下行开始反转上升。当然，若下行的力量比较强势，K曲线也可能穿破D曲线，这时D曲线的支撑力就会转换为阻力。

分析实例 海大集团（002311）——D曲线的支撑作用

　　海大集团2019年7月的日K线图如图2-20所示。

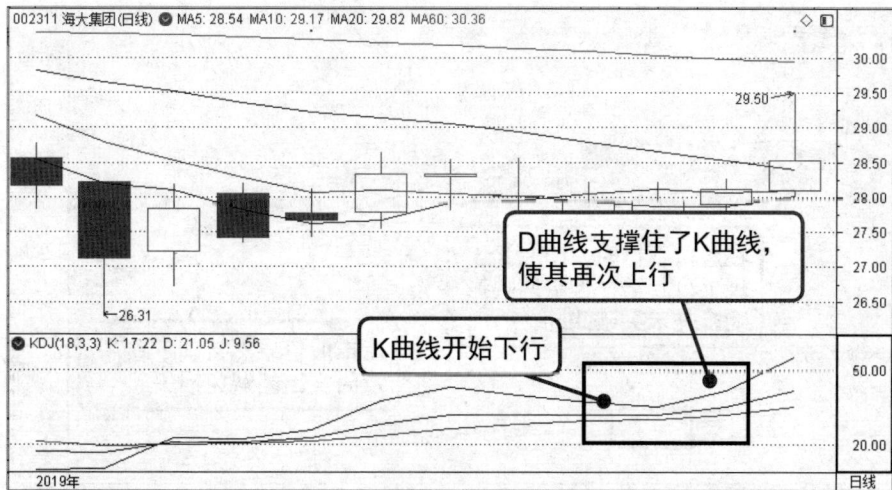

图2-20 海大集团D曲线的支撑作用

　　投资者可看到该股票的K曲线出现下行走势，随后又被D曲线支撑，并未突破D曲线，并于7月26日收出倒锤头阳线。此后K曲线再次上行，说明D曲线的支撑力很强，预示着后市看涨，如图2-21所示。

股价持续上涨，甚至多次收于大阳线

图2-21　D曲线支撑之后的持续上涨

◆**D曲线的阻力作用**：当K曲线运行于D曲线下方时，股价有可能上涨或出现反弹，引起K曲线向上运行至D曲线附近，想突破D曲线时，D曲线会对K曲线产生阻力作用，这很可能使K曲线放弃上行开始反转回落。当然，若上行的力量比较强势，K曲线也可能穿破D曲线，这时D曲线的阻力就会随之转换为支撑力，如图2-22所示。

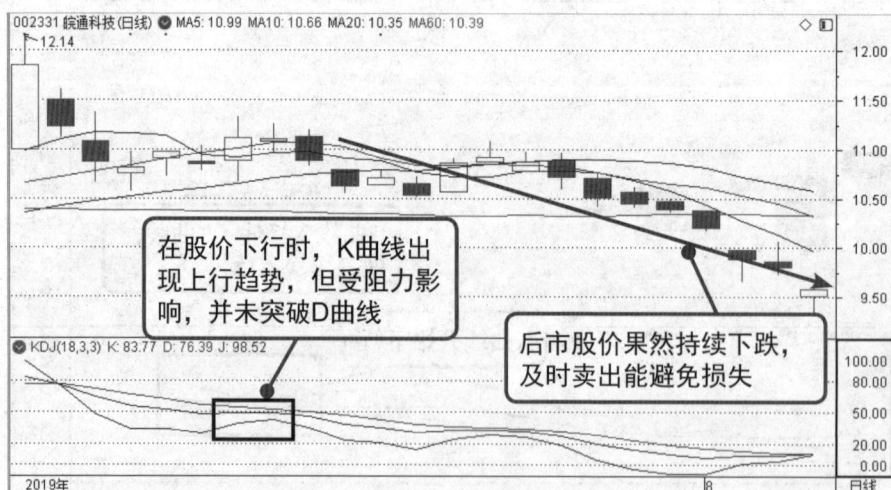

在股价下行时，K曲线出现上行趋势，但受阻力影响，并未突破D曲线

后市股价果然持续下跌，及时卖出能避免损失

图2-22　D曲线压制之后的持续下跌

K曲线如果一直运行于D曲线下方，多次尝试突破但仍不能突破D曲线，说明D曲线的阻力非常强，后市看跌，且攀升困难。这时投资者应尽量减仓或清仓以避免损失。

TIPS 〖*K曲线对D曲线进行穿越的意义*〗 🔍

K曲线对D曲线的击穿会使其支撑力与阻力进行相互转换。我们可借此进行预测，当K曲线自上而向下穿越D曲线时，表示确认了股价后市看跌，投资者可适当清仓。反之，当K曲线自下而上穿越D曲线，后市看涨，投资者可适当增仓。

2.3 J曲线透露的交易信息

J曲线是一条非常灵敏的曲线，因过于敏感导致其投资指导意义比较弱，但它并非绝对无用，投资者也可将其透露的交易信息作为参考，协助投资预测。

2.3.1 J曲线拐头的含义

因J曲线过于灵敏，所以它出现拐头的情形比较多，大多数情况下，J曲线的拐头都没有实际操作意义，唯有接近0线与100线的拐头可以推测出其预示的交易信号，如图2-23所示。

图2-23 J曲线拐头

J曲线可参考的拐头形式有如下两种。

◆ **自上而下的拐头**：J曲线处于100线以上区域之后，出现的由向右上方倾斜的线拐头转为向右下方倾斜延伸走势，说明空方力量增强同时多方力量开始萎靡，预示该股票上涨行情结束。如果J曲线在最高位出现多个交易日的直线之后迅速拐头下落，其下跌信号越发强烈，投资者应考虑清仓。

◆ **自下而上的拐头**：J曲线处于0线以下区域之后，由向右下方倾斜的线拐头转为向右上方倾斜延伸走势，说明多方力量增强同时空方力量开始萎靡，预示该股票下跌行情结束。如果J曲线在最低位出现多个交易日的直线再拐头上涨，直线时间越长其上涨信号越发强烈，投资者应考虑增仓。

分析实例 鸿达兴业（002002）——J曲线极限拐头作用

鸿达兴业2019年6月至7月的日K线走势图如图2-24所示。从图中可以看到，在6月14日时，该股票KDJ指标的J曲线出现了高于100线的一个极限高点，随后J曲线就开始拐头下落，并最终跌破了K曲线的支撑，预示着股票走势堪忧。

果不其然，KDJ指标的三条曲线随后都开始出现向下的拐头的走势，提示股价将会回落。

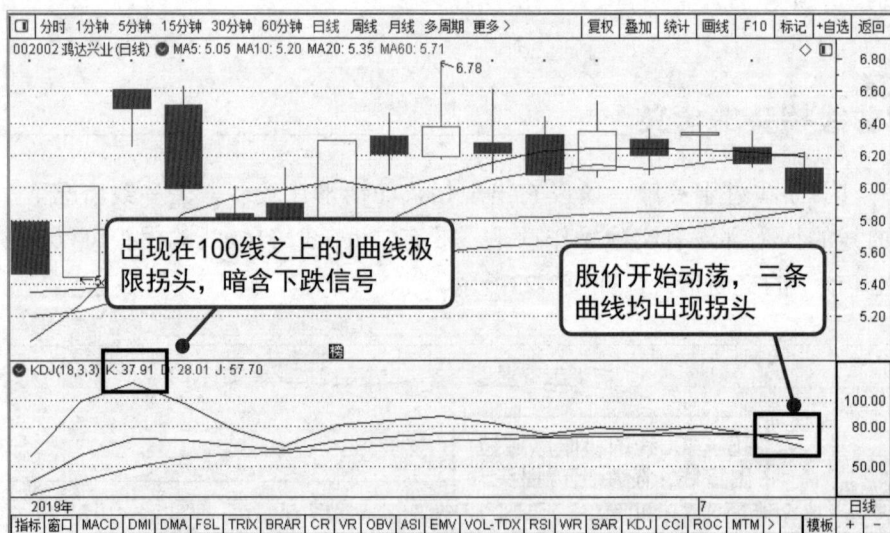

图2-24 鸿达兴业的J曲线极限拐头

在随后的走势中，可以看到鸿达兴业在经过短期的震荡调整后，没有止住颓势，股价最终一路下跌，如图2-25所示。谨慎的投资者在看到J曲线出现高位100线极限拐头且伴随预示反转的倒锤头信号时，就应当引起重视，密切关注股票走势，寻机清仓或减仓，以避免不必要的损失。

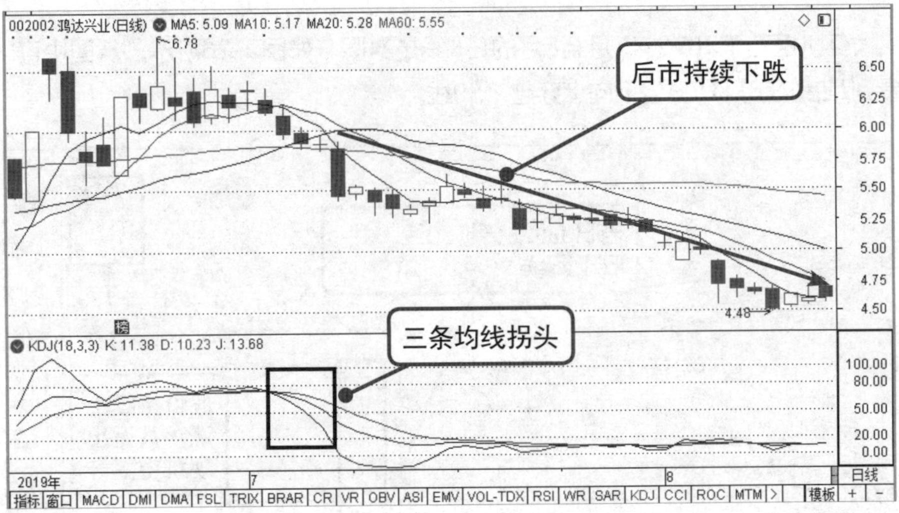

图2-25 鸿达兴业2019年6月至8月K线走势

2.3.2
J曲线穿越50线的含义

在KDJ指标的运行中，80线之下和20线之上的区域被称为徘徊区，这个徘徊区被一条50线一分为二，它能为投资者带来预示多空变化的交易信号。J曲线穿越50线分为两种情况，下面就分别进行介绍。

1.自下而上穿越50线

J曲线自下而上穿越50线大概率上是指市场行情好转，后市看涨，其代表的具体交易信号如下所示。

◆J曲线向上穿越50线时，K曲线与D曲线均位于50线上方，预示当前调整即将结束，后市看涨可能性很大，投资者可考虑在适当的时机建仓或加仓。

◆J曲线向上穿越50线时，K曲线与D曲线均位于50线下方，预示后市有一定反转上涨的可能性，但动能不强，需继续观望是否有别的信号加强这一信息，或者可等到其他两条曲线也向上穿越50线时，确认了市场方向再建仓或加仓。

分析实例 亿帆医药（002019）——J曲线穿越50线作用

　　亿帆医药于2019年7月至8月的日K线走势图，如图2-26所示。从图中可以看到J曲线在8月15日自下向上穿越了50线。

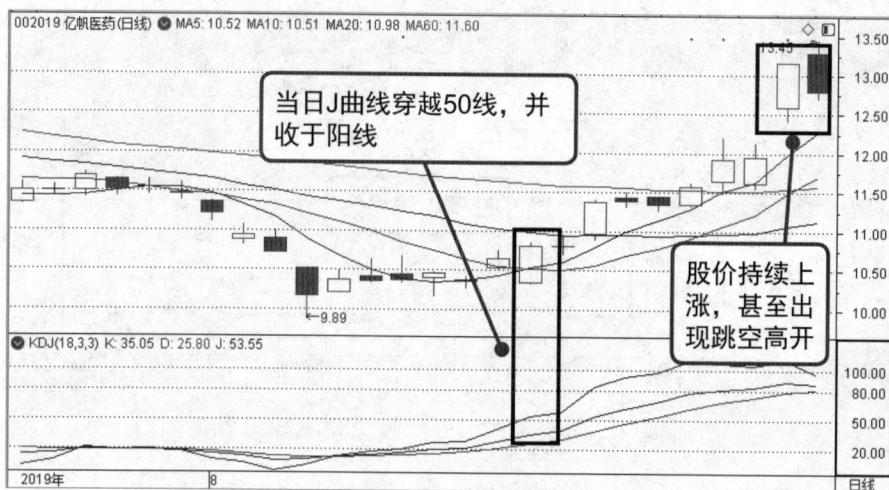

当日J曲线穿越50线，并收于阳线

股价持续上涨，甚至出现跳空高开

图2-26 亿帆医药J曲线穿越50线

　　在J曲线穿越50线之后，其他曲线也穿越了50线，并且股价连续上涨，动能充足，种种迹象表明该股票后市看涨，投资者可看准时机建仓或增仓以期获利，如图2-27所示。

三条曲线都穿越了50线，预示后市看涨

该股票后市持续上涨，伺机入场便能获取利润

图2-27 亿帆医药后续走势

2. 自上而下穿越50线

J曲线自上而下穿越50线大概率上是指市场行情转弱,后市看跌,其代表的具体交易信号如下所示。

◆ J曲线向下穿越50线时,K曲线与D曲线均位于50线下方,说明此时股价上涨或者反弹即将见顶,投资者最好清仓出局,落袋为安。

◆ J曲线向下穿越50线时,K曲线与D曲线均位于50线上方,说明此时股价有下跌的迹象,但是行情是否见顶还需要继续观察K曲线和D曲线的运行方向是否继续下穿到50线下方。如果K曲线和D曲线继续向下运行到50线下方,则说明多空形势发生逆转,行情见顶,投资者应立即清仓出局。

2.4 KDJ曲线所处空间的含义

KDJ指标通常是在0线与100线之间运行的,这就是K、D、J三条曲线所处的空间,前文中已提到50线是中轴,也就是说,三根曲线都是围绕50线上下起伏。

通常情况下,我们可以将KDJ曲线的空间位置分为4种情况,如图2-28所示。

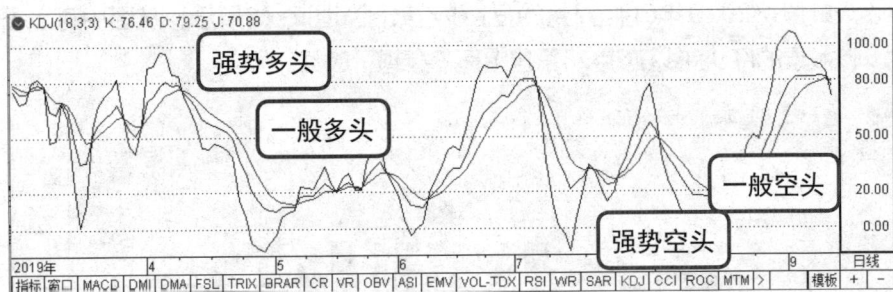

图2-28 KDJ曲线的空间划分

当KDJ指标运行曲线处于空间中的不同位置时,代表的含义预示的交易信号各不相同,下面就进行详细介绍。

◆ 曲线处于80线至100线之间预示为强势多头。

◆ 曲线处于50线至80线之间预示为一般多头。

◆ 曲线处于20线至50线之间预示为一般空头。

◆ 曲线处于0线至20线之间预示为强势空头。

2.4.1
80线的作用与含义

在KDJ指标的上半部分可以看到一条80线，它可以被视作为一般多头和强势多头的分界线。当KDJ指标的三条曲线位于这个位置时，说明市场经过前期的上涨行情已经运行到一个高位，由此可见，这条80线带来了两种含义。

◆ 该80线是多方的一道防线，若多头无力抵抗，空方将突破该防线，导致股价下跌。

◆ 该80线同时也是空方的一道防线，若空头城门失守，空方将突破该防线，导致股价急速上涨。

TIPS | 80线的意义通常通过D线显示 | 🔍

K、D、J三条曲线中D线最为稳定，因此80线特征最容易经由D线显示出来。

分析实例 天虹股份（002419）——KDJ指标80线的作用

天虹股份2019年6月至7月的日K线走势图如图2-29所示。从图中可以看到，该股票的KDJ曲线在6月26日自上而下穿越了80线。

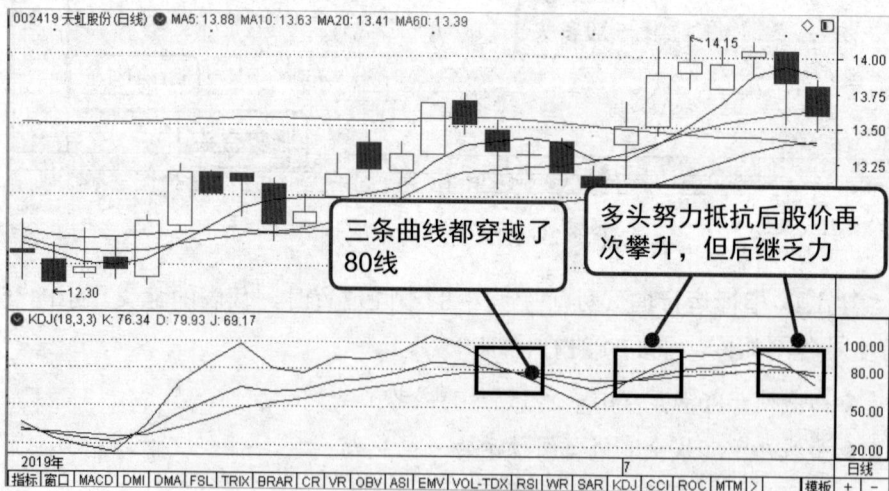

图2-29 天虹股份KDJ曲线向下穿越80线

在上涨趋势中向下穿越80线的那一日K线收于十字星，这同高位向下突破80线一样都是反转信号，预示股价将会下跌。稍后，因多头抵抗，股价再次攀升，但因后继无力而再次收于阴线，随后股价开始持续下跌，如图2-30所示。投资者若未能及时清仓，可能损失不小。

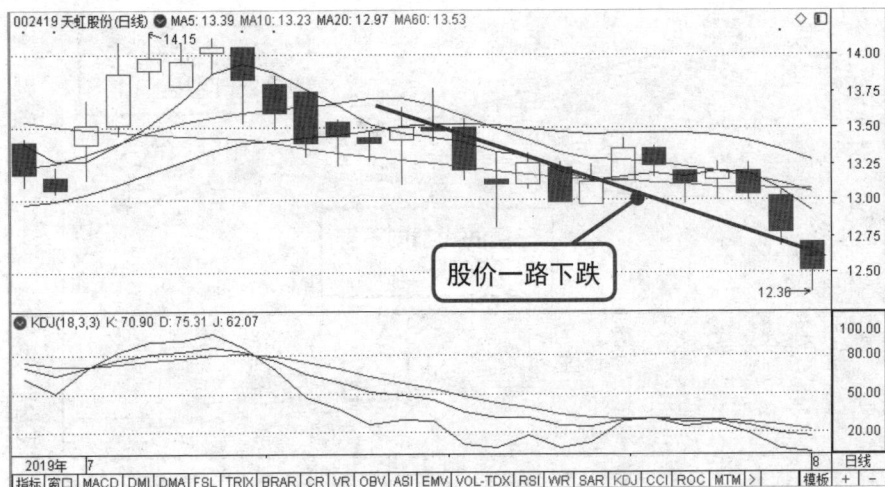

图2-30 天虹股份2019年6月至8月K线走势图

2.4.2
50线的作用与含义

50线不仅是KDJ指标中三条曲线的中轴线，还是非常重要的多空转换的分界线，可以说此线是股市战场中的"战略必争要地"，蕴含强烈的交易指示意义。投资者需注意的要点如下。

◆ 以50线上下区分空头、多头时，"50"并不是一个绝对值，它是可以上下波动的，40～60线这一区间都可视为50线。

◆ 当多头在50线进行各种操作被称为多头表态，50线是多方最前沿的防线，如果在50线能阻击空方则能维持股价，若多头失手不能有效扭转局势，则称为多头表态失败，后市看跌。

◆ 当空头在50线进行各种操作被称为空头抵抗。50线同样也是空头必守的前沿阵地，如果50线失守被称为空头无效抵抗，股票价格将会止跌甚至反转攀升。如果抵抗成功则会维持跌势，甚至可能使股票价格再创新低。

分析实例 伟星股份（002003）——KDJ指标50线的作用

　　伟星股份2019年4月至5月的日K线走势图如图2-31所示。从图中可以看到，该股票的KDJ曲线在一路向下穿越了50线。

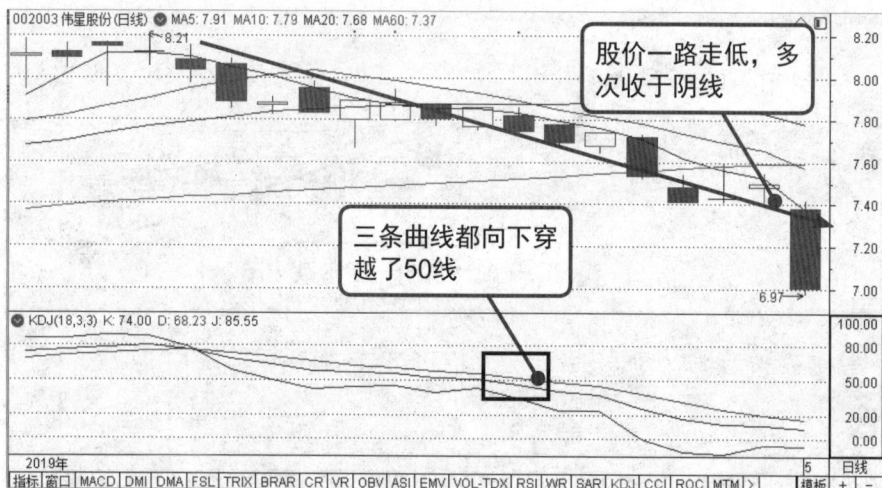

图2-31 伟星股份KDJ指标向下穿越50线

　　随后投资者可以看到该个股的多空双方在50线区间胶着博弈，但多方始终不能有效扭转局势，多次因后继无力而收于阴线，随后股价开始持续下跌，如图2-32所示。遇到这情况时，投资者应减仓或清仓以避免损失。

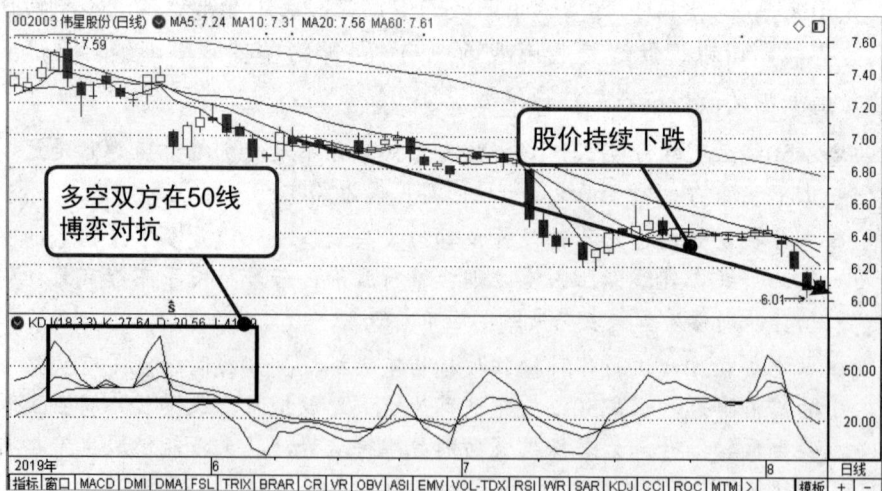

图2-32 伟星股份2019年5月至8月K线走势图

2.4.3

20线的作用与含义

当KDJ指标的3条曲线位于下半部的20线附近时，意味着股价已经下跌了一大截，在此刻股价后市情况将有两个可能。

◆ 空头攻势强而有力，多头失守20线，导致KDJ指标下穿该线，急剧下跌。

◆ 空头抵抗无力，多头向上挺进上穿20线，KDJ指标上升逼近50线，预示多空局势即将扭转。

分析实例 奥马电器（002668）——KDJ指标20线的作用

奥马电器2019年6月至8月的日K线走势图如图2-33所示。从图中可以看到，该股票经过前期长期的下跌之后，KDJ曲线临近0线触底，随后在8月初，空方防线势力减弱，多方蓄力之后开始强势拉升，KDJ指标的三条曲线自下而上穿越了20线。

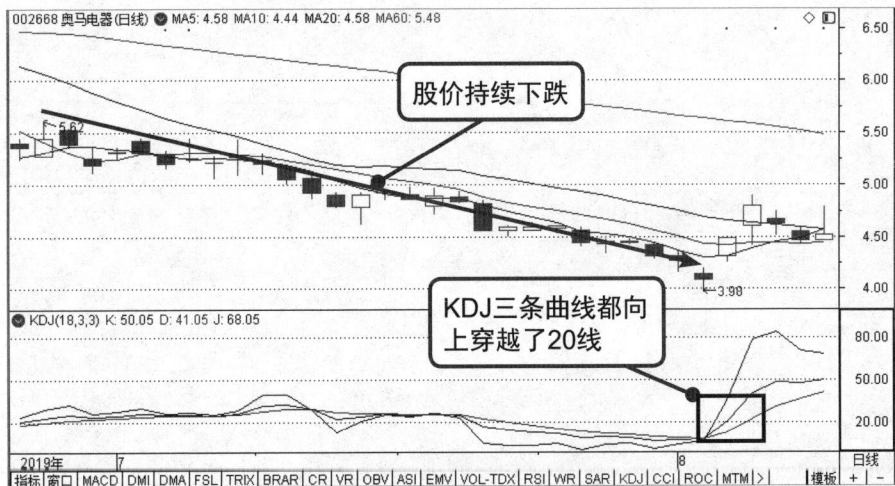

图2-33 奥马电器KDJ指标向上穿越20线

随着空头的无力抵抗，多头奋勇向前，抬头挺进上穿20线，股价开始上升逼近50线，预示多空局势即将扭转。稍后，J线 路领先穿越50线，K、D随后跟上，股价因多头的发力开始攀升，随后股价开始持续上涨，如图2-34所示。奥马电器的股价从2019年8月初至9月都处于攀升状态，投资者若能及时持股或增仓，必能获利颇丰。

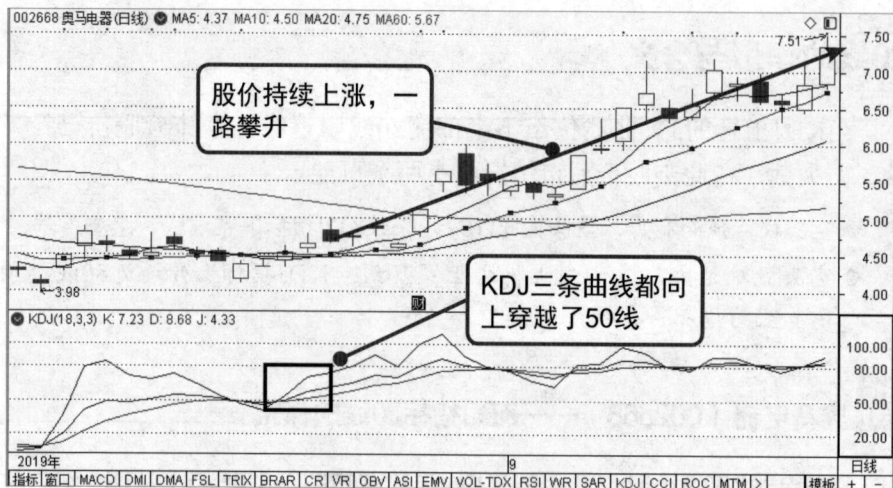

图2-34 奥马电器2019年8月至9月的K线走势

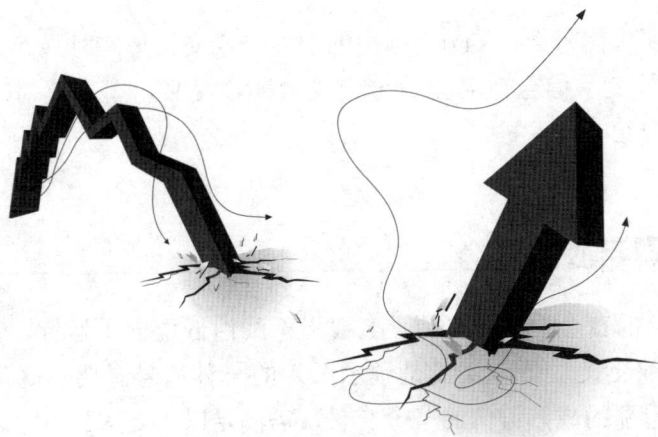

第3章

KDJ指标买卖形态分析

KDJ指标在运行过程中，有几种基本的形态，如黄金交叉与死亡交叉、超买与超卖等，这些形态对股票涨跌预测具有很强的指导意义。因此，投资者可在股票买卖中对这些形态进行分析研究，从而指导交易，下面就进行详细讲解。

3.1 经典指标：金叉与死叉

股票的买卖信号会在KDJ指标中的曲线形成交叉形态时显露，研究者将最为典型的交易信号命名为黄金交叉与死亡交叉，下面就对这两种交叉进行详细介绍。

3.1.1 金叉的原理与应用

KDJ指标的黄金交叉指的是当K线指标线由低位向上运行，穿过D线指标线形成的交叉，黄金交叉是预示买入的一种信号。要想确认一个强烈预示后市看涨的成熟可信的黄金交叉，需满足以下要求。

◆ 当黄金交叉出现时，K线图收于阳线，且伴随放量。

◆ 若K线与D线多次出现交叉，则可加强黄金交叉的准确性。

◆ 黄金交叉出现时伴随放量，可加强买入信号的准确性。

◆ 黄金交叉出现的同时K线突破重要均线或阻力线，预示该金叉信号强烈，后市看涨概率大。

◆ 当KDJ指标曲线在20线附近出现金叉之后，曲线自下而上越远离20线，后市看涨概率越大。

◆ 当股价经过一段很长时间的低位盘整行情，并且K、D、J三线都处于50线以下时，J线和K线几乎同时向上突破D线，这种黄金交叉表明股价即将止跌上行。

◆ 当股价经过一段时间的上升过程中的盘整行情，并且K、D、J线都处于50线附近徘徊时，J线和K线几乎同时向上突破D线，并且成交量放量，这种黄金交叉预示股市处于强势上涨行情。

> **TIPS** 低位金叉与高位金叉 🔍
>
> KDJ指标的黄金交叉通常有20线附近的低位金叉与50线之上的高位金叉两种。一般情况下，低位金叉发出的买入信号比高位金叉更强烈，但并非高位金叉就一定是买入信号薄弱。例如，当高位出现金叉后股价回落调整，之后再次拔高出现金叉，这种情况下就属于较为明确的买入信号。
>
> 此外，在出现高位金叉时伴随明显的放量，也是一种比较明确的信号。

苏州固锝（002079）——黄金交叉提示买入信号

图3-1为苏州固锝2018年6月至11月日K线图。从图中可以看到，该股前期经历了一轮大幅下跌行情，股价下跌至4元价位线附近止跌企稳。此时，KDJ随着股价的下跌运行至20线下低位区域，在股价企稳止跌时，KDJ三线调头向上运行，K线上穿D线形成黄金交叉，预示股价见底，后市看涨。

图3-1 苏州固锝KDJ指标出现黄金交叉

该股后市走势如图3-2所示。从图中可以看到，KDJ黄金交叉出现后，股价转入上涨行情中，股价从4元附近上涨至8元左右，涨幅达到100%。如果投资者在黄金交叉出现时买入，必然会获得不错的收益。

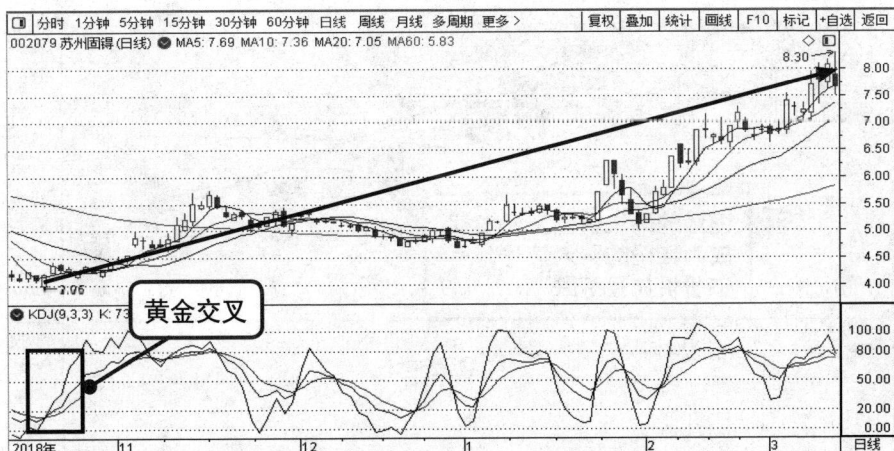

图3-2 苏州固锝股价大幅向上攀升

相较于低位金叉信号的准确性，高位金叉发出的买入信号的指导作用稍弱，所以需要注意的是，非典型金叉并不能准确预示后市看涨。

分析实例 苏泊尔（002032）——提防高位金叉的假信号

图3-3为苏泊尔2019年6月至7月的日K线图，可以看到该股票的KDJ指标在第一次出现金叉之后股价短暂上涨但随即开始回调，之后6月底又出现了一次金叉。

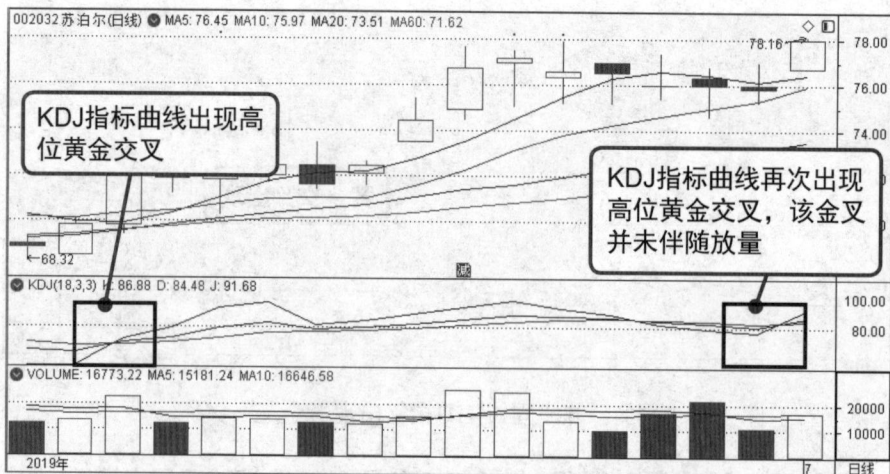

图3-3 苏泊尔的KDJ指标出现黄金交叉的日K线图

图3-4为苏泊尔出现没有放量的高位黄金交叉后的股价下跌。

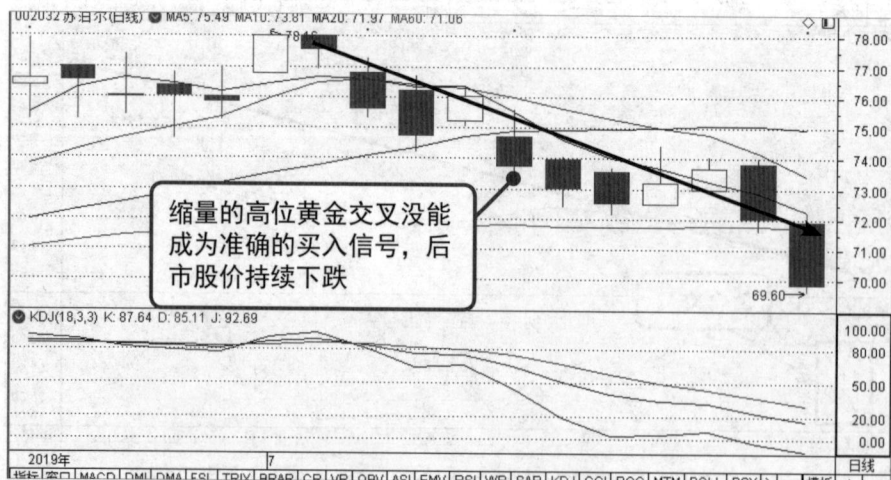

图3-4 苏泊尔股价下跌的日K线

死叉的原理与应用

　　KDJ指标的死亡交叉指的是当K线指标由高位向下运行，穿过D线指标形成的交叉，死亡交叉是预示卖出的一种信号。要想确认一个强烈预示后市看跌的成熟可信的死亡交叉，可参考以下条件。

◆ 当死叉出现时KDJ曲线开始自上而下拐头，并伴随动能的减弱。

◆ 当死叉出现时，股价处于下跌趋势。

◆ 当死叉出现前后，股价跌破30日均线支撑位，若跌破10日均线则卖出信号更为强烈。

◆ 死叉出现后伴随放量的市场做空氛围浓烈。

> **TIPS** 不构成卖出信号的死叉 🔍
>
> 　　在某些情况下，死叉的卖出信号并不强烈。例如当股价放量上涨后出现死叉，股价下跌但成交量小，很可能只是暂时的回调，不宜清仓。
>
> 　　当死叉出现时，均线与D曲线依旧处于上行状态，同样也说明下跌趋势不明显，不宜清仓。
>
> 　　若股价一路上涨，市场处于做多氛围，即便出现死叉也不宜相信。

　　死亡交叉也分为高位死亡交叉与低位死亡交叉两种，下面就分别进行介绍。

1.高位死亡交叉

　　当股价经过前期一段时间的上涨走势后处于高位且涨幅很大时，KDJ三条曲线均位于80线上方，若J线和K线同时（或接近时间）向下突破D线，或K线迅速以较陡跌幅突破D线，说明市场将反转进入弱势，股价极有可能出现较大跌幅，是卖出信号。

分析实例 **达意隆（002209）——高位死叉预示卖出**

　　图3-5为达意隆2019年1月至3月的日K线图，可以看到该股票处于上涨行情，KDJ指标曲线一路上行至80线上高位，之后出现了一次死亡交叉，但立即掉头向上。这轮反弹并未长时间持续，便再次出现死亡交叉，并且KDJ指标曲线出

现明显的下落趋势，两相印证，即出现卖出信号。

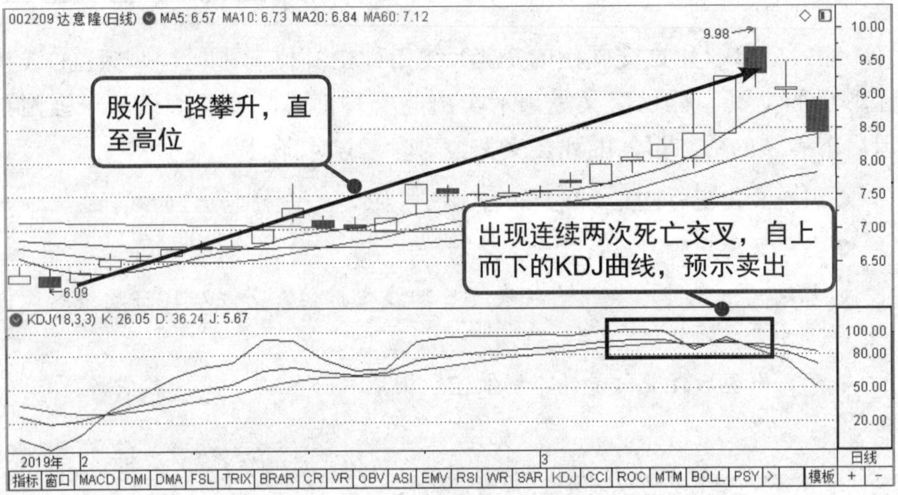

图3-5 达意隆KDJ指标出现死亡交叉的日K线图

达意隆出现高位死亡交叉后的股价下跌，如图3-6所示。

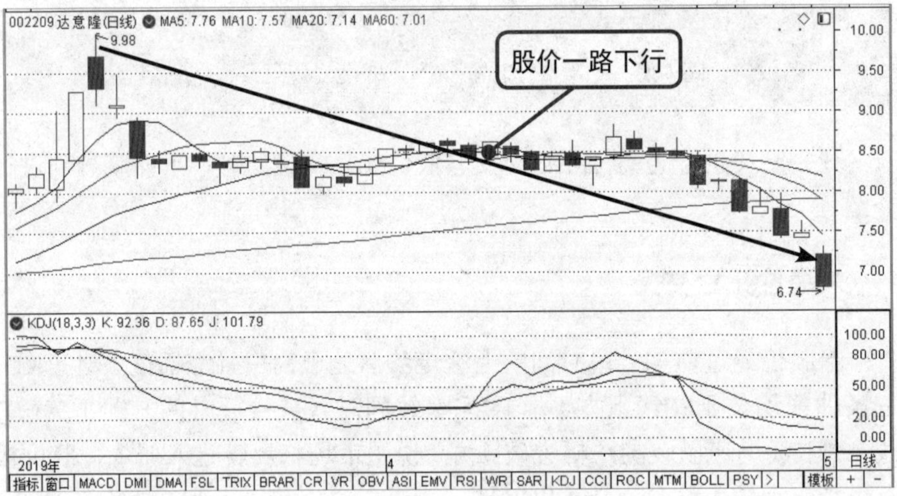

图3-6 达意隆股价下跌的日K线

2.低位死亡交叉

当股价经过一个阶段性的下跌后反弹，KDJ三条曲线处于50线附近（以未突破80线为宜），若出现J线和K线再次向下突破D线，说明市场将进入更弱的空头市场，股价很有可能继续下跌，是卖出信号。

**分析
实例** 陕天然气（002267）——低位死叉预示的卖出信号

图3-7为陕天然气2019年6月至7月的日K线图，可以看到该股票在下行趋势
中出现股价回调，之后KDJ指标出现低位死叉。

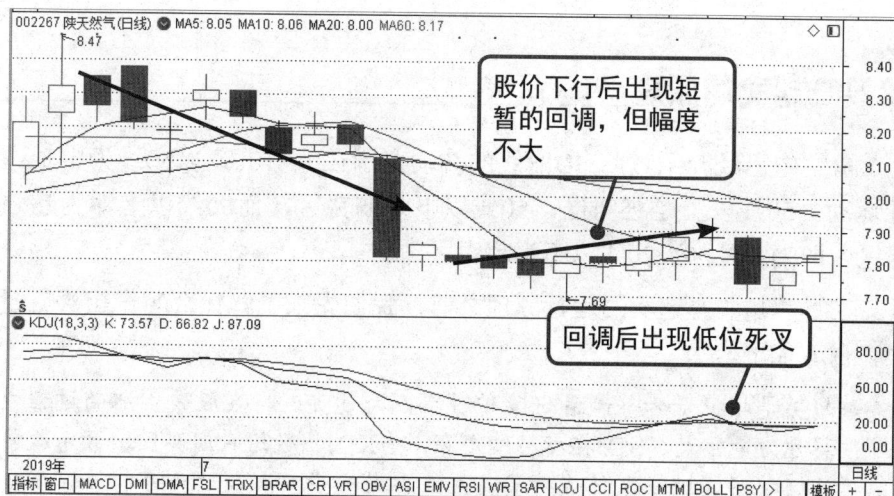

图3-7 陕天然气KDJ指标出现死亡交叉的日K线图

低位死叉出现后，股价窄幅震荡了一段时间但依旧没能稳住跌势，后市股价
一路下跌，如果投资者未能及时清仓，将遭受损失，如图3-8所示。

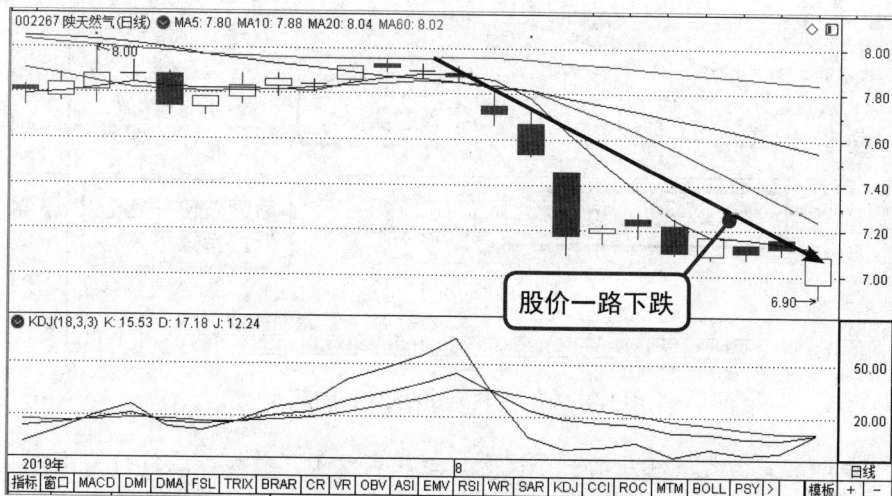

图3-8 陕天然气股价下跌的日K线

3.2 KDJ指标的超买与超卖

KDJ指标其实就是一个反映多空双方买卖力量对比的超买超卖随机指标，由此可见，研究"超买超卖"是该指标中的一个重要功能。

3.2.1
超买与超卖的原理

前文中已经介绍过K、D曲线的波动范围在0～100，以50线为中轴进行运动。50线以上是强势区，50线以下是弱势区，而80线以上即为超强势区，即为超买区，20线以下为超卖区。

在了解超买、超卖的运行原理之前，我们先来了解什么叫作超买与超卖，内容如下。

◆ 超买是指投资者普遍看好某种股票，大量买入，在股票上涨的过程中买方力量巨大，KDJ指标持续走高，当KDJ指数进入超买区，预示股票已经被买得过多，强势的买盘无法再进一步扩大，后市可能开启甩卖暴跌模式，如图3-9所示。

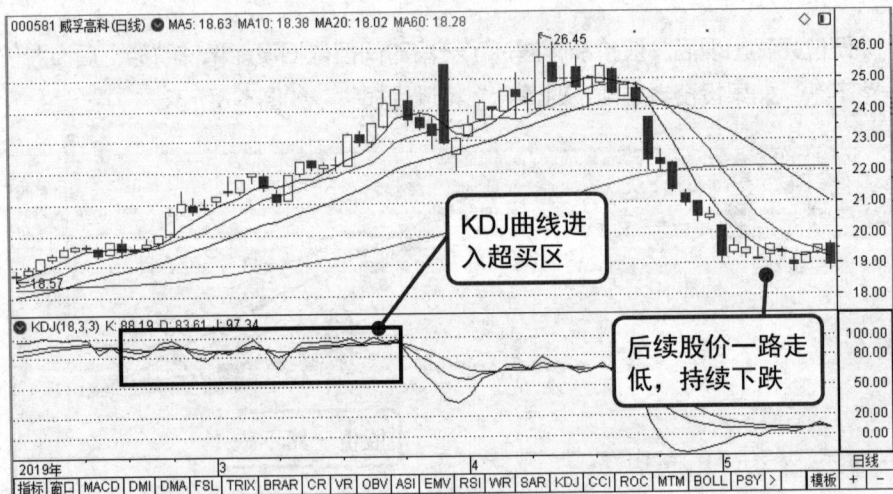

图3-9 威孚高科（000581）的超买

◆ 超卖是与超买相反的一个概念，是指卖盘不断放大，股价持续下跌，KDJ指标连续走低，最后股票价格跌至不合理的位置，卖盘无法再继续放大，KDJ指标进入超卖区，意味着股票价格可能被主力或机构抄底拉升，后市看涨，如图3-10所示。超卖通常发生在股价大幅下跌之后的末期，市场人气冷淡之时。

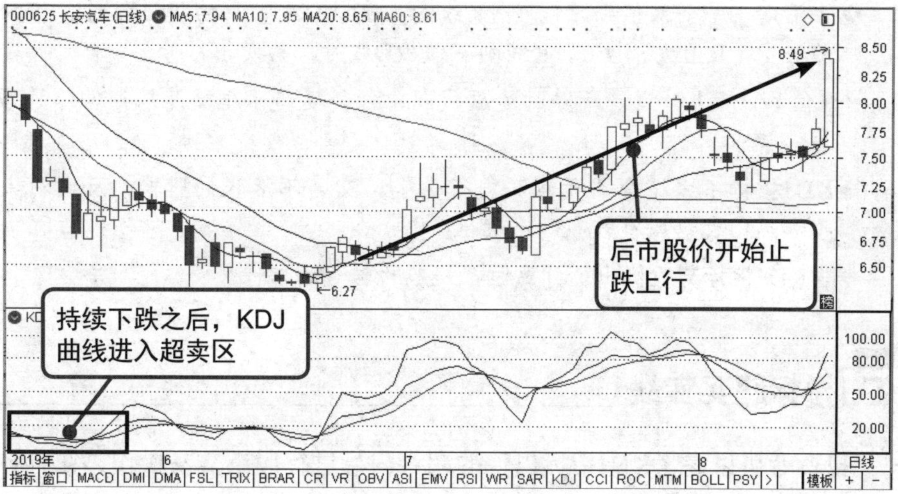

持续下跌之后，KDJ
曲线进入超卖区

后市股价开始止
跌上行

图3-10 长安汽车（000625）的超卖

通过股价的走势，可以看出KDJ指标曲线是因动态平衡原理围绕50线
上下波动，如图3-11所示。

◆ 当股价上升至高位，买盘扩大至极致，KDJ曲线就会下行向50线靠
近，因而股价回落。

◆ 当股价下落至低位，卖盘扩大至极致，KDJ曲线就会上行向50线靠
近，因而股价回升。

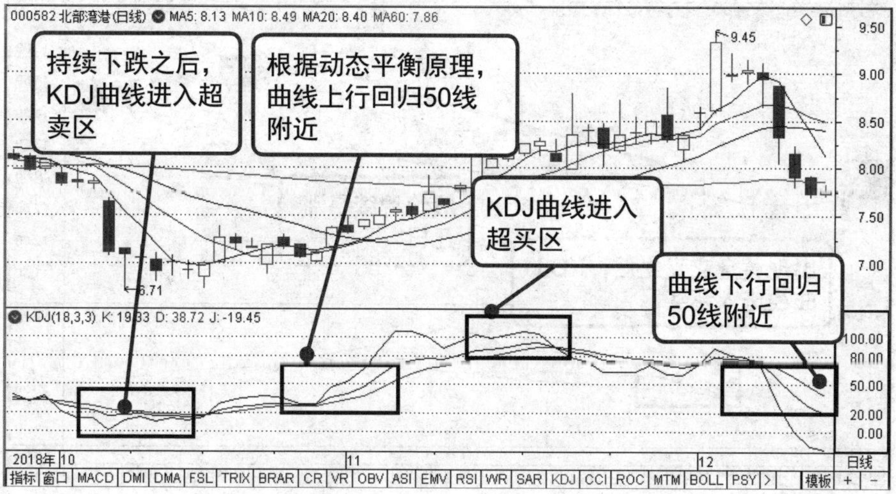

持续下跌之后，
KDJ曲线进入超
卖区

根据动态平衡原理，
曲线上行回归50线
附近

KDJ曲线进入
超买区

曲线下行回归
50线附近

图3-11 KDJ指标超买、超卖的动态平衡

在KDJ曲线运行过程中，还有如下要点需要参考。

◆ 上涨趋势中，K值小于D值，K线向上突破D线时，为买进信号。下跌趋势中，K值大于D值，K线向下跌破D线时，为卖出信号。

◆ K值和D值上升或者下跌的速度减弱，倾斜度趋于平缓是短期转势的预警信号。

◆ KDJ指标不太适合用于预测发行量小、交易不活跃的股票；反之对大盘和热门大盘股有较高的准确性。

◆ 当KDJ指标与股价出现背离时，一般为转势的信号。

3.2.2
KDJ指标超买实战

投资者可以参考KDJ指标出现的超买信号进行股票交易操作，在具体的实施过程中，有3个操作要点。

◆ 当KDJ指标显示超买时，并不是指股价马上就会急转直下，超买出现和真正股价下跌之间通常会有一段时间依旧属于猛涨期，如图3-12所示。投资者应该综合参考其他交易信号选择暂时持股或减仓。

◆ 在超买信号出现后建议考虑减仓而非追涨，因为超买之后股票上行时间相对短暂，追涨风险特别高。

◆ 当超买信号与死亡交叉先后出现时，投资者应果断减仓或清仓，以避免损失。

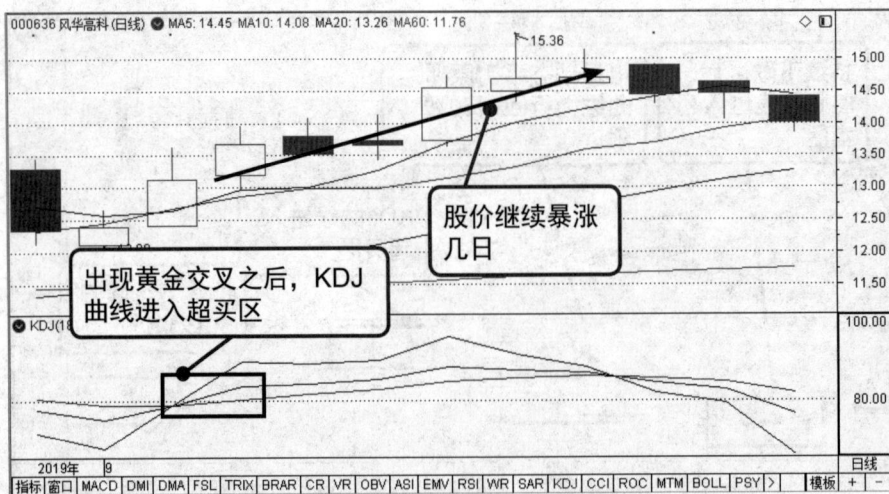

图3-12 超买出现后的股价继续上行

分析实例 荣丰控股（000668）——抓住超买时机持股获利

荣丰控股2019年4月至6月的日K线图如图3-13所示。在经过前期一段下跌走势后，该股票价格一路走高，在出现黄金交叉后不久，KDJ曲线超越了80线，确认超买。

图3-13 荣丰控股KDJ曲线进入超买区

在K曲线超买之后的一段时间内，股价持续上行，之后伴随预示反转的倒锤头K线，KDJ曲线出现死亡交叉，至此投资者应果断减仓或清仓，之后股价开始下跌，如图3-14所示。

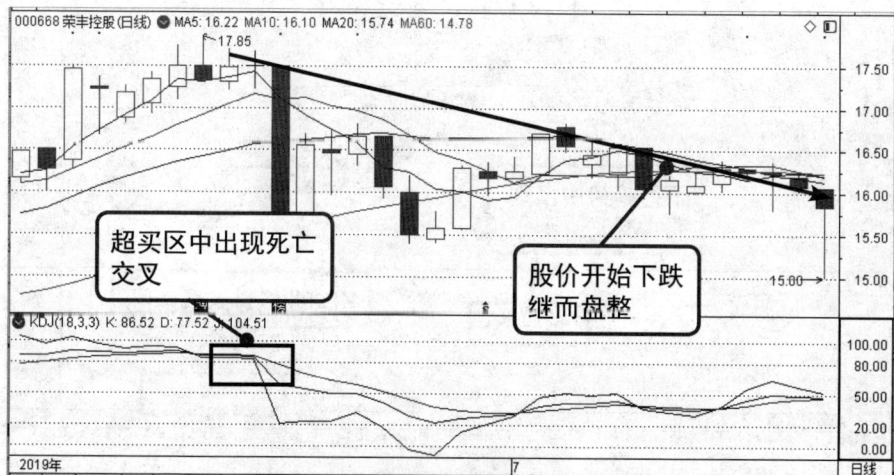

图3-14 超买之后的股价下跌盘整

投资者若能在超买之后短暂持股几日便能抓住最后一波涨势获利，但如果未能及时清仓，就可能损失惨重。

3.2.3
KDJ指标超卖实战

投资者可以参考KDJ指标出现的超卖曲线进行股票交易操作，在具体的实施过程中，有4个操作要点。

◆ 当KDJ指标显示超卖时，并不是指股价马上就会反转上行，只能说明股价有结束下跌的趋势。

◆ 在超卖出现后更有可能遭遇更猛烈的下跌走势，投资者若想依据超卖信号持股，需参考其他信号谨慎操作。

◆ 在超卖信号出现后若冲破趋势线向50线靠近，甚至穿越了50线，预示反转信号明确，可以考虑持股或增仓。

◆ 当超卖信号与黄金交叉先后出现时，投资者可考虑持股或增仓。

分析实例 **上峰水泥（000672）——抓住超卖时机持股获利**

上峰水泥2019年7月至8月的日K线图如图3-15所示。在经过前期一段上行走势后，该股票价格开始止涨，在出现死亡交叉后股价一路下行，K曲线进入20线以下区域确认超卖，之后又出现黄金交叉。

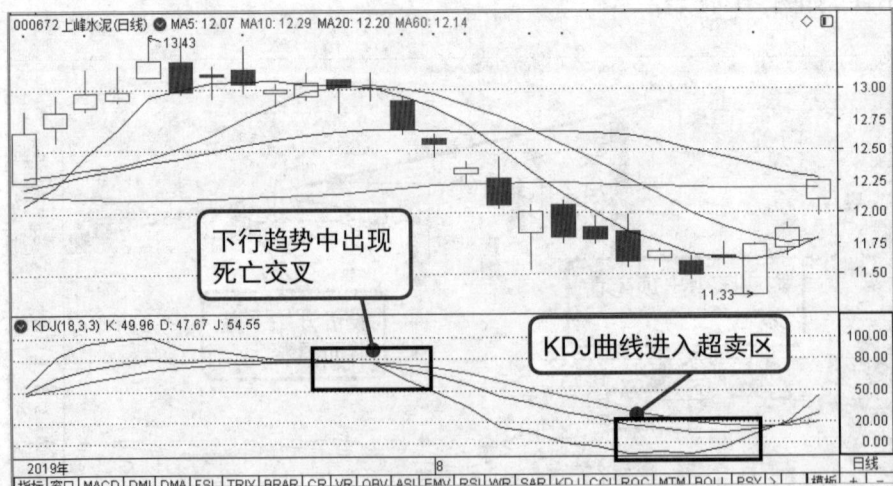

图3-15 上峰水泥KDJ曲线进入超卖区

从下图中可以看到，在KDJ指标超卖之后出现黄金交叉，之后股价持续走出阳线，上涨行情确认，投资者可在此时果断入场，若能及时建仓或增仓，必能抓住后市股价飙升的时机获利，如图3-16所示。

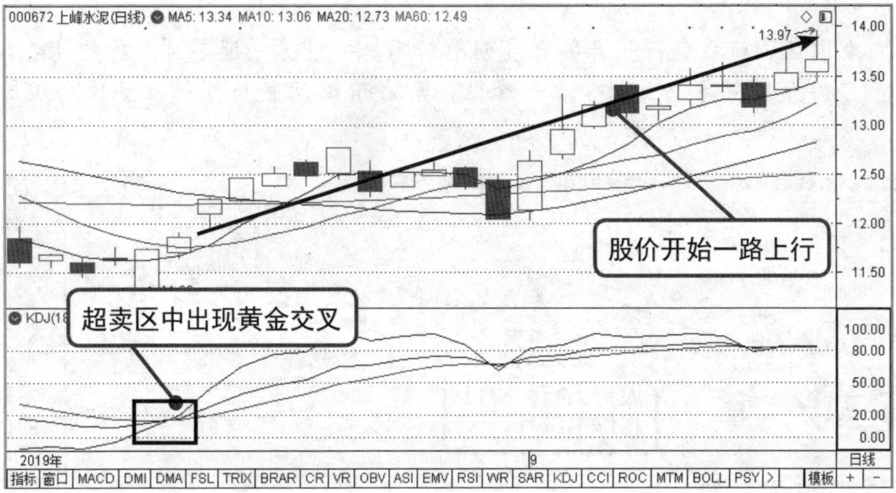

图3-16 超卖之后的股价上行

3.3 KDJ指标的背离

KDJ指标的背离是指当股票价格创出新高，对应的KDJ指标值却逐渐走低；或者当价格创出新低，其对应的KDJ指标值却逐渐走高，这种价格与指标之间的明显反差就被称为背离。

3.3.1
KDJ指标背离的原理与特征

KDJ指标背离是因为行情的走势由陡峭转为平缓时（由快速上涨转为慢速上涨时）指标中的RSV值会随着行情走势波幅的不断减弱而逐波缩小。当本波的RSV值小于前一波的RSV值时，指标中的K、D、J各线都会顺应RSV值的波幅变化而出现相对应的走势，即导致指标出现背离现象。即KDJ指标的K、D、J线在逐波向下（向上），但行情的价格走势依然在延续原先的上涨（下跌）走势，甚至还可能创出新的高（低）点。

当KDJ指标与价格走势呈现背离形态时，预示着促使先前行情出现的力量正在逐步衰弱，股票走势很有可能向新的方向发展，投资者应该特别留意行情的转势。KDJ指标的背离可以划分为顶背离与底背离两大类，含义如下。

◆ **顶背离**：当股价上升并再度创出新高，一顶比一顶高时，对应的KDJ指标却在高位上一峰比一峰低，形成价格位置与指标位置的明显反差，如图3-17所示。

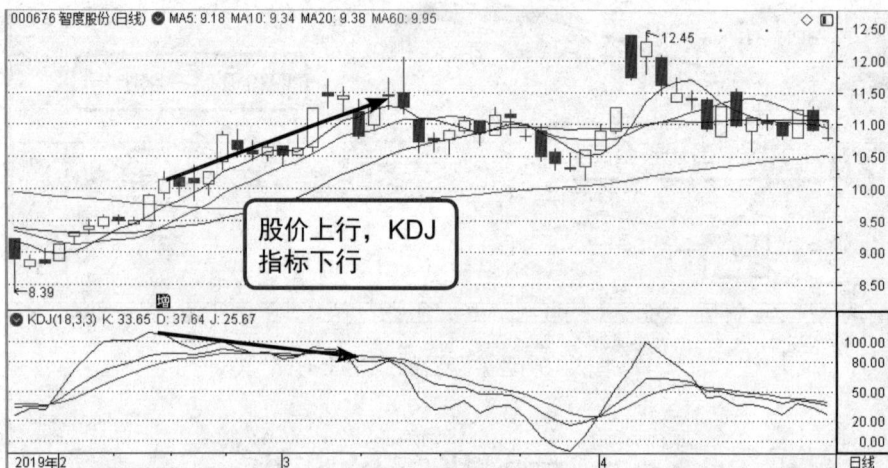

图3-17 顶背离示意图

◆ **底背离**：当股价下跌并不断创新低，一底比一底低，而KDJ指标值在低位一底比一底高，如图3-18所示。

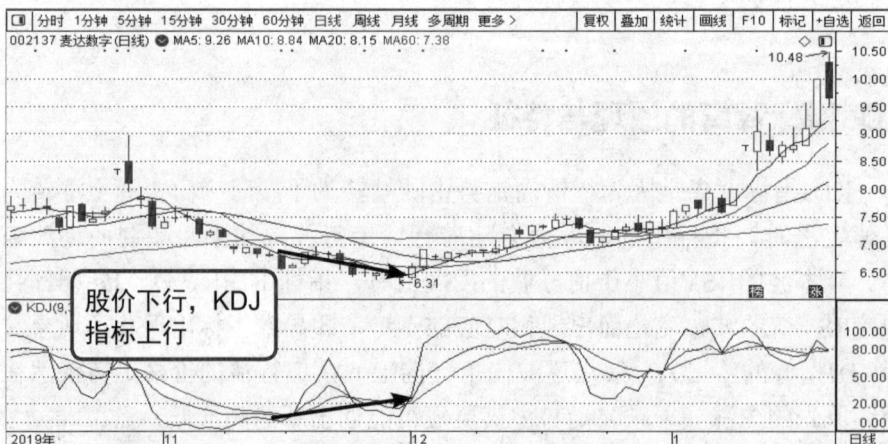

图3-18 底背离示意图

除此之外，还可将背离形态细分为逆向底背离、逆向顶背离、隔谷底背离与隔谷顶背离。

◆KDJ指标逆向底背离是指价格形成两个底，并且一底比一底要高，而KDJ指标也形成两个底，但后一个底比前一个底低，二者形成背离。

◆KDJ指标逆向顶背离是指价格持续上升，KDJ指标也随之上升时，如果价格所创的高点低于前一个高点，而KDJ指标的高点却比前一个高点高。二者之间形成逆向顶背离。

◆隔谷底背离是指当价格下跌并接连创出新低，一底比一底低，而KDJ指标没有再创出新低，而是出现某个底比上一个底高又比上上一个底低的现象。

◆隔谷顶背离是指当价格上升并创出新高，一顶比一顶高时，KDJ指标没有随之再创出新高，而是出现某个顶比一个顶高又比上上一个顶低的现象。

TIPS | *KDJ背离中的趋势价格一致原理* | 🔍

基于趋势价格趋于一致原理，即便KDJ指标当前出现背离形态，但这样的状态并不会持续太久，不久之后价格与趋势就会再次按规律发展。

3.3.2
KDJ指标顶背离实战应用

投资者在实际操作股票的过程中，可以运用KDJ指标的顶背离对后市情况进行预测，其操作要点如下。

◆顶背离代表着买方力量逐渐减弱，这是行情即将发生反转的信号，此时投资者应谨慎持仓与增仓。

◆当股价与KDJ指标出现顶背离的同时，又与成交量同样出现顶背离，预示股价极有可能下跌。

◆当顶背离与死亡交叉先后出现，预示下跌的可能性极大，投资者可考虑减仓。

◆当顶背离出现后又遭遇死亡交叉，并且KDJ指标的K曲线跌破50线，预示股价马上就会反转，投资者应考虑清仓。

◆顶背离出现频率越高，股价下跌的可能性越大。

分析实例 富奥股份（000030）——运用顶背离预测走势

从富奥股份2019年2月至4月的日K线图中投资者可看到，该股票的股价在不断上行的过程中，KDJ指标曲线却持续走低，一底低于一底，如图3-19所示。

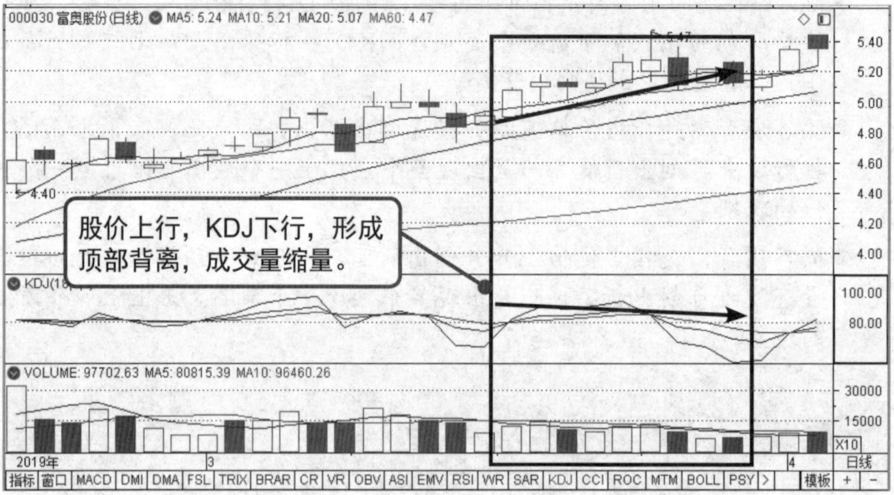

股价上行，KDJ下行，形成顶部背离，成交量缩量。

图3-19 富奥股份出现顶背离

另外，投资者还可看到KDJ指标出现明显死亡交叉，且指标曲线向下逼近50线，投资者可预测股价即将下跌，如图3-20所示。

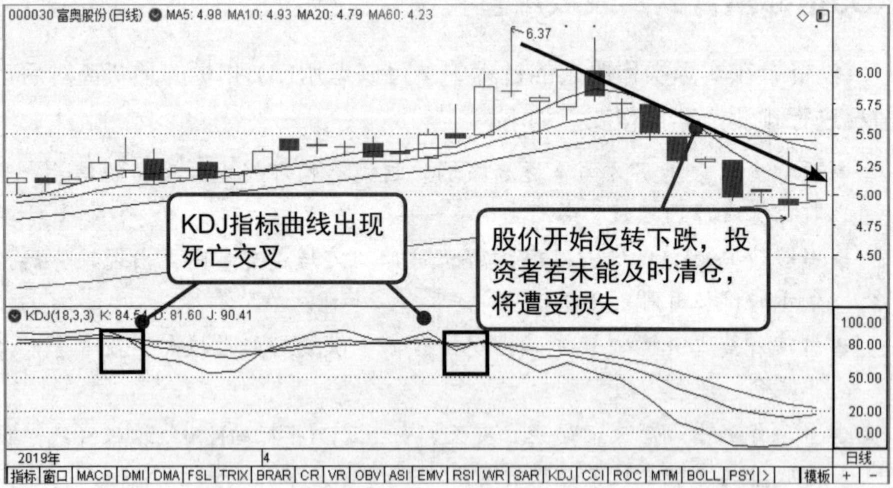

KDJ指标曲线出现死亡交叉

股价开始反转下跌，投资者若未能及时清仓，将遭受损失

图3-20 富奥股份股价开始下跌

3.3.3
KDJ指标底背离实战应用

投资者在实际操作股票的过程中同样可以运用KDJ指标的底背离对后市情况进行预测，其操作要点如下。

◆ 如果股价前两个高点对应的KDJ曲线位于50线下方，后市股价出现反弹的可能性较高。

◆ 当股价与KDJ指标出现底背离的同时，又与成交量同样出现底背离，预示股价极有可能反转。

◆ 当底背离与KDJ指标黄金交叉先后出现，预示股价反转向上的可能性极大，投资者可考虑增仓。

◆ 当底背离出现后又遭遇黄金交叉，并且KDJ指标的K曲线向上突破50线，预示股价马上就会反转，投资者应考虑建仓。

◆ 底背离出现频率越高，波谷越多，股价反转的可能性越大。

分析实例 **凯撒旅游（000796）——运用底背离预测走势**

从凯撒旅游2019年5月至7月的日K线图中投资者可看到，该股票在股价不断下行的过程中，KDJ指标曲线有一段时间却在持续高走，一底高于一底，如图3-21所示。但出现底背离之后一段时间，该股票并未出现黄金交叉等预示股价即将反转的信号，甚至紧接着还出现死亡交叉，以及KDJ指标曲线的下行，此时投资者可以暂时观望。

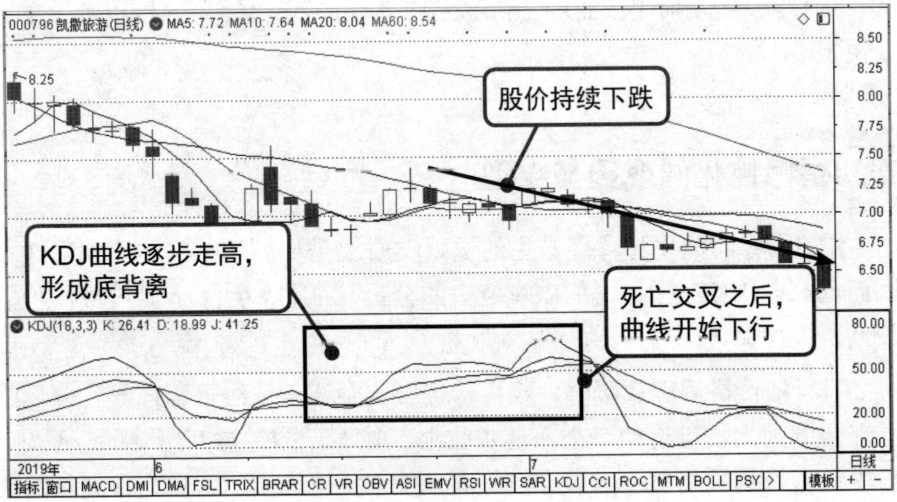

图3-21 凯撒旅游出现底背离

不久之后，位于20线之下的黄金交叉出现，且KDJ指标开始自下而上穿越50线，投资者可推测底背离预示的反转开始起步，后市看涨。此刻适时增仓或建仓必能获利，如图3-22所示。

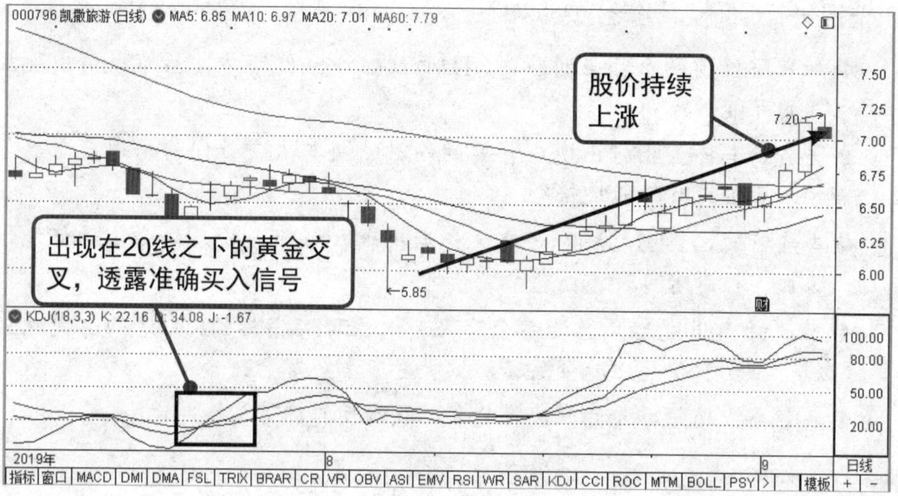

图3-22 股价开始反转上行

3.4 KDJ指标的钝化

KDJ指标的钝化是指股价按照某一趋势运行时，KDJ指标黏合在一起，频繁地发出买入或卖出信号，但这些信号对投资者而言没有任何意义。这种KDJ指标不仅失去了指导交易的作用，还可能误导投资者做出错误决定。

3.4.1
KDJ指标钝化的成因与类型

KDJ指标的钝化与背离产生的原因实质上是相同的，只是表现形式不同而已。即与KDJ指标中的RSV值中的分母（N日收盘价-N日内最低价的最低值）相关。

当行情价格上涨放缓时，收盘价也必定会逐步放缓上涨，导致分母的上涨幅度因为收盘价的变小而逐步收缩。然而，同时被其所除的分子（N日内最高价的最高值-N日内最低价的最低值）依然是"N日内最高价的最高值"与"*N*日内最低价的最低值"相减的差，所以不能即时反映当下的行情波动，只能被动地随着分母的变化而变化。

如果行情的走势保持某一固定的趋势（角度），收盘价不产生较大的变化，就会导致RSV值会因分母和分子的值长期相同或差别不大出现连续的相同结果，或仅因为细小变化而小幅波动。这就会导致K线和D线的走势也出现相同的弱反应，这就是钝化。

TIPS | *KDJ曲线的钝化出现的时机* 🔍

当KDJ指标到达高位区域的时候，如果行情走势弱于原先的走势（角度），沿着另一偏弱的趋势（角度）持续不断地小幅运行或波动，且没有出现明显的反向变化时，KDJ指标通常都会出现钝化的现象。同理，如果行情持续上涨的时间太长，且价格变化又太小或出现小幅的反转，就会导致RSV值的分母与分子倾向一致，致使RSV出现横向走平或在高位（低位）小幅波动，这时候KDJ指标就会出现横向粘连交叉或钝化背离的形态。

KDJ指标曲线的钝化可以分为高位钝化与低位钝化两种类型，具体含义如下。

◆ **高位钝化：**当股价迅速上升至高位，KDJ指标随之上升至50线以上，此时当股价没有出现变化或波动较小时，KDJ也会发出买入或卖出信号，这就叫高位钝化，如图3-23所示。

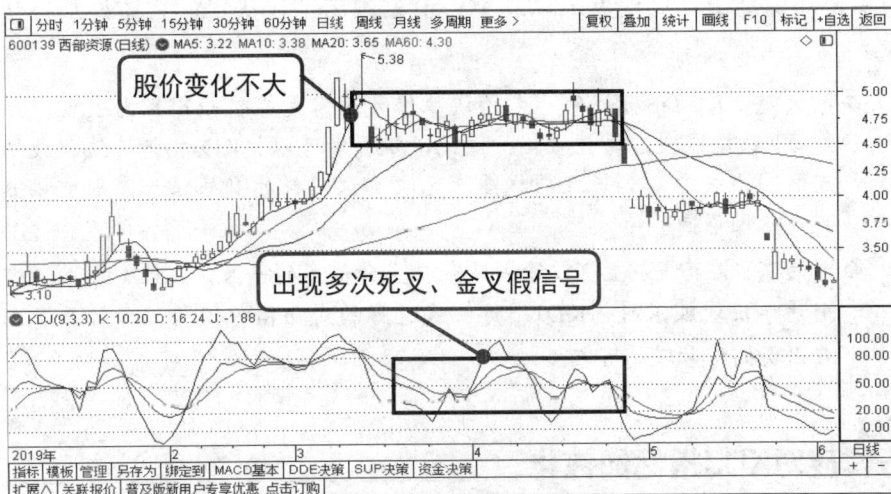

图3-23 高位钝化示意图

◆ **低位钝化**：当股价快速下跌时，KDJ指标随之下降至低位，此时当股价没有出现变化或波动较小时，KDJ也会发出买入或卖出信号，这就叫低位钝化，如图3-24所示。

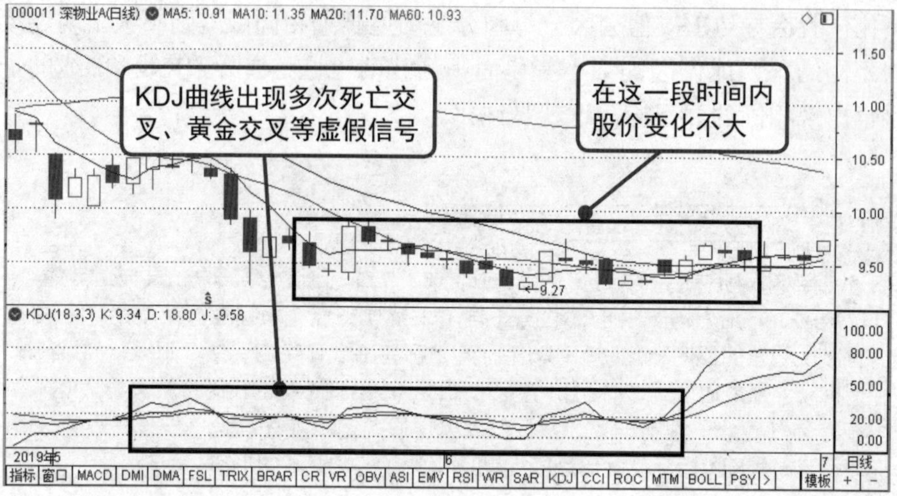

图3-24 低位钝化示意图

3.4.2
KDJ指标钝化的成因与类型

因KDJ指标的钝化对预测股票的后市走向没有任何意义，所以投资者需要正确识别出钝化现象，以避免被诱骗做出错误决定。具体识别方法如下。

◆ **放大法**：KDJ指标钝化产生的误导信号通常是在较短周期内出现，只看日K线图比较容易被蒙蔽。因此，投资者可以把KDJ指标曲线放大到周线图上去看，如果在周线图上无法确认同样的交易信号，则可推测其可靠性不强。

◆ **数浪法**：在K线图上可以清晰地分辨上升形态的一浪、三浪、五浪。当刚开始出现波浪时，KDJ指标曲线透露的交易信号较弱，在第五浪左右出现的信号较为可靠。

3.4.3
怎样应对KDJ指标的钝化

当KDJ指标出现钝化时，并非绝对不能进行买卖交易，例如参考头肩底、头肩顶、三重底等形态进行综合判别，等出现可靠的形态之后再进行买卖交易比较稳妥。此外，投资者可以在钝化时通过和其他指标相结合的方法研判推测买卖点。

1.KDJ指标与趋势线结合

在股价进入一个极强的市场或极弱的市场时，KDJ指标出现钝化，同时股价还会形成单边上升走势和单边下跌走势，将两者结合分析可以使KDJ指标预示的买卖信号更加准确。

◆ 在单边下跌走势中，可以在K线图上加一条下降趋势线，在股价没有突破下跌趋势线前，KDJ发出的任何一次买入信号都不可信，只有当股价打破下降趋势线后，投资者才需要考虑KDJ指标的买入信号。

◆ 在单边上升的走势中，市场走势极强，股价处于高位时常发出卖出信号，若单纯按此信号操作者将错过后市进一步的猛涨，这时可以在日K线上加一条上升趋势线，在股价未跌破上升趋势线前，不考虑KDJ指标给出的卖出信号。

分析实例 深桑达A（000032）——高位钝化中的卖出信号

从深桑达A股票2019年4月至7月的日K线图中投资者可看到，该股票在股价不断上涨的过程中，KDJ指标曲线达到高位然后出现钝化，在此期间死亡交叉显现，但可信度不高，如图3-25所示。

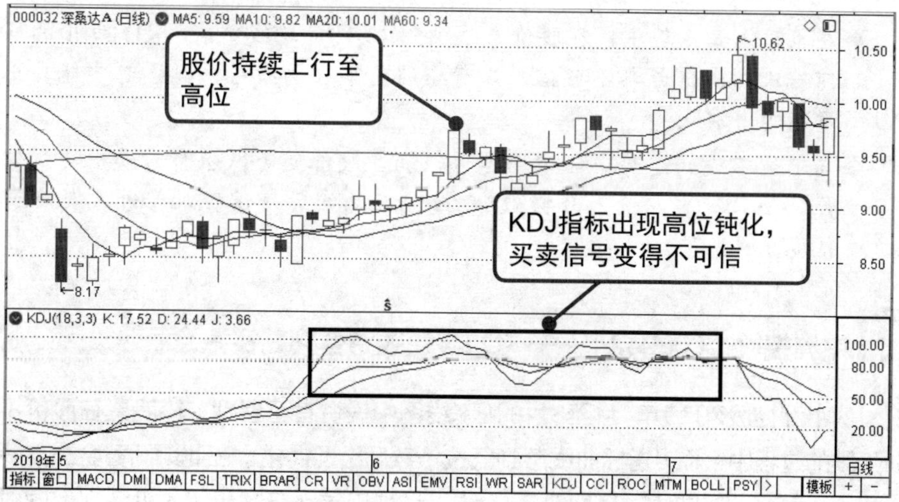

图3-25 深桑达A的KDJ指标高位钝化

此时投资者可以根据股价上行的走势绘制一条上升趋势线，当股价跌破趋势线时KDJ指标发出的卖出信号更准确，如图3-26所示。投资者可以抓住股价跌破趋势线时出现的死亡交叉，减仓或清仓。

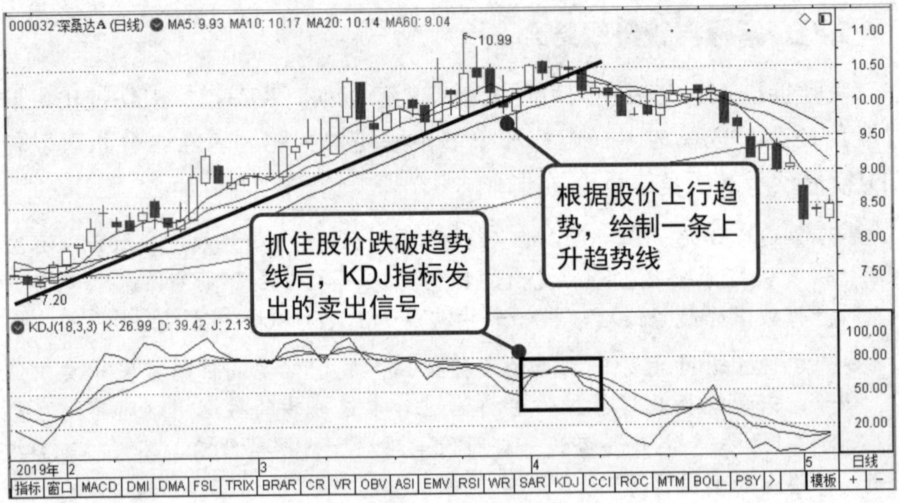

图3-26 结合趋势线找到卖出信号

2.KDJ指标与均线结合

KDJ指标出现钝化时通常都是在单边上升走势或单边下跌走势中，因此，投资者也可以结合5日、10日均线对其进行分析，使KDJ指标预示的买卖信号更加准确。

◆在单边上升走势中，在股价未跌破5日或10日均线之前，KDJ发出的任何一次卖出信号都不可信，只有当股价跌破均线后，投资者才能真正考虑卖出该股。

◆在单边下跌的走势中，市场走势很弱，股价处于低位时常发出买入信号，但只有当股价上升突破5日或10日均线后，该买入信号才具有可信度。

分析实例 中洲控股（000042）——KDJ与均线结合判断买入点

从中洲控股2019年4月至8月的日K线图中投资者可看到，该股票在股价不断下跌的过程中，KDJ指标曲线落到低位，然后出现钝化，在此期间黄金交叉多次显现，甚至KDJ曲线一度穿越了50线，种种迹象都在预示买入机会，但同时我们也能看到，该股股价依旧处于下跌走势中，未能真正突破5日或10日均线，如图3-27所示。此时，投资者两相结合可以推测出真正的买入信号实际上并未出现。

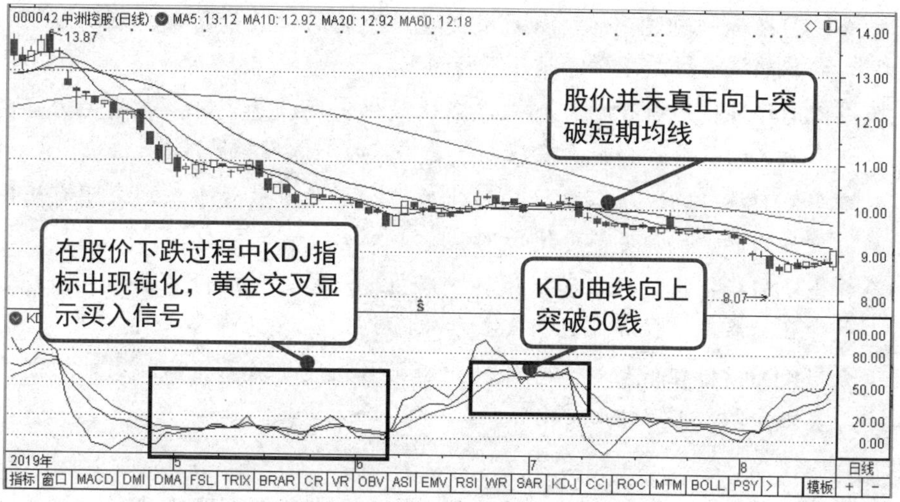

图3-27 中洲控股中的虚假买入信号

不久之后，该股票的KDJ指标曲线在调整后出现了黄金交叉且再次向上突破50线，同时股价也开始上行突破了短期均线，投资者可以抓住这一买入信号进行一波短线操作，以此获利，如图3-28所示。

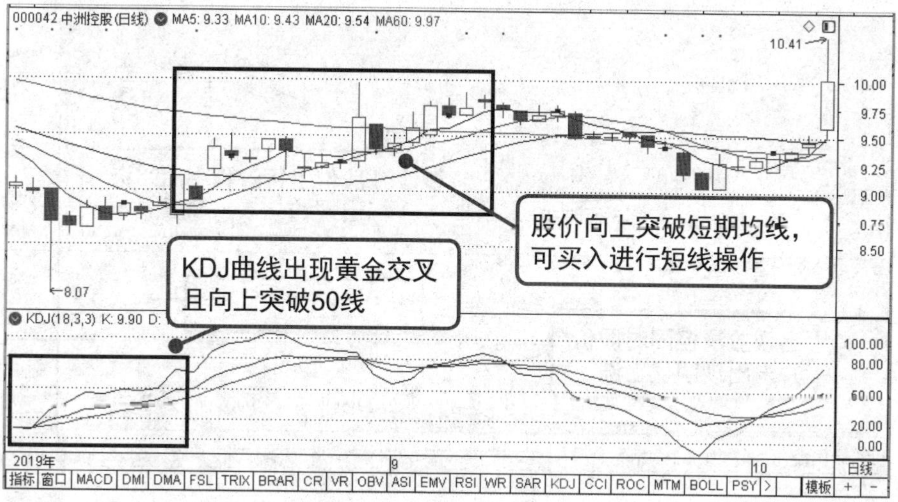

图3-28 结合均线找到买入信号

3.KDJ指标与成交量结合

在KDJ指标曲线出现钝化后，投资者还可以和成交量结合进行综合研判，其方法如下。

◆ KDJ指标出现钝化后，如果成交量不变的同时股价阴跌，表明做空力量依然没有释放完毕，抄底应谨慎。

◆ KDJ指标出现钝化后，如果在高位股价出现放量不涨，表明主力资金有抽离的可能性，投资者应高度警惕，时刻做好撤离准备。

◆ 当KDJ指标在低位超卖区域钝化后，如果股价放量下跌，表明有场内资金出逃，投资者不可建仓。

◆ 当KDJ指标在低位超卖区域钝化后出现放量，但股价不涨，表明有资金在抽离，投资者应避免被主力诱骗抄底。

◆ 当KDJ指标在低位超卖区域钝化后，如果股价放量上涨，表明有新的资金介入，可以适时建仓。

分析实例 德展健康（000813）——KDJ与成交量结合判断买卖点

从德展健康2019年1月至4月的日K线图中投资者可看到，该股票在股价不断上涨的过程中，KDJ指标曲线上升至高位然后出现钝化，在此期间黄金交叉多次显现同时成交量放大，投资者可能会开始犹豫要不要追涨，如图3-29所示。

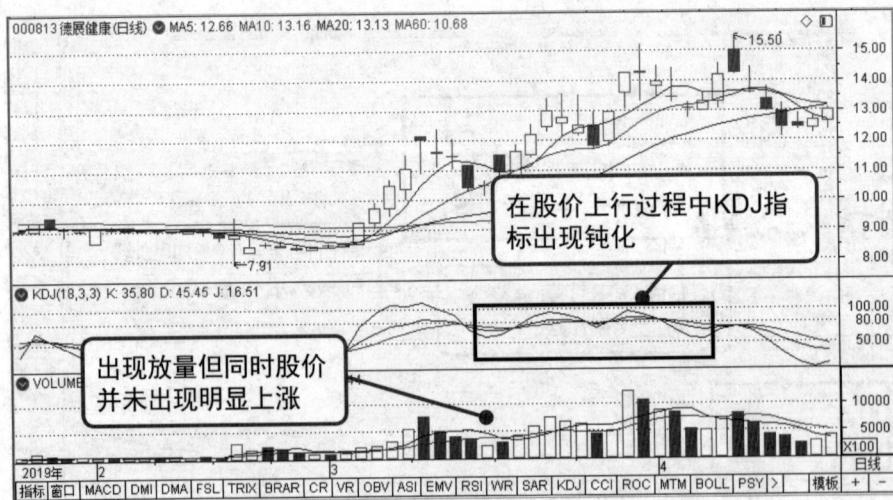

图3-29 德展健康中的虚假买入信号

通过仔细观察，我们可以发现在放量的同时股价并没有明显上行，因此可以判断这个买入信号并不靠谱。不久之后，该股票股价一路下行跌破均线，KDJ曲线也一路走低。如果投资者前期遭受主力蒙骗做出错误的追涨决定，必然损失惨重，如图3-30所示。

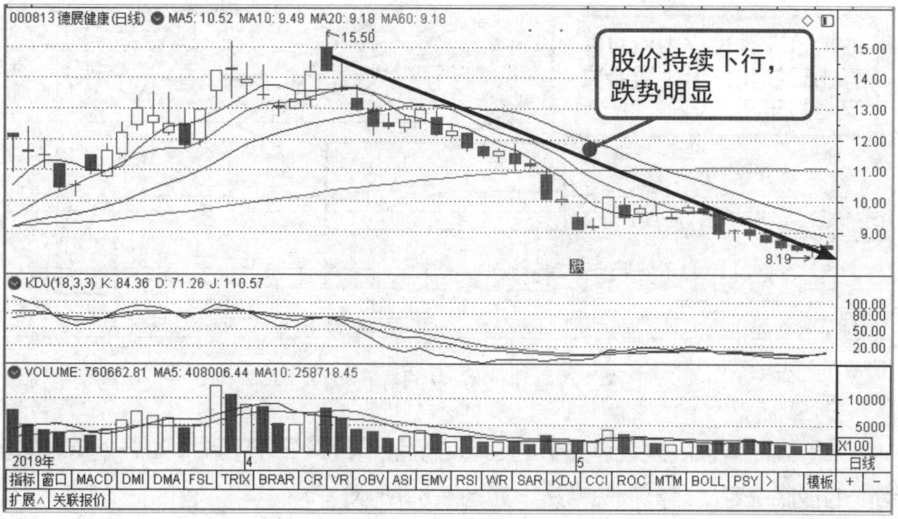

图3-30 后市股价一路下跌

4.KDJ指标与其他指标结合

KDJ指标出现钝化时还可与其他指标结合研判，如MACD、TRIX、BOLL、DMA以及SAR等。

投资者可以参考其他指标中的买卖信号，综合结论，方法如下。

◆ 如果其他指标与KDJ指标相互印证说明该买卖信号准确性较高。

◆ 如果指标相互之间出现矛盾，此时信号的准确性降低，投资者应谨慎做出判断。

分析实例 福星股份（000926）——KDJ与MACD结合判断买入点

从福星股份2019年4月至7月的日K线图中投资者可看到，该股票在股价不断下跌的过程中，KDJ指标曲线落到低位，然后出现钝化。在此期间黄金交叉多次显现，甚至KDJ曲线一度穿越了50线，似乎已经出现了低位买入信号，但结合MACD指标我们可以看到，买入信号并不成立，如图3-31所示。

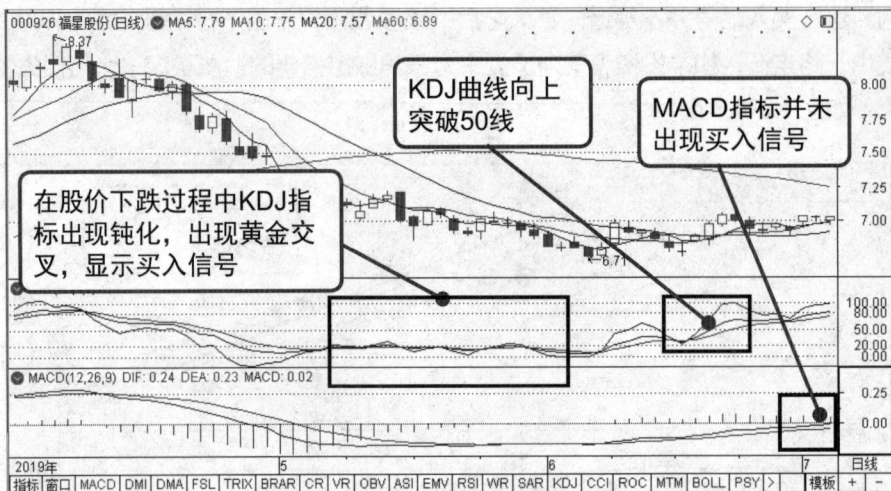

图3-31 福星股份中的虚假买入信号

果不其然，该股票经过短暂的回调之后股价继续一路下跌，如果投资者做出错误的抄底决定，必然损失惨重，如图3-32所示。

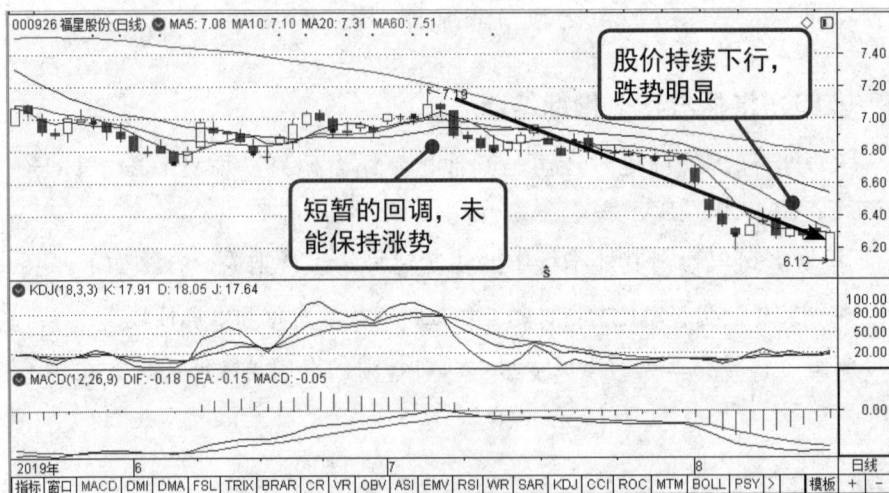

图3-32 后市股价一路下跌

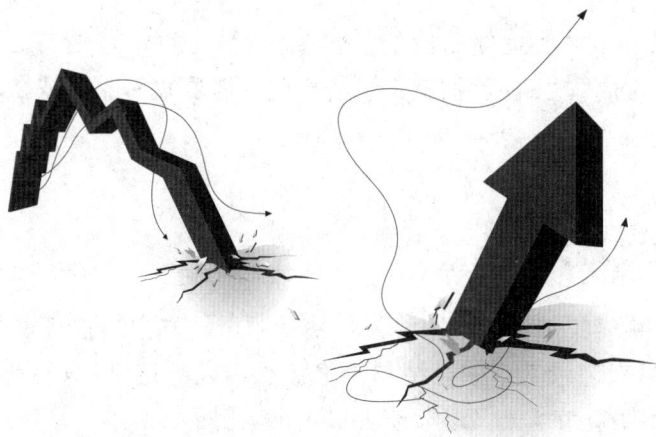

第4章

KDJ指标与K线的综合运用

　　K线图是记录每日或某一周期的股票市场状况和表现的图形。不同的K线图形代表着各自不同的市场意义，投资者可以将K线图与KDJ指标进行结合，预测市场后市走势，下面将进行详细讲解。

4.1 K线理论与形态概述

投资者要想将KDJ曲线与K线结合进行行情推测，首先需要了解K线究竟是怎么一回事。下面我们就来了解一些炒股看盘时不可或缺的K线相关知识。

4.1.1
初识K线基础概述

K线又被称为蜡烛图、阴阳线，最初是源于日本德川幕府时代，被当时粮食商人用来记录米市的行情与价格波动，之后这种标记价格涨跌的图形被引入到期货市场，又逐渐被股市吸收运用。

1. K线的绘制方法

K线图是根据股价某一周期（例如一日）的走势中形成的四个价位即：开盘价、收盘价、最高价和最低价绘制而成的，如图4-1所示。

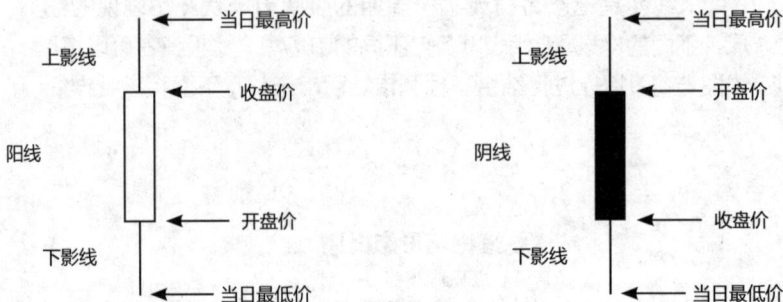

图4-1 绘制K线图

首先将最高价和最低价垂直地连成一条直线，然后再找出本周期的开盘和收盘价，把这两个价位连接成长方柱体，这就是K线的基础图形，然后再以颜色或虚实来区分其本周期涨跌，具体设定如下。

◆ 当收盘价高于开盘价时，则开盘价在下收盘价在上，两者之间的长方柱用红色或白色空心绘出，称之为阳线。

◆ 收盘价低于开盘价时，则开盘价在上收盘价在下，两者之间的长方柱用黑色或绿色实心绘出，称之为阴线。

◆ 最高价和实体之间的线被称为上影线，最低价和实体间的线被称为下影线。

◆阳线上影线的最高点为最高价，下影线的最低点为最低价。阴线上影线的最高点为最高价，下影线的最低点为最低价。

根据K线的计算周期可将其分为分时K线、日K线、周K线、月K线和年K线，如图4-2所示为日K线图。

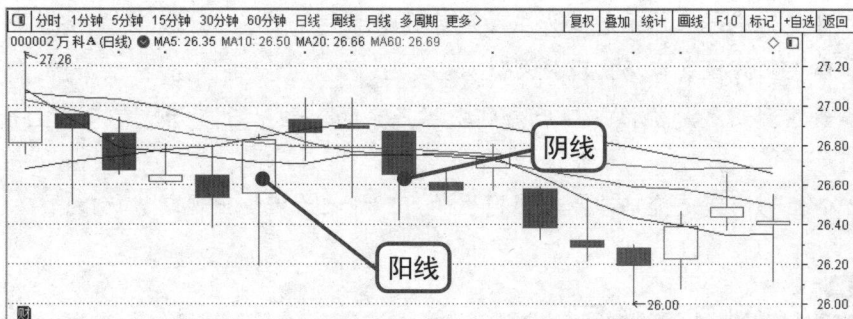

图4-2 日K线图

TIPS | *K线不同周期的作用* | 🔍

周K线，月K线常用于研判中期行情。对于短线操作者来说，众多分析软件提供的5分钟K线、15分钟K线、30分钟K线和60分钟K线也具有重要的参考价值。

---

2. K线的形态类别

K线图能够较为准确地预测后市走向，具有直观、立体感强、携带信息量大的特点。根据开盘价与收盘价的波动范围，可将K线分为大阳线、中阳线、小阳线和大阴线、中阴线、小阴线等线型，如图4-3所示。

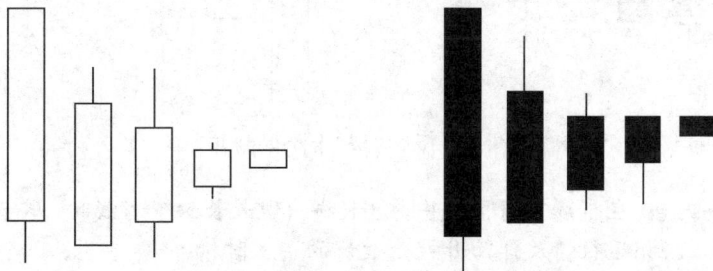

图4-3 不同的K线形态

不同的K线形态类别具有不同的含义，投资者可以依据阳线形态的变化进行研究和分析，对市场走向做出预判。K线形态的含义如下所示。

◆ 大阳线是指多头占据绝对的优势，市场行情看好。

◆ 中阳线则说明多头势力比较强大。

◆ 小阳线一般预示着多头主动走势疲软。

◆ 大阴线代表市场出现强烈跌势。

◆ 下影阴线是价格下跌后受到支撑产生的，预示后市行情有回调上升的可能。

◆ 上影阴线是价格冲高受阻产生的，可视之为市场出现弱势行情。

4.1.2
了解K线的买卖信号

在股票交易时，投资者可通过了解K线图走势，推测出股票的买卖信号，以期在后市中获利。那这些信号究竟是什么样的呢？下面就分别进行详细介绍。

1. K线的买入信号

K线图的买入信号有多种，下面就择其常见的几种进行介绍。如图4-4所示为反弹线与上涨两颗星。

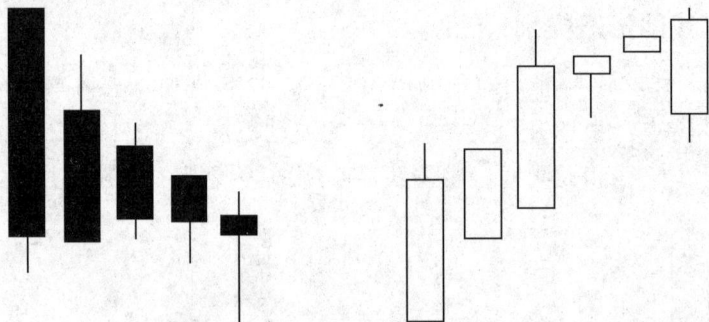

图4-4 反弹线与上涨两颗星

◆ **反弹线**：在市场下行区域中，当K线出现长长的下影线时，即为买入信号，当稍后行情反弹回升就是最好的买入时机。

◆ **上涨两颗星**：当连续上升行情长阳线上方出现两根小K线时，这两根小K线便称为极线，人们又称之为上涨两颗星（连续出现三根小K线则称为"三颗星")。当这些形态出现时伴随成交量的震荡与价格上涨，预示即将再出现另一波涨升行情，若是高位放量时出现两颗星，则可能是庄家出货，应谨慎追涨。

◆ **阴线孕育阴线**：在下跌行情中，出现大阴线的次日行情出现一条完全包容在大阴线内的小阴线，预示卖盘已尽，即将反弹，如图4-5所示。

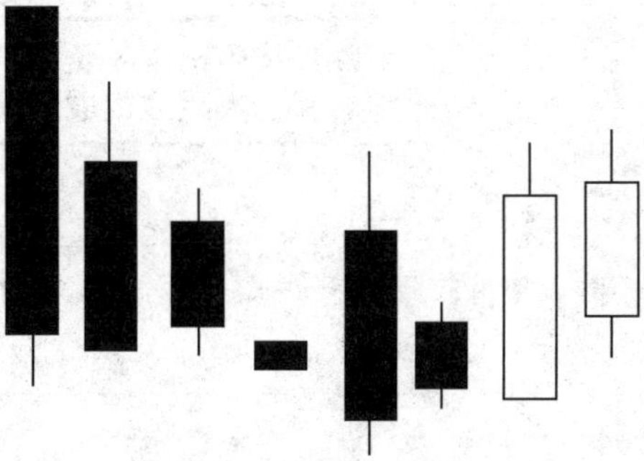

图4-5 阴线孕育阴线

◆ **下档五阳线**：在底部运行区域出现五条阳线，预示底部形成，股价即将反弹，如图4-6所示。

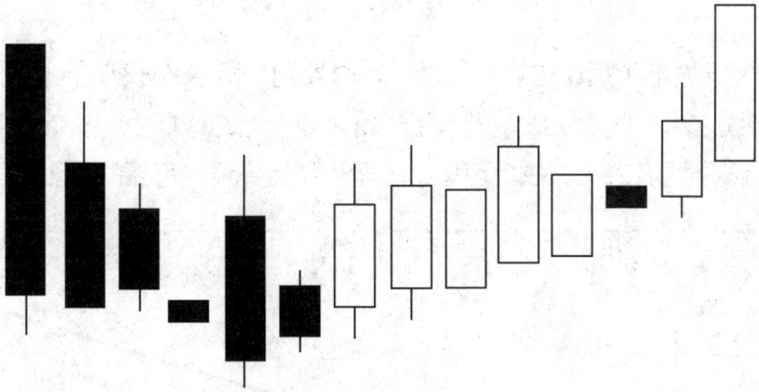

图4-6 卜档五阳线

预示买入的组合形态还有多种，在后面和KDJ曲线的结合应用中，将继续进行讲解。

分析实例 长城电工（600192）——预示买入的K线形态

图4-7为长城电工2018年4月至10月的日K线图。从图中可以看到，长城电工经过前期的一轮下跌走势之后，股价从6元附近跌至4.5元附近止跌。随后股

价在4.5元至5元区间进行了长达3个月左右的窄幅运动。10月上旬，股价突然急跌，K线连续放阴，10月12日K线收出一根长下影线反弹线，预示股价触底后市看涨。且该根反弹线与前一天的大阴线组成阴孕阴组合，进一步确定了股价触底的信号，投资者可以试着买入建仓。

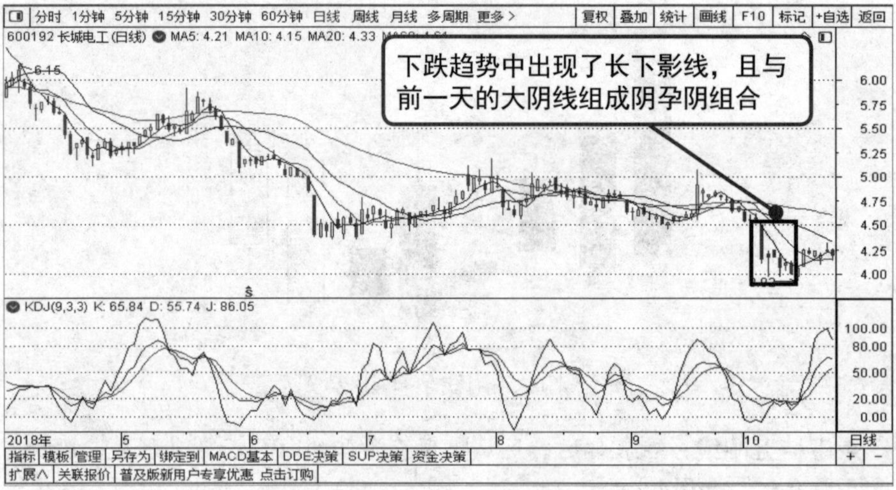

图4-7 K线图形出现买入信号

图4-8为长城电工后市走势，从图中可以看到，K线在出现买入信号的阴孕阴形态和反弹线之后，股价止跌，进入了一轮大幅上涨的行情中，从4元附近上涨至9元上方，涨幅达到125%。由此可见，阴孕阴和反弹线是可靠的看涨信号。

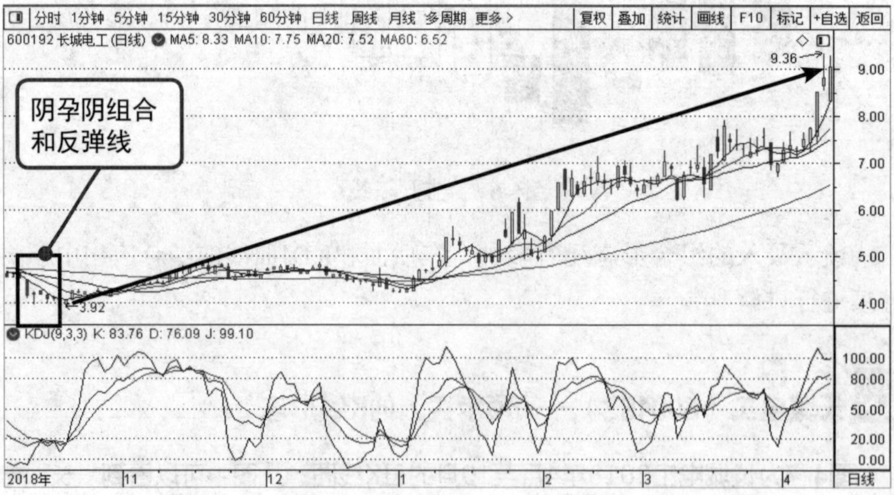

图4-8 长城电工后市股价上涨

2. K线的卖出信号

除了买入信号外，K线图形还能透露出不同的卖出信号，投资者若能抓住恰当的卖出时机，能避免损失或获取更多利润。下面就择其常见的几种进行介绍，如图4-9所示。

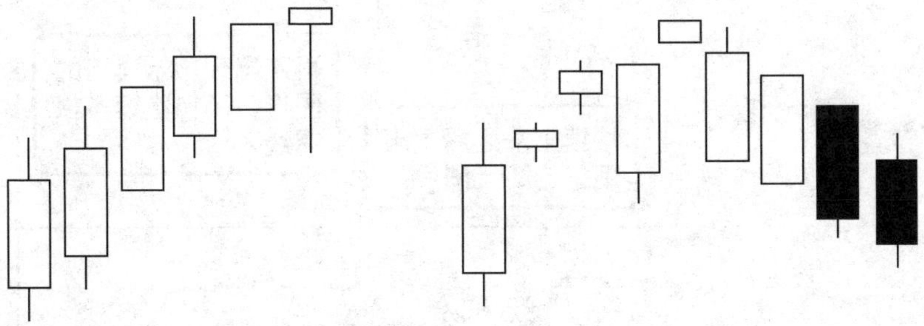

图4-9 上吊线和跳空高开

- ◆ **上吊线**：出现在涨势中，阳线（也可以为阴线）实体很小，下影线大于或等于实体的两倍甚至更长，一般无上影线，整体形状像一把锤子。这种图形通常出现在主力拉高出货时，投资者应考虑逢高抛售。

- ◆ **跳空高开**：跳空是指两条阴阳线之间不互相接触中间有缺口的意思，当K线走势中连续出现三根跳空阳线后，通常会产生上涨压力导致股价回落，因而第二根跳空阳线出现时，投资者就应考虑减仓。

- ◆ **下降三法**：在股价持续下跌的过程中，若在某日的大阴线之后隔日连续出现三根小阳线，但第四天又再次出现大阴线，表示股价筑底尚未完成，股价会继续下滑。

- ◆ **暴跌三杰**：又被称为黑三鸦，这是指当股价大涨后出现三次或以上连续阴线，这是暴跌的前兆当然也是明显的卖出信号，表明一波行情已走到尽头。

- ◆ **高档五阴线**：是指在经过一段时间的上涨之后，K线图在高位连续出现了五根小阴线（也有可能是六、七根小阴、小阳线，但阴线居多），这种形态表明上涨动力不足，主力高位出货可能性较大，后市很可能持续下跌，投资者应适时清仓或减仓。

分析实例 **建投能源（000600）——预示卖出的K线形态**

图4-10为建投能源2019年1月至4月的日K线图。从图中可以看到，建投能源在经过前期的一波上涨走势之后，K线在3月中旬出现三连阴止涨，随后股价

在高位盘整。并且在出现三连阴之后不久又再次出现连续的阴线,这是一种预示卖出的典型图形。

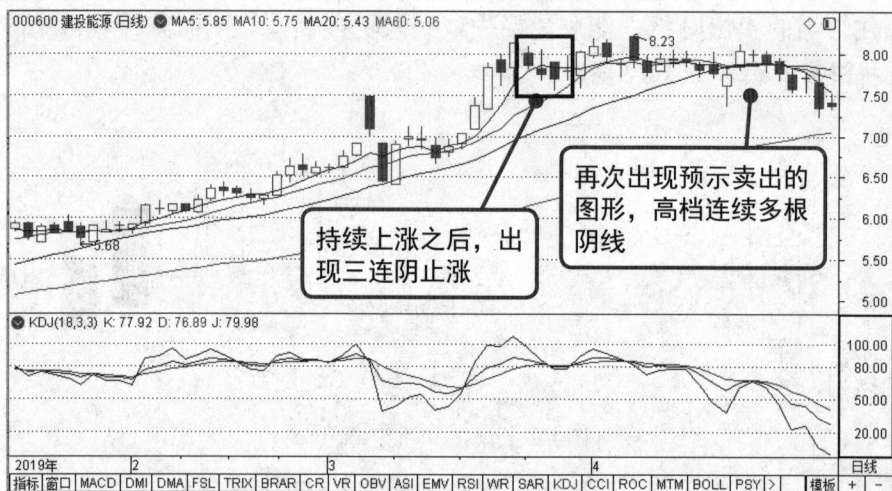

图4-10 K线图形出现卖出信号

在看到明显的卖出信号后,投资者可以考虑减仓或者清仓,后市果然如预测一样,股价开始持续下跌,一路走低,连续几个月都未见明显起色,投资者若未能及时抓住卖出时机,很可能损失惨重,如图4-11所示。

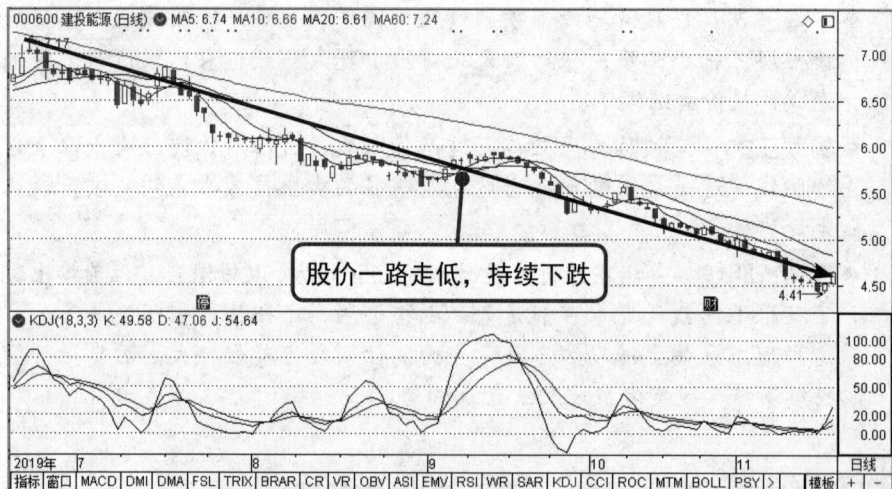

图4-11 卖出股票以降低风险

4.1.3
认识K线的反转形态

　　股票的买卖点通常就隐藏在K线图的反转信号中，例如K线图形中的阳十字线与阴十字线都是多空平衡市场的转折点，预示市场行情的反转。十字线又有3种不同的形态，如图4-12所示。

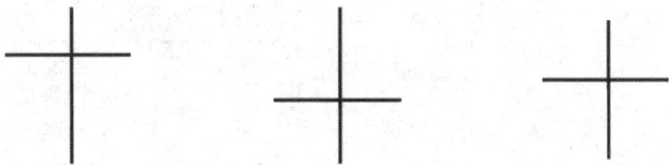

图4-12 不同的十字线K线形态

不同的十字线形态各自代表不同的含义，其内容如下。

◆ **下十字线**：开盘后价格下跌，并在低位获得支撑，由于下方的买盘比较积极主动，最终在最高价收盘，是强势形态。但如果长下影线出现在低价区域的时候，是一种重要的反转信号。

◆ **倒十字线**：价格冲高后在高位遇到阻力回落至开盘价附近，是弱势形态，如果出现在高价区域的时候，是重要的变盘点信号。

◆ **十字星**：买卖双方势均力敌，走势比较平稳，如果是在强势中，十字星往往是市场强弱转换的交叉点，预计后市的走势可能发生变化。

> **TIPS** │ *十字线中的特殊形态：一字线* │ 🔍
>
> 　　一字线就是四种价格合一，出现的一条横线，这种K线图形说明市场成交清淡，后市也不会有较大的变化，但是如果是出现在涨停或者是跌停的时候，说明买卖双方力量悬殊太大，后市的方向比较明确，短期内不会发生逆转情况。

分析实例 **广弘控股（000529）——K线图中预示反转的信号**

　　图4-13为广弘控股2019年6月至8月的日K线图，从图中可以看到，该股票在上行趋势中于7月25日出现了典型的十字星反转形态，之后在预示卖出的暴跌三杰形态后又出现了倒十字星，这也是重要的变盘信号。

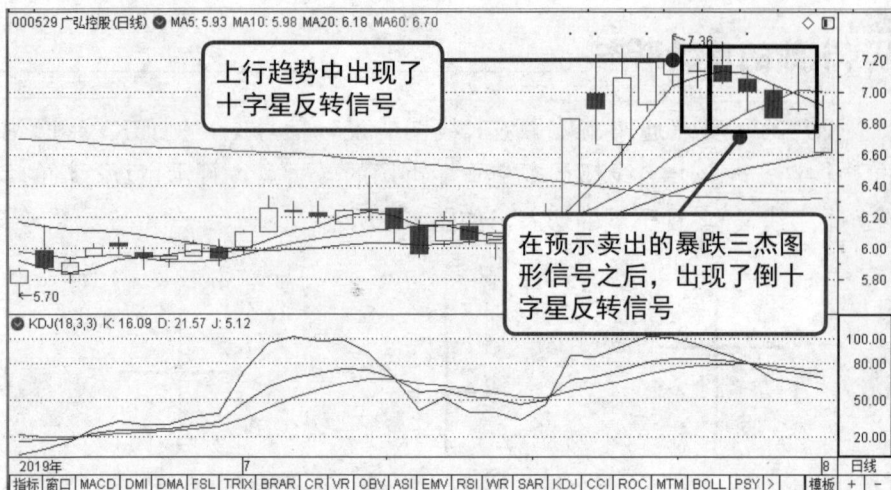

图4-13 广弘控股出现反转信号图形

投资者在发现K线图短时间内出现多次卖出信号之后，应引起重视，果断清仓或者减仓。果不其然，在反转信号出现之后广弘控股股价一路下行，期间股价小幅反弹了一段时间但依旧没能稳住跌势，后市股价持续走出阴线，如果投资者未能及时清仓，将遭受损失，如图4-14所示。

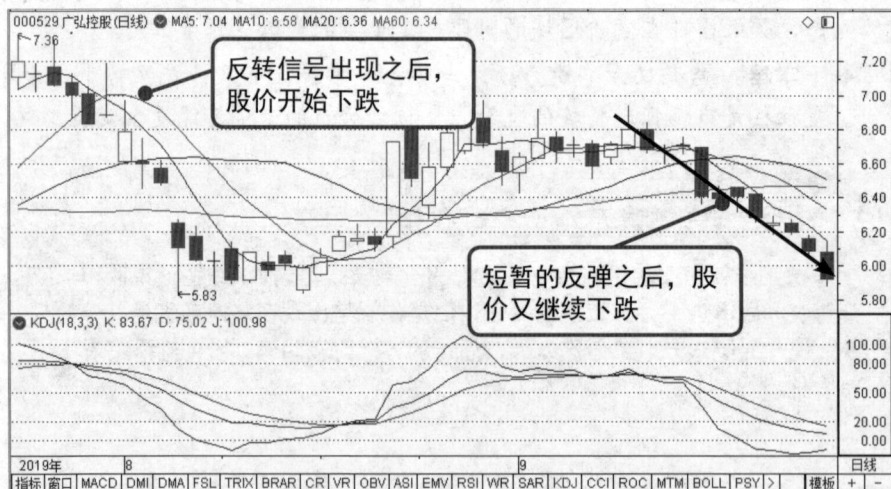

图4-14 广弘控股股价下跌的日K线

除此之外，K线图中还有其他一些形态预示着市场行情的反转。具体介绍如下。

◆**W形底**：是指在股价底部区域K线呈现出W形态，这种形态通常意味着股价将在后市反转上行。

◆ **头肩底**：这是股票在下行趋势中形成的反转形态，与头肩顶的寓意正好相反，一旦颈线被突破意味着反转确认，之后股市将上涨，但颈线突破时需要成交量的放量配合，否则很可能反转受压不成立。

◆ **头肩顶**：头肩顶形态是通过连续的起落构成三个尖顶形状，出现的三个局部高点中，中间的高点比另外两个都高，因而被称为头，左右两个相对较低的高点称为肩（在第2章KDJ曲线形态中有过类似介绍），当股价在上行阶段K线图形出现这种形态，一旦颈线被跌破，意味着反转确认，之后股市将下跌。

◆ **M形顶**：M形顶部也是比较典型的反转信号，这是指股价在上涨趋势中，出现升起、回落、再升起和再回落，形成M形状的走势，这预示着股价将持续下落。

K线图中有多种形态预示着市场行情的反转，这些反转形态通常结合其他指标一起分析更具有可靠性，稍后我们就将KDJ指标与之结合进行详细介绍。

4.2 KDJ指标与K线买卖组合实战

K线形态显示买入卖出信号有多种，但并不是每次这种图形出现时都会形成明确的买卖点，这种信号有可能只是"虚晃一枪"，无法真正运用于实际操作。因而，投资者需要将其与KDJ指标结合，提高判断的准确性，从而在实战中立于不败之地。

4.2.1 红三兵与KDJ操作技巧

K线形态红三兵是指在底部区域经过一段时间盘整或持续阴线之后，K线连续拉出三根阳线，它预示着股价在短期内会有一定的上涨空间，若是此时KDJ指标曲线出现低位金叉则是对红三兵的确认与加强。红三兵与KDJ指标结合使用形成买点，需具有以下要点。

◆ 在股票运行过程中连续出现的三根阳线，其每日的收盘价高于前一日的收盘价。

◆ 每天的开盘价尽可能在前一天阳线的实体内。

◆ 每天的收盘价在当天的最高点或接近最高点。

◆红三兵所连成的3根阳线实体部位若能等长，形态更确定。

◆KDJ指标曲线在底部出现金叉，之后呈三线向上状态。

TIPS 红三兵和KDJ指标结合的注意点 🔍

　　红三兵出现时KDJ指标曲线在20线下超卖区域或出现低位金叉时，买入点才能确立。如果KDJ指标处于50线以上，甚至是80线高位，此时的红三兵就不再是买入信号，很可能是庄家在诱人接盘，后市股价可能即将结束高涨的走势，投资者不应追涨。

分析实例 西安旅游（000610）——红三兵与KDJ指标的结合

　　西安旅游2019年6月至8月的日K线图如图4-15所示。在经过前期一段下跌走势和盘整之后，该股票在8元价位线附近开始有了反转迹象，K线在8月15、16、19三日出现了红三兵形态，同时KDJ曲线出现低位黄金交叉，从图4-15中可以看到，在黄金交叉之后三条KDJ曲线保持上行趋势。

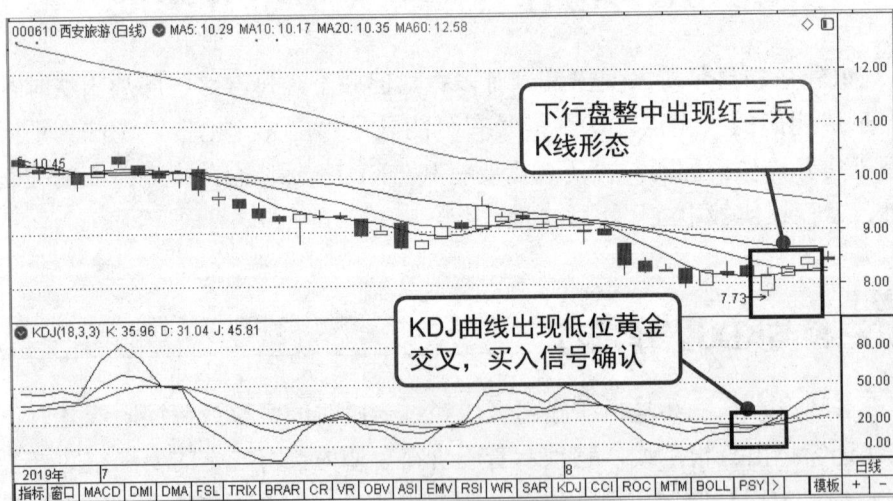

图4-15 西安旅游出现买入信号

　　从下图中可以看到伴随K线的红三兵形态，KDJ指标出现黄金交叉之后，股价持续上行，连续出现多次阳线、大阳线，投资者可以抓住这种时机做一波短线操作，到9月6日KDJ曲线出现死亡交叉，这时就应引起注意，考虑减仓或清仓，如图4-16所示。

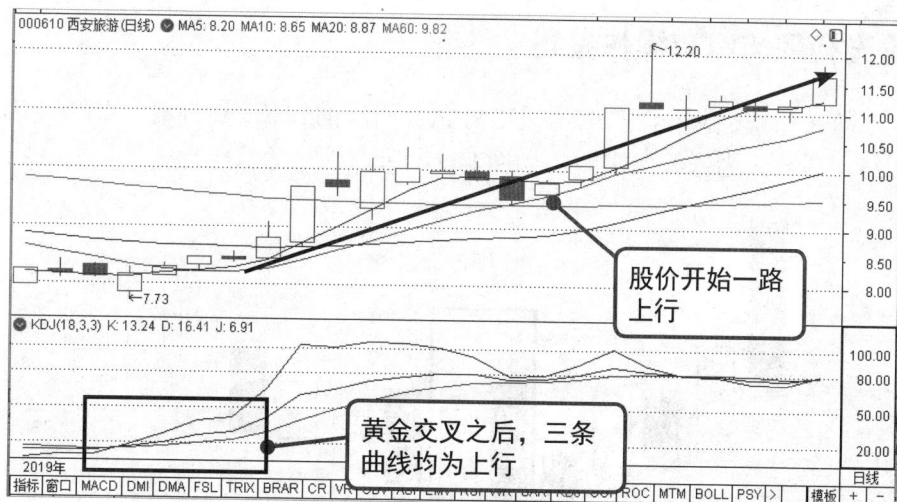

图4-16 买入股票做短线操作

在第一次出现高位死叉之后，KDJ曲线得到支撑没有向下，但同时K线图中出现预示反转的十字星，此时投资者就应果断清仓。

稍后，当第二次高位死亡交叉出现时，可明显看到KDJ曲线掉头向下，稍后果不其然股价开始转入下跌行情。投资者若能在之前黄金交叉出现后短暂持股，抓住这一波涨势将获利颇丰，但如果未能及时清仓，就有可能损失惨重，如图4-17所示。

图4-17 及时清仓避免损失

4.2.2
曙光初现与KDJ操作技巧

曙光初现K线组合是由两根走势完全相反的较长K线构成，前一天为阴线，后一天为低开的阳线，如图4-18所示。

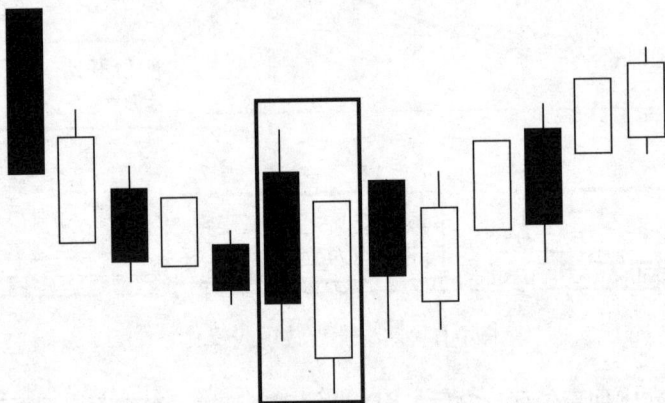

图4-18 曙光初现K线形态

曙光初现形态往往出现在下跌行情即将结束时，体现了市场上由空方占优势到多方占优势的转折，是一个买入信号。要想曙光初现K线图与KDJ指标一起形成买入点，需符合以下要点。

◆伴随曙光初现K线组合形态同时出现缩量，说明股价触底即将反转。

◆第二根阳线的实体部分越长表示上升力度越大。

◆阳线的实体部分应超越阴线实体部分一半以上才有意义。

◆KDJ指标出现低位金叉，给出明确的触底回升信号。

TIPS 曙光初现K线图形应用的注意点 🔍

尽管曙光初现是买入信号，但通常情况下该K线形态出现后，股价立即上升的力度并不大，在经过一番调整后才会有更有力的表现，投资者切勿心急，应耐心持股。

分析实例 金健米业（600127）——曙光初现与KDJ指标的结合

图4-19为金健米业2018年2月至7月的K线走势，从图中可以看到，该股处

于下跌行情中，股价跌至3.2元价位线附近止跌横盘。此时可以发现，6月19日与6月20日的K线形成预示股价见底的曙光初现形态，并且此时KDJ在20线下形成金叉，那么此时是不是可以判断股价触底成功，后市看涨呢？

其实不然，我们仔细查看这个曙光初现组合，发现的阳线实体只有小部分进入阴线实体内。而此次出现的曙光初现阳线实体并没有超过阴线实体的一半，说明不具备意义，只是小幅反弹，并不能改变下跌的整体趋势。

图4-19 金健米业6月出现曙光初现和KDJ金叉买入信号

图4-20为金健米业2018年11月至2019年5月的K线走势。

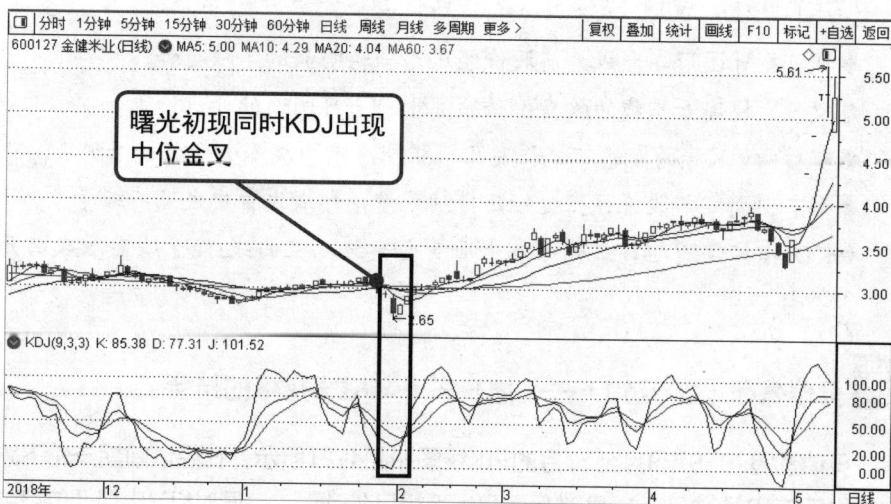

图4-20 抓住时机买入股票

从图4-20中可以看到，金健米业6月出现曙光初现和KDJ金叉买入信号后果然股价继续保持低迷的下跌走势，股价跌至3元价位线附近。1月31日和2月1日K线再次形成曙光初现形态，且阳线实体进入阴线实体内一半以上，此时KDJ在50线下形成中位金叉，预示股价触底，后市看涨。那么这次的触底看涨是真正的买入信号吗？

我们可以看到，股价前期长时间在3元价位线上盘整，股价跌无可跌，多根均线相互纠缠，交叉平行，但随着曙光初现形态和KDJ金叉的出现，均线开始发散开来，并出现调头向上的迹象，由此可以判断出此次为真正的触底，后市看涨。确实股价从2月初开始转入上涨行情中，涨势明显。

TIPS 多指标综合使用 🔍

在实际的炒股过程中，我们不能单一地使用一个或两个指标做单一的判断，应该尽可能地结合更多的指标和实际情况来综合判断，不能死板套用形态或理论，这样才能提高我们的炒股能力。

4.2.3
旭日东升与KDJ操作技巧

旭日东升与曙光初现K线组合有些相似，它同样是由两根走势完全相反的K线构成，前一天为阴线，后一天则为高开的阳线。要想旭日东升K线图与KDJ指标一起形成买入点，需具有以下要点。

◆旭日东升图形在形成之前股价经过了一轮明显的下跌趋势。

◆次日大幅高开阳线的收盘价必须高于前一日阴线的开盘价。

◆前后两根K线的实体部分长度几乎相等，或阳线不小于前一根阴线。

◆形态出现之前股价往往会经历持续地量，形成过程中也可能缩量。

◆KDJ指标伴随旭日东升形态出现黄金交叉，且曲线J处于明显触底回升状态。

分析实例 贝瑞基因（000710）——旭日东升与KDJ指标的结合

贝瑞基因2019年9月至11月的日K线图如图4-21所示。在经过前期一轮下跌走势之后在10月30日、10月31日两日出现旭日东升形态，同时KDJ出现低位黄金交叉，从图4-21中可以看到，在黄金交叉之后J曲线走势具有明显的触底反弹特征。

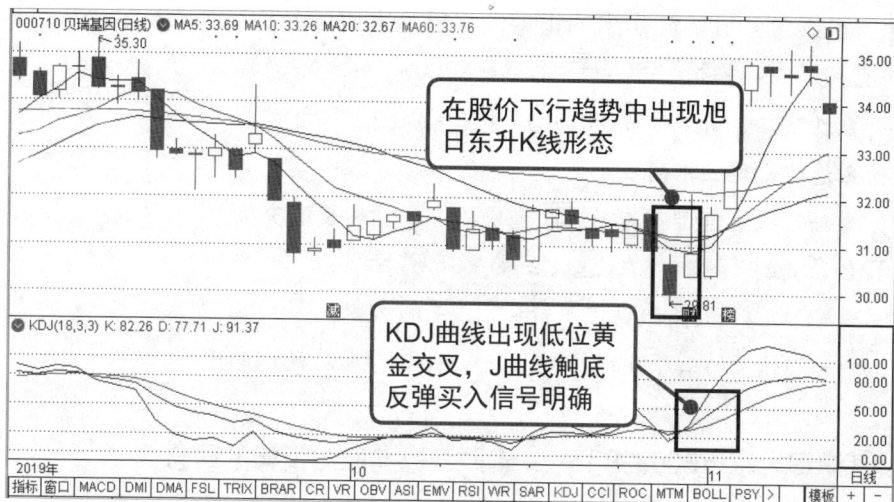

图4-21 贝瑞基因出现买入信号

从图4-22中可以看到，KDJ曲线出现黄金交叉之后露出明显的强势上行姿态，股价持续上涨，连续收于阳线，投资者可以抓住这种时机买入股票，如图4-22所示。

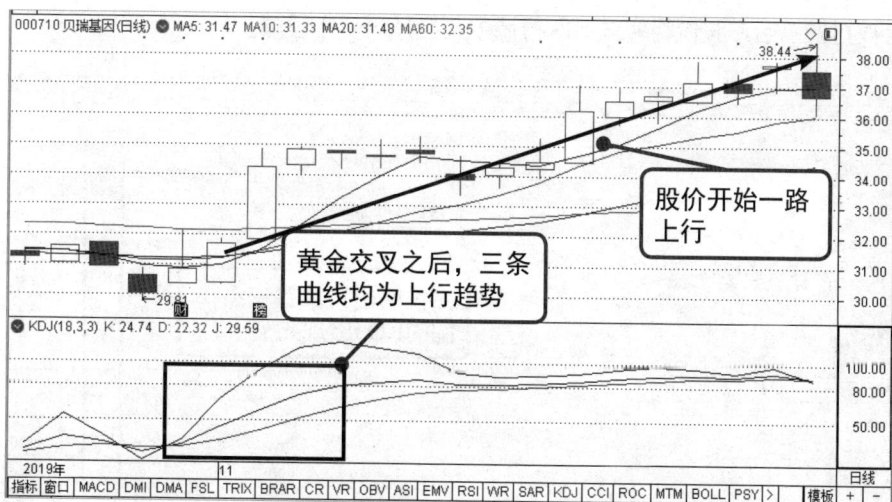

图4-22 贝瑞基因股价后市走势

<h3>4.2.4 暴跌三杰与KDJ操作技巧</h3>

前文中提到的K线图暴跌三杰（黑三鸦）卖出信号，如果能与KDJ指

标一起结合分析，其卖出的指导性将更为准确。暴跌三杰与KDJ指标一起形成卖出点，需符合以下要点。

◆暴跌三杰出现前股价曾出现连续上涨。

◆连续出现三根阴线。

◆每日收盘价都下行，且收盘价接近每日的最低价位。

◆每日的开盘价都在上根K线的实体部分内。

◆KDJ指标的J曲线钝化下行，出现死亡交叉。

◆KDJ指标的三条曲线均向下，或死叉时J曲线急剧向下。

分析实例 海澜之家（600398）——暴跌三杰与KDJ指标的结合

图4-23为海澜之家2018年11月至2019年4月的K线走势。从图中可以看到，该股经过一轮上涨行情，股价运行至10元高位区域，随后股价在9.5元至10元区间做窄幅运动。

4月11日、12日和15日K线连续收出三根下跌的阴线形成暴跌三杰形态，并且此时KDJ在80线下调头下行，形成中位死叉。说明该股高位震荡调整的平衡走势被打破，后市股价将转入下跌行情中，应及时卖出股票。

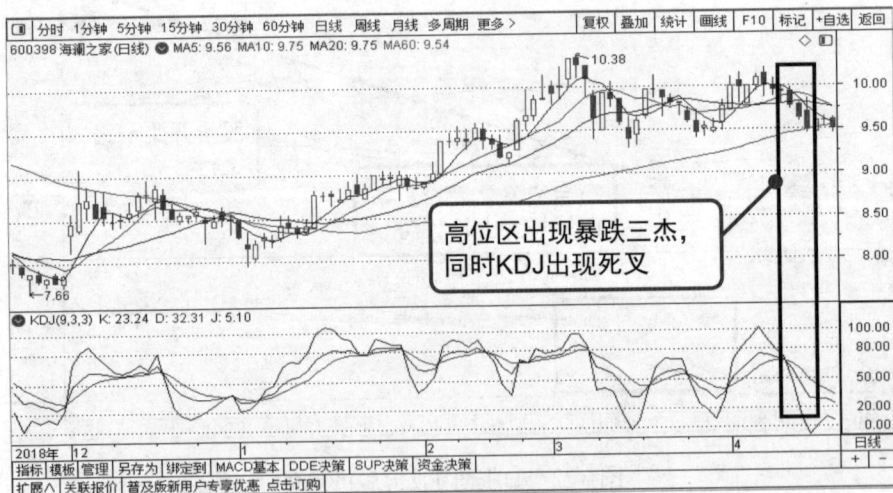

图4-23 K线图形出现卖出信号

该股后市走势果然K线出现暴跌三杰形态，之后股价开始下跌行情，跌势沉重，股价从10元附近跌至8元左右，跌幅达到20%，如图4-24所示。

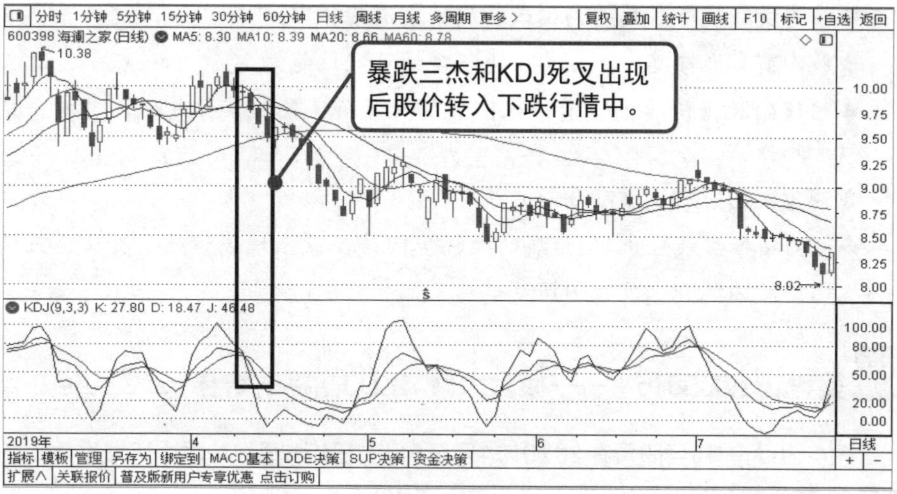

图4-24 海澜之家后市走势

倾盆大雨与KDJ操作技巧

倾盆大雨K线形态是指当股价在经历了一段时间的上涨之后，先出现一根中阳线或大阳线，次日出现一根低开的中阴线或大阴线，其收盘价低于前日阳线的开盘价，如图4-25所示。

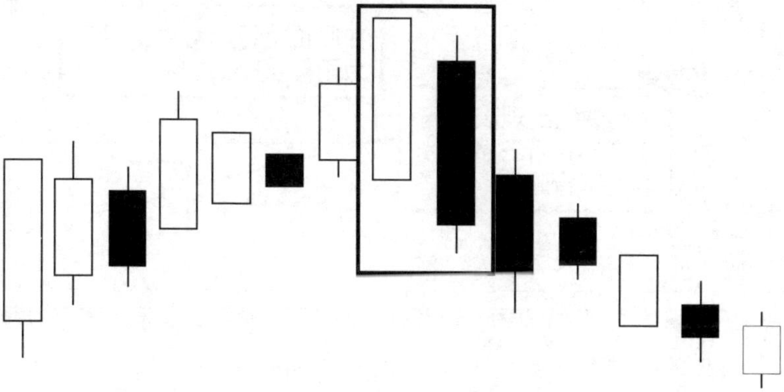

图4-25 大雨倾盆K线形态

大雨倾盆寓意为前一日阳线上涨态势明确，但次日就遭遇阴线暴雨侵袭，投资者可将这个预示反转的组合视作卖出信号。

倾盆大雨与KDJ指标一起形成卖出点，需具有以下要点。

◆应出现在反弹震荡的高位或明确的上涨趋势中。

◆股价前期涨幅越大，主力出逃下跌的可能性越大。

◆阴线的收盘价要低于前一根阳线的开盘价，阴线实体越低，其卖出信号越强。

◆倾盆大雨前后应该有量能的放大。

◆KDJ指标曲线应出现J曲线的大幅度回落，或出现高位死亡交叉、三线向下等明确的走势转向信号。

分析实例 美利云（000815）——倾盆大雨与KDJ指标的结合

图4-26为美利云股票在2019年4月至5月的日K线图。从图中可以看到，美利云在前期出现了明显的上涨走势，其中还出现了多次涨停。

随后K线在5月16日收出一根高开高走的阴线，与第二天低开低走的阴线形成了典型的倾盆大雨形态。同时KDJ曲线出现了高位死亡交叉，并且三条曲线一致向下，可见此时卖出信号强烈。

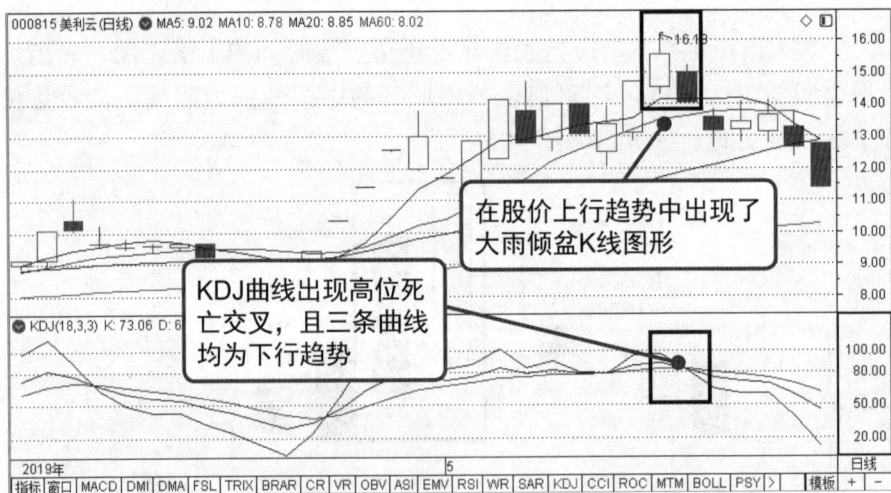

图4-26 K线图形出现卖出信号

之后该股果然如预测一样，股价开始持续下跌一路走低，很长时间都未见明显起色，只在9月时出现了短暂的反弹，但并未真正改变下跌行情。一直到2019年年底该股票都还处于下跌状态，投资者若未能及时抓住卖出时机，很可能损失惨重，如图4-27所示。

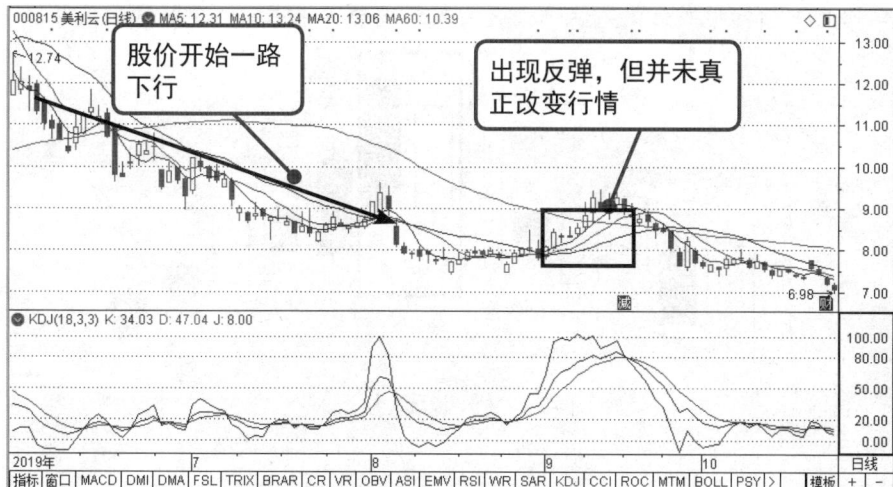

图4-27 美利云股价后续走势

TIPS 警惕KDJ指标中的金叉不叉曲线

当KDJ曲线三线向上突破50线后，在顶部区出现了三线高位震荡，当J线震荡至K线和D线下方后，若继续向上就会与K线和D线形态形成黄金交叉，但有时J线却会转头向下继续下行，这就叫作金叉不叉。当暴跌三杰或倾盆大雨K线图形伴随KDJ曲线的金叉不叉形态的出现，说明主力很可能在高位出货，投资者应及时清仓或减仓。

4.2.6 乌云盖顶与KDJ操作技巧

乌云盖顶形态是K线图中较为常见的一种卖出信号，一般出现在上升趋势的尾端，或者是顶部水平调整区间。这种形态由两根K线组成，第一天是一根坚挺的阳线实体，第二天则为一根长阴线，如图4-28所示。它与KDJ指标一起形成卖出点，需具有以下要点。

◆ 应出现在震荡调整的高位或明确的快速上涨趋势中。

◆ 第二天的开盘价超过第一天的最高价，呈现冲高回落的形态。

◆ 乌云盖顶出现的同时伴随成交量的放大，成交量越大，预示的卖出信号越强烈。

◆ KDJ指标曲线应出现J曲线的大幅度回落。

◆KDJ指标曲线出现高位死亡交叉或三线向下等明确的走势转向信号。

图4-28 乌云盖顶K线形态

分析实例 瑞贝卡（600439）——乌云盖顶与KDJ指标的结合

图4-29为瑞贝卡2019年1月至4月的日K线图。从图中可以看到，该股经历一轮上涨之后股价在3.8元价位线附近横盘调整。

4月12日与4月15日两日K线形成典型的乌云盖顶形态，同时KDJ出现死叉，说明股价见顶，后市看跌。所以股民不要妄想调整后继续向上拉升了，应及时卖出持股。

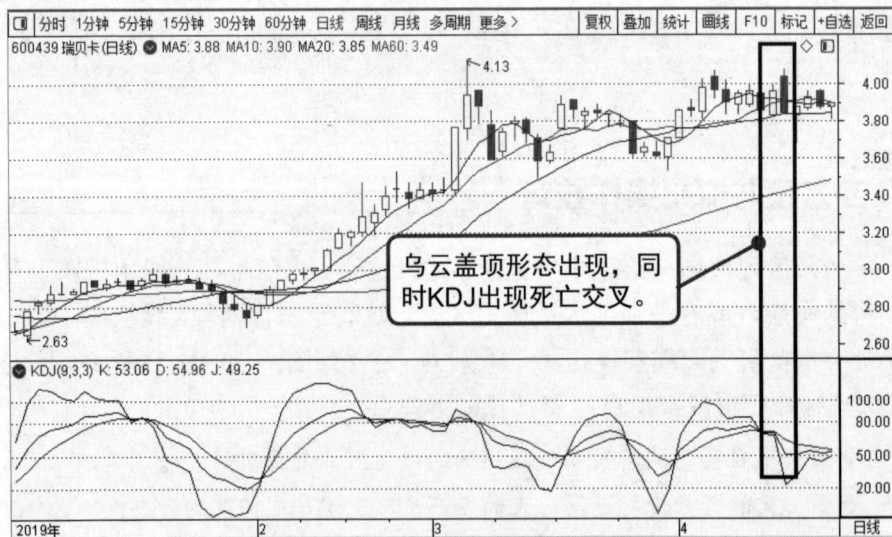

图4-29 K线图形出现卖出信号

之后该股股价果然如预测一样，开始转入下跌行情，股价一路走低，跌至

3.2元附近。因此，投资者在看到乌云盖顶时就应及时清仓，等下一次买入信号
出现时再买入，如图4-30所示。

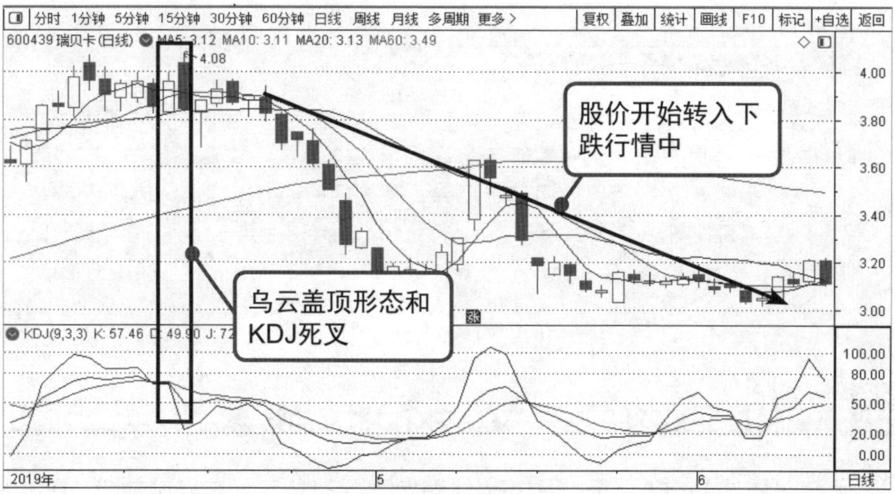

图4-30 瑞贝卡后续走势

4.3 KDJ指标与K线反转形态的实战

K线形态预示反转的信号多种多样，投资者可将其与KDJ指标结合进
行研判，准确预测股市走向，提升获利。

4.3.1 V底反转与KDJ操作技巧

V形底是一种力度极强的反转形态，它是指在股价底部区域K线图形
呈现出英文字母V一样的形态，V形底通常出现在市场动荡、股价剧烈波
动时，它是指在价格底部区域形成一个最低点，随后就立即改变原来的
运行趋势，股价急剧上涨，呈现上行趋势。

V形底反转结合KDJ指标的成形，需具有以下要点。

◆V形底出现在股价持续下跌行情之后。

◆多条K线组合而成的V形形状非常清晰明确。

◆KDJ曲线的J线出现触底反弹的类似V形上行形态。

◆V形底的确立需要成交量放量的配合。

◆KDJ指标曲线在底部出现金叉，之后呈三线向上状态。

TIPS W形底同样是一种反转形态 🔍

W形底又被称为双重底，它是指在股价底部区域呈现出英文字母W一样的形态，这种形态通常意味着股价将在后市反转上行。W形反转与V反转类似，只是多了一次受压后的回落与反弹，若是同时KDJ指标曲线出现低位金叉，则是对K线图形的确认与加强，W底的成立必须有成交量增加的配合，KDJ指标也应出现黄金交叉。

分析实例 **卓翼科技（002369）——V底与KDJ指标的结合**

卓翼科技2019年6月至9月的日K线图如图4-31所示。在经过前期一段下跌走势之后，该股票在持续阴线之后出现一根大阳线止跌，股价开始有了反转迹象，随后K线连续跳空高开出现涨停，形成了V底图形，同时伴随着KDJ曲线的低位黄金交叉，从下图中可以看到，在黄金交叉之后三条KDJ曲线保持了上行趋势。

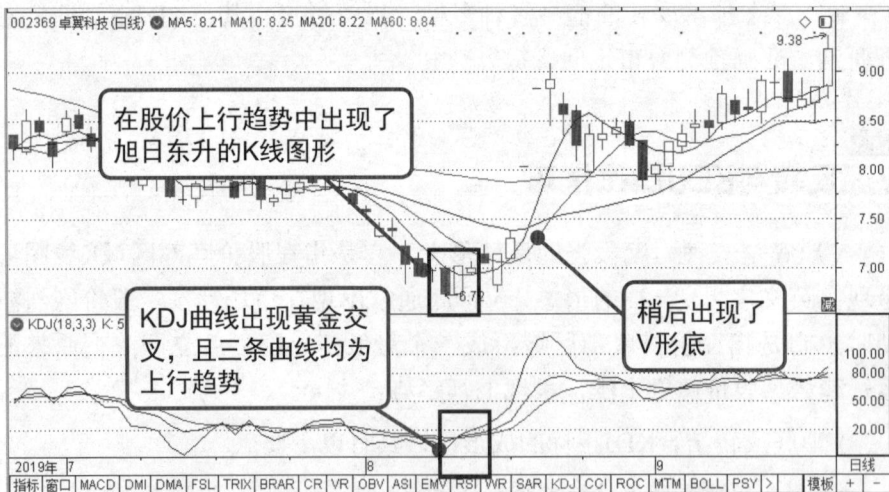

图4-31 卓翼科技出现反转信号

从下图中可以看到KDJ指标曲线在出现黄金交叉之后，股价持续上行，抓住市场的反转，就是很好的买入时机。

稍后该股出现了短时间的回落，但KDJ曲线依然在高位区域运行，随后股价继续上涨，甚至连续出现多次涨停与大阳线，投资者可以抓住这种时机做一波中短线操作，必能获利颇丰，如图4-32所示。

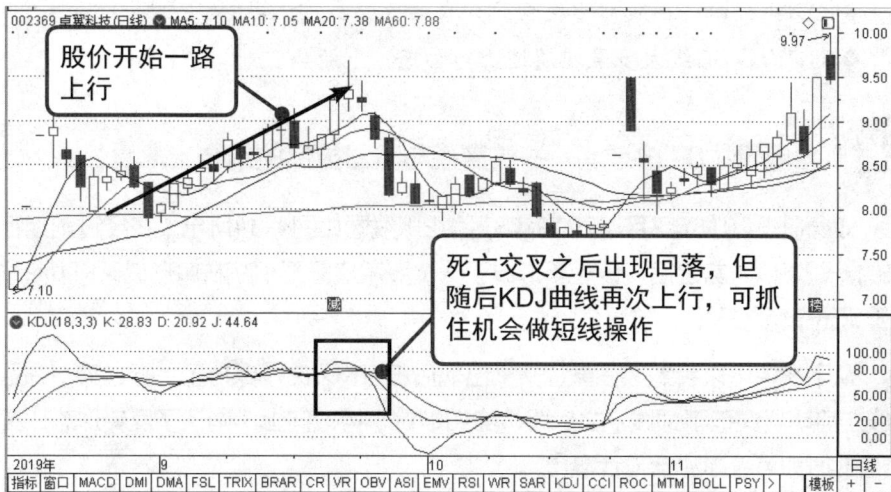

图4-32 买入股票获利

4.3.2
头肩底反转与KDJ操作技巧

头肩底是指形态酷似人的头与肩关系的K线组合形态，如图4-33所示。头肩底通常出现在价格底部区域，当颈线被突破时，成交量显著放大，整个形态由此确立，随后股价就会呈现上行趋势。

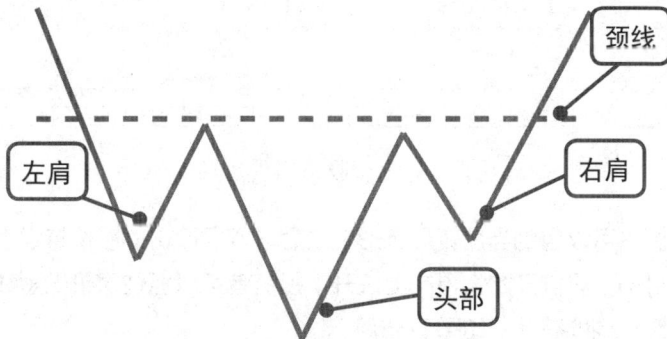

图4-33 K线头肩底示意图

头肩底反转结合KDJ指标的成形，需具有以下要点。

◆ 头肩底形态出现在股价出现持续下跌的行情之后，头部形态需明显。

◆ 通常右肩比左肩更高，当头肩底颈线突破时，才是真正的反转信号。

◆ 反转的确立需要成交量放量的配合。

◆ KDJ指标曲线在底部出现金叉，之后呈三线向上状态。

◆ KDJ曲线的J线大多呈现急速上行形态。

分析实例 双象股份（002395）——头肩底与KDJ指标的结合

双象股份2018年8月至2019年3月的日K线图如图4-34所示。在经过前期很长的一段下跌走势之后，该股票形成了一个头肩底图形，在右肩形成时KDJ曲线出现低位黄金交叉。

从下图中可以看到，在黄金交叉出现后三条KDJ曲线保持了上行趋势，并且K线走势明显突破了颈线，之后股价势如破竹，持续向上，确认了反转形态。投资者此时即可考虑建仓或者增仓。

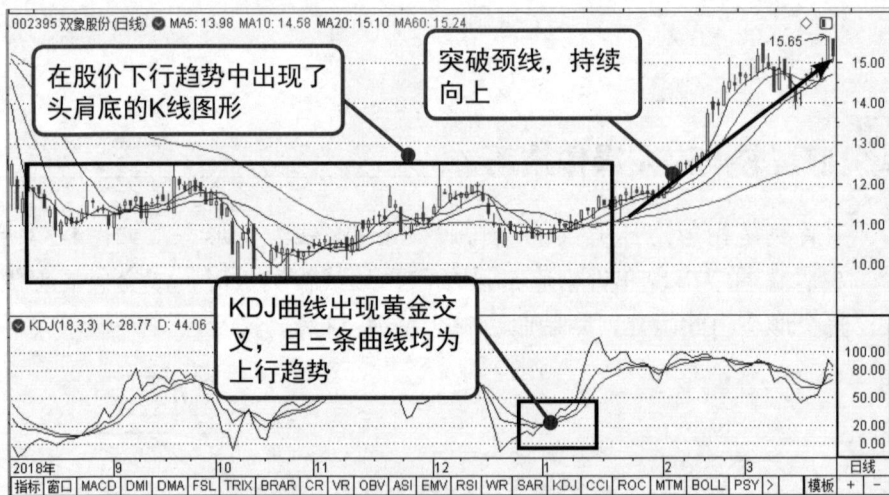

图4-34 双象股份出现反转信号

从下图中可以看到当反转形态形成之后，双象股份的股价持续上行，尤其是2019年2月初，股价开始大幅向上拉升，投资者可以抓住时机做短线操作，也可以长期持股，均能获利，如图4-35所示。

图4-35 双象股份后市走势

从下图中可以看到直至2019年的年底，双象股份的股价也依然保持着较高的价位，尽管在下半年出现了多次震荡波动，但22元价位线作为支撑，稳住了价格。

投资者若能抓住时机参考KDJ指标曲线在其中做短线操作，必能获利颇丰，如图4-36所示。

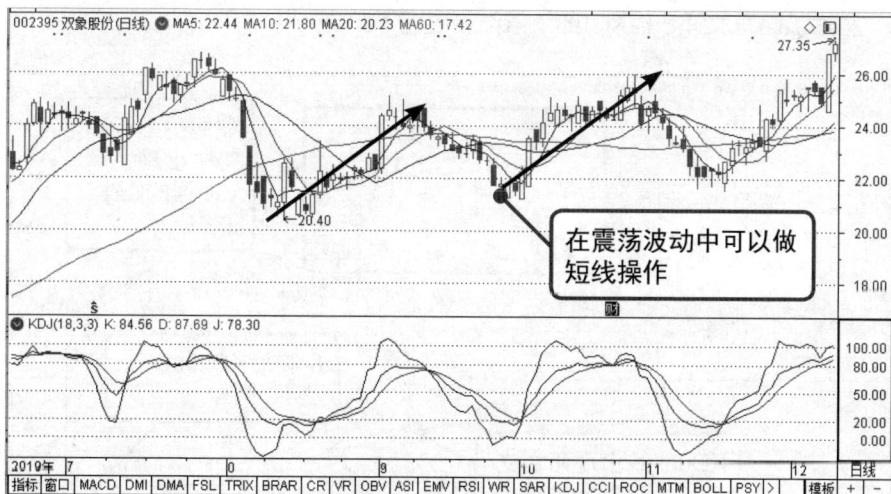

图4-36 短线操作的反转时机

4.3.3
倒V顶反转与KDJ操作技巧

倒V顶是与V形底相对应的一种高位向下的反转形态，它是指在股价先一路上行，然后再一路下跌，顶部区域K线图形呈现出倒立的英文字母V一样的形态，这种形态出现之后，很可能会立即改变原来的运行趋势，股价急剧下跌，K线图呈现下行趋势。

倒V顶反转结合KDJ指标的成形，需具有以下要点。

◆倒V形态出现在股价持续上涨行情之后。

◆多条K线组合而成的倒V形状非常清晰明确。

◆KDJ指标曲线在高位出现死亡交叉，之后呈三线向下状态或KDJ曲线的J线出现急速下行形态。

分析实例 光华科技（002741）——倒V顶与KDJ指标的结合

光华科技2019年8月至11月的日K线图如图4-37所示。在经过前期出现了多次大阳线的一轮上涨走势之后，该股票连续收于阴线，甚至出现了大阴线，股价见顶开始反转形成了倒V顶形态，同时KDJ曲线出现高位死亡交叉。

从下图中可以看到，在9月底的死亡交叉之后三条KDJ曲线保持了下行趋势，稍后虽略有反弹，但KDJ曲线依然角度向下。

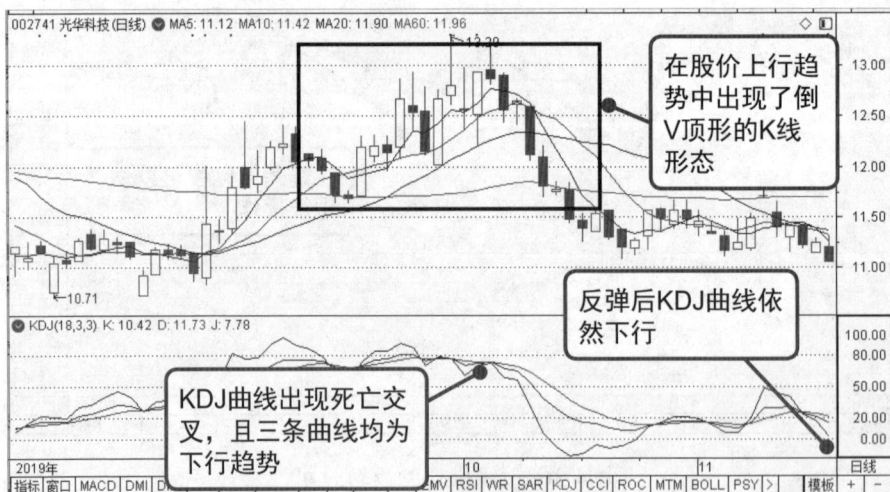

图4-37 光华科技出现反转信号

因此，投资者需要抓住这种反转时机清仓或者减仓，避免损失。如图4-38所示，可以看到该股在稍后一段时间内股价依然走低，如果没能及时发现倒V顶信号，错失了抛售时机，将会遭受重大损失。

图4-38 卖出股票避免损失

头肩顶反转与KDJ操作技巧

头肩顶与头肩底正好相反，是一个头部在上的K线图形，如图4-39所示。头肩顶通常出现在价格上升到极高位时，股价开始反转一路向下，当颈线被突破时，整个形态由此确立，随后股价就会呈现持续下跌趋势，再也无法挽回。

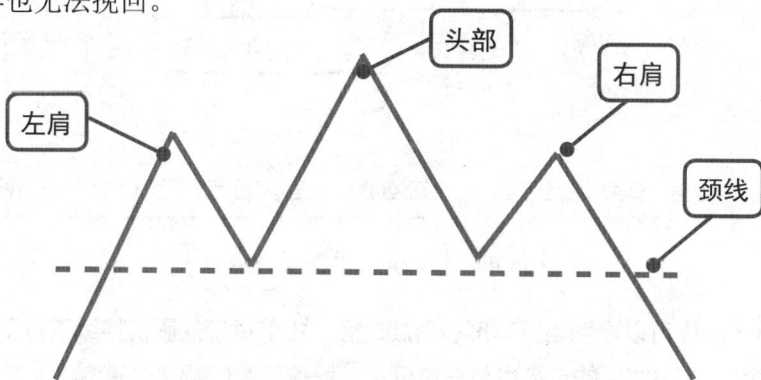

图4-39 K线头肩顶示意图

头肩顶反转结合KDJ指标的成形，需具有以下要点。

◆ 头肩顶形态出现在股价持续上涨行情之后，头部形态需明显。

◆ 通常右肩比左肩更低，当头肩顶颈线被突破时，才是真正的反转信号。

◆ 反转的确立需要成交量放量的配合。

◆ KDJ指标曲线在高位出现死叉，之后呈三线向下状态。

◆ KDJ曲线的J线大多呈现急速下行形态。

分析实例 中矿资源（002738）——头肩顶与KDJ指标的结合

中矿资源2019年6月至8月的日K线图如图4-40所示。该股前期走出了一波上涨行情，期间多次出现大阳线，不久后，出现了一次大阴线，然后连续收于阴线，股价见顶开始反转形成了倒V形顶，随后经过一波反弹后再次下跌，头肩顶形态彻底成形。

从下图中可以看到，中矿资源的头肩顶其右肩明显低于左肩，同时伴随着KDJ曲线的高位死亡交叉，三条KDJ曲线保持了下行趋势，基本确认了反转形态。投资者此时即可考虑减仓。

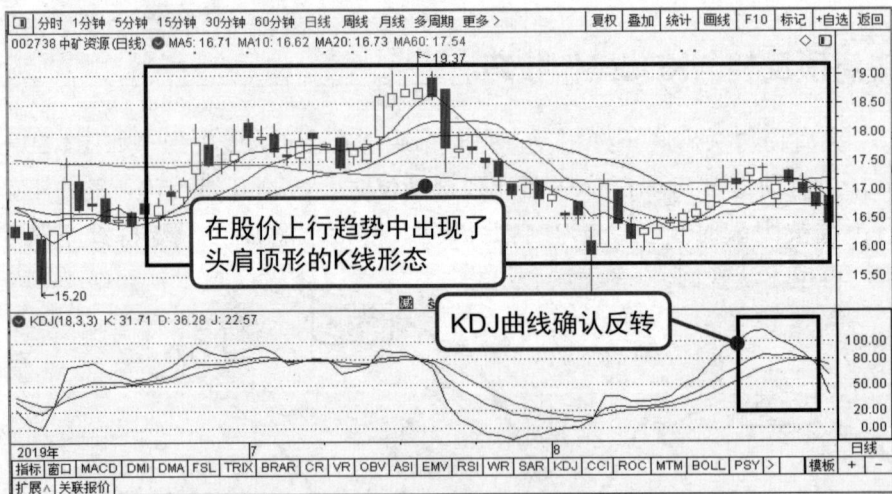

图4-40 中矿资源出现反转信号

从下图中可以看到当反转形态形成之后，中矿资源的股价持续下行，甚至跌破了颈线，KDJ曲线的走势也越来越低迷，股价下跌的幅度越来越大。此时，投资者就应果断清仓，避免不必要的损失，如图4-41所示。

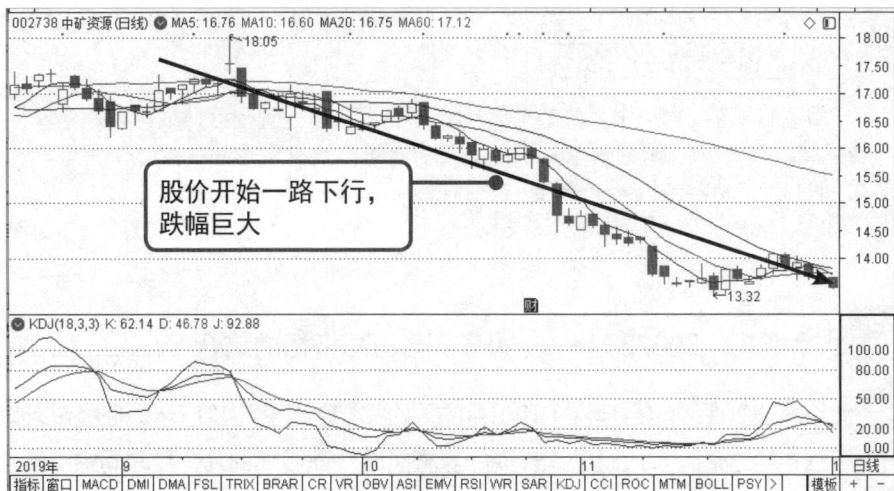

图4-41 该股后市一路下跌

4.4 KDJ指标与K线其他组合的实战

前文中讲述的买卖以及反转信号都较为常见，比较适合中短线操作。本节则将介绍一些更倾向于大趋势研判的，特别的K线形态与KDJ指标相结合的判断方法。

4.4.1 圆弧底与KDJ操作技巧

圆弧底形态，是指K线图形成了锅底一般的走势图形，多出现在价格底部区域，是弱势行情中的盘整状态，当形态形成后则可能出现缓慢的反转上升行情。

圆弧底反转结合KDJ指标的成形，需具有以下要点。

◆圆弧底出现在股价弱势盘整行情中。

◆圆弧底的反转需要成交量放量的配合。

◆KDJ指标曲线在底部出现金叉，之后呈三线向上状态。

圆弧底形态通常是在超长周期趋势的转换之间出现，投资者应注意长线趋势的发展，而非短线操作。

TIPS 圆弧底洗盘后的暴涨 🔍

　　圆弧底形成过程中，伴随着股价前期的放量却一直横盘，很可能是庄家在吸筹，即呈现出阳线放量，阴线缩量，股价横盘这种形态。此时，一旦形成圆弧底，洗盘完成后，很可能会出现暴涨。

分析实例 北京君正（300223）——圆弧底与KDJ指标的结合

　　北京君正2018年4月至2019年8月的周K线走势如图4-42所示。在经过前期一段下跌走势之后，该股票进入长期的盘整阶段，在漫长的几个月时间中，该个股慢慢走出了类似于圆弧形的底部。

　　在圆弧底形成之后，北京君正股价开始有了反转迹象，随后K线连续出现大阳线，同时KDJ曲线出现低位黄金交叉，从下图中可以看到，在黄金交叉之后三条KDJ曲线保持了上行趋势，虽然一度受压下跌，但最终K线还是连续收于阳线，之后走势开始持续向上。

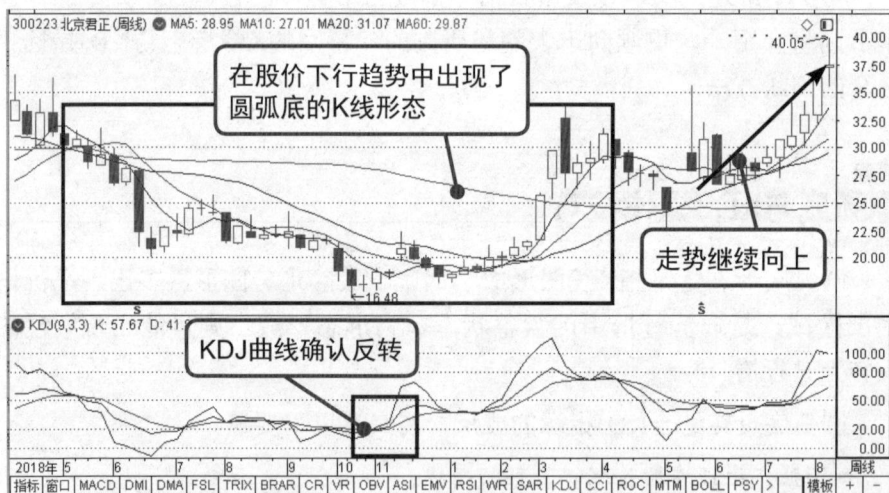

图4-42 北京君正圆弧底周线图

　　从下图中可以看到KDJ指标曲线在出现圆弧底之后，股价持续上行，抓住市场的反转这就是很好的买入时机。稍后该股股价一路向上，虽中途略有回落，但大趋势并未变化，直至2019年底该股上涨到近百元的高价，投资者若能长期持股做长线投资，必能获利颇丰，如图4-43所示。

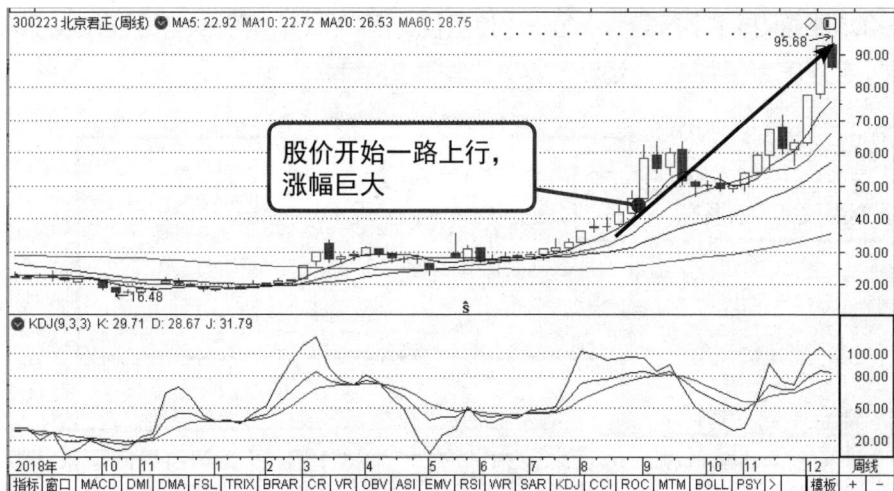

图4-43 长线投资获利

4.4.2
圆弧顶与KDJ操作技巧

　　圆弧顶形态与圆弧底正好相反，是指股价起初呈弧形上升，虽然顶部不断升高，但每一个高点微升即回落，K线图形成了圆帽子一般的走势图形。圆弧顶形态多出现在价格顶部区域，当形态形成后则可能出现反转下跌行情。需注意的是，圆弧顶起初通常跌势不明显，当空方完全掌控局势后股价将急转。

　　圆弧顶反转结合KDJ指标的成形，需具有以下要点。

◆ 圆弧顶出现在股价上升趋势行情中。

◆ 圆弧顶的反转，是当股价跌破形成圆弧顶的起始点时形态确立。

◆ KDJ指标曲线在顶部附近出现死叉，之后呈三线向下状态。

分析实例 和顺电气（300141）——圆弧顶与KDJ指标的结合

　　和顺电气2018年12月至2019年5月的日K线走势如图4-44所示。在前期漫长的上升趋势之后，该股票进入顶部盘整阶段，股价缓慢下跌，虽出现顶点的升高，但一升即落，最终形成了一个圆弧顶。

　　之后，和顺电气开始出现下跌反转，K线连续收于阴线，甚至出现了大阴线，同时KDJ曲线出现高位死亡交叉，从图中可以看到，在出现死亡交叉之后三条KDJ曲线保持了下行趋势，虽然中途股价有反弹上行，但最终还是连续收于阴线，走势开始持续向下，逐渐跌破了圆形顶的起始点。

图4-44 和顺电气圆弧顶日K线图

从下图中可以看到K线在出现圆弧顶之后，股价持续下行，在2019年8月甚至跌至5.81元的低价，投资者若在前期未能及时卖出股票，必将遭受损失。如图4-45所示。

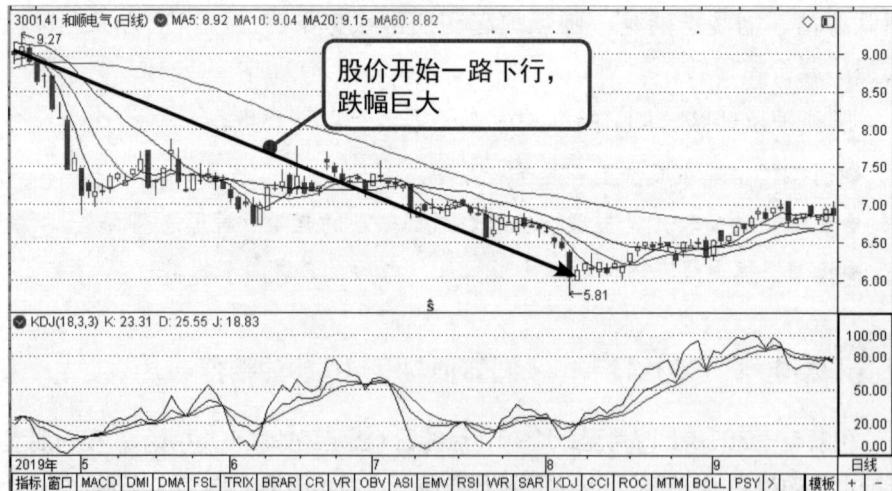

图4-45 反转下跌走势确立

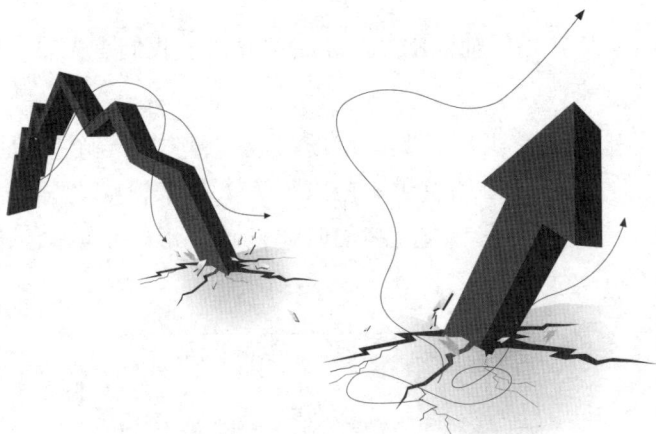

第5章

KDJ指标与成交量的结合

在上一章的KDJ指标与K线结合的预测方式讲解中，可以发现多次提到了某某走势需要成交量的缩量或放量配合。成交量是一种供需的表现，是估量市场行情时不可回避的一种技术指标。将KDJ指标曲线与成交量相结合进行分析，能使我们更清楚地推测后市走势行情。

5.1 股票成交量概述

要想运用成交量指标辅助KDJ指标买卖股票，我们首先要弄明白成交量究竟是什么。

股市其实就是一个买卖股票的市场，成交量则是一个单位时间内对股票交易成交的数量。市场有供不应求，人人都来抢购之时，也有供过于求，市场冷清没什么人参与交易的时候，这便形成了成交量的高低变化，如图5-1所示。

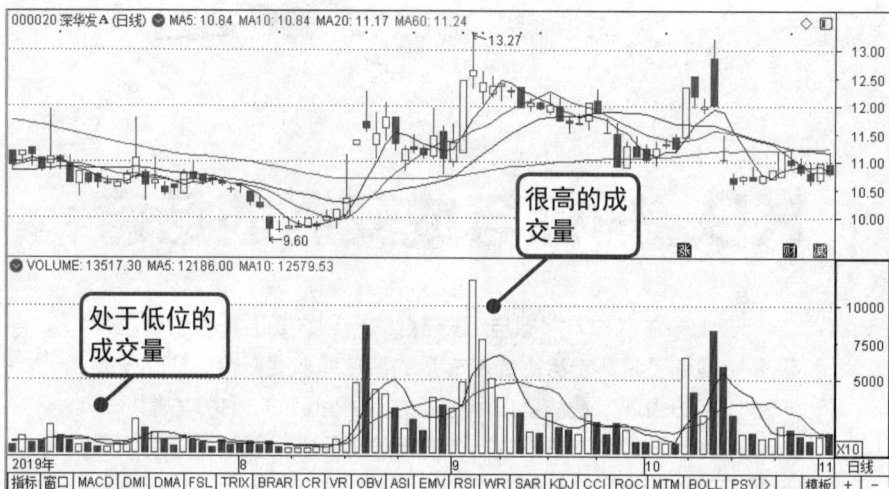

图5-1 成交量示意图

5.1.1 了解成交量指标

广义的成交量包括成交股数、成交金额和换手率；狭义的成交量同时也是最常见的理解，指当天成交的股票总手数，1手即为100股。

成交量与成交金额则可以用公式来表示：成交数量（成交量）*成交均价=成交金额（成交额）。成交量具有3种不同的形态，内容如下。

◆ **缩量**：缩量是指市场成交量极为低下，大部分交易者对市场后期走势达成一致，造成市场交易量被压制。通常情况下，若是在下跌行情出现缩量，投资者应考虑清仓或减仓，等放量上攻时再买入。反之，上涨缩量则是值得关注的增仓时机。投资者应根据导致缩量的原因不同，进行对应的操作。

> **TIPS 导致缩量的两种原因**
>
> 急剧缩量是市场中的交易者都不看好后市走势，因而导致大部分人都在清仓卖出股票，却没有人愿意接手买入。另一种情况则是，市场中的交易者对后市都十分看好，无数人求购股票却没有人卖出。

- ◆**放量**：放量一般出现在市场趋势发生转折的关键点处，此时，市场各方力量对后市预测出现分歧，一部分投资者看空后市行情，认为应当减仓或者清仓，同时另一部分投资者对后市看好，希望增仓。因而导致有人大肆卖出有人大量吸纳，从而产生成交量的放大。
- ◆**堆量**：堆量是个股在底部长期盘桓之后，成交量突破出现一个类似土堆形状的放量形态。个股出现堆量通常是因为主力意欲拉升股价，刻意把成交量做出堆积的形态，以此触动散户投资者跟风抬升行情。因此，若股价在底部出现堆量，股价通常会随量上升，普通投资者有一定的操作空间；反之，高位的堆量表明主力即将撤离，投资者则应谨慎操作，不宜追涨，如图5-2所示。

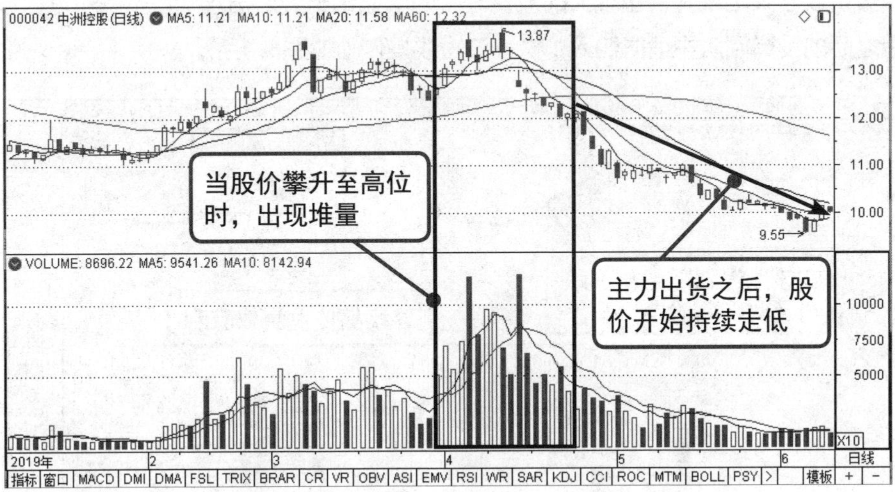

图5-2 中洲控股（000042）高位堆量

分析实例 京基智农（000048）——低位放量提示买入信号

如图5-3所示为京基智农2019年6月至9月的日K线图（康达尔更名为京基智

农）。从图中可以看到，京基智农经过前期的低位横盘走势之后，K线在8月中旬出现了连续的阳线，甚至多次出现涨停，在涨停之后，成交量出现放量。

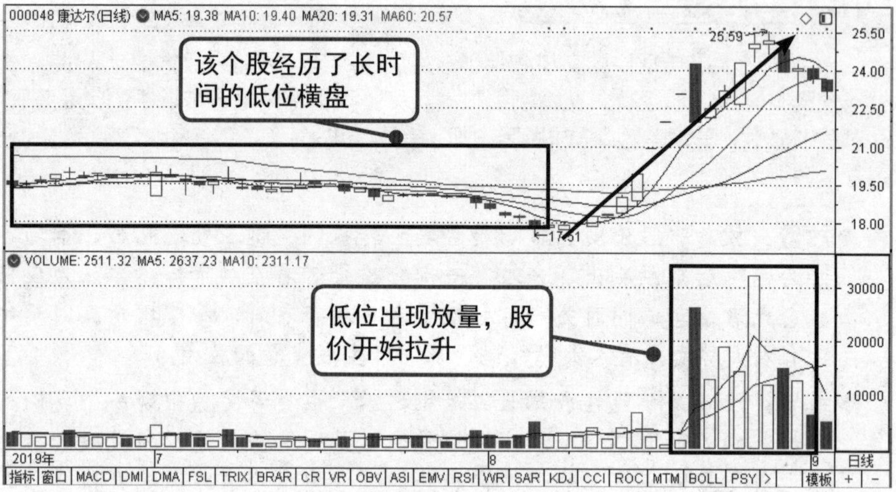

图5-3 京基智农出现低位放量

出现低位放量之后，投资者意识到股价可能出现放量上涨，例如在8月下旬当股价收于大阳线并且出现大的放量时，明确显示出买入信号，投资者可以在该股之后的反弹回落中适时购入，做一波短线操作，如图5-4所示。

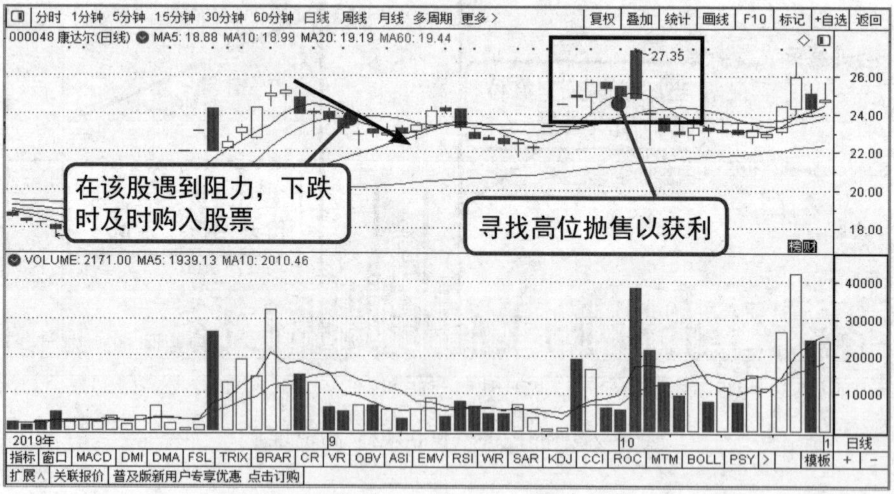

图5-4 抓住购买时机进行短线操作

需要注意的是，若成交量放出大量，股价却并未上涨，通常意味着主力去意已决，正在卖出筹码，后市下跌可能性较大。

成交量的量价关系

　　股市的交易老手大多听过一句俗语：股市中什么都可能是假的，唯有成交量非常真实。股票的成交量是由资金来决定的，而成交量又影响了趋势，趋势则直接影响着投资者。因而，研究成交量对预测后市涨跌情况具有很重要的作用。

　　关于成交量与价格，市场上有3种观点，它们并无对错之分，投资者可在不同的情形下参考。

◆ 价格是第一位的，成交量是次要的。

◆ 成交量领先于价格运动。例如市场成交量锐减，则警告目前趋势正开始弱化，有可能出现价格走低。

◆ 成交量验证价格形态。例如，当市场上行或下探时，趋势可以用较大的成交量或日益增加的成交量进行确认。反之可以用成交量日益缩减或清淡进行确认。

　　股市中股价会有涨跌起伏，成交量同样也有涨涨跌跌，两者呈相辅相成的状态。若是将不同的量价组合进行研究，可以将它们之间的关系详细分类为如图5-5所示的几种不同情况。

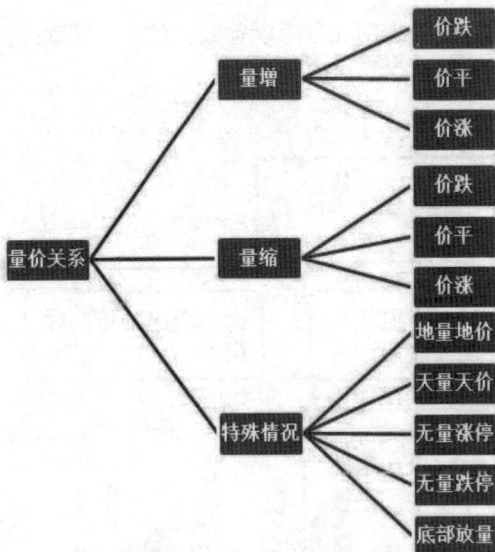

图5-5 量价关系分类图

分析 实例 **群兴玩具（002575）——成交量对上行趋势的确认**

　　图5-6为群兴玩具2019年7月至9月的日K线图，从图中可以看到，该股票在下行趋势中出现放量，同时伴随着大阳线。

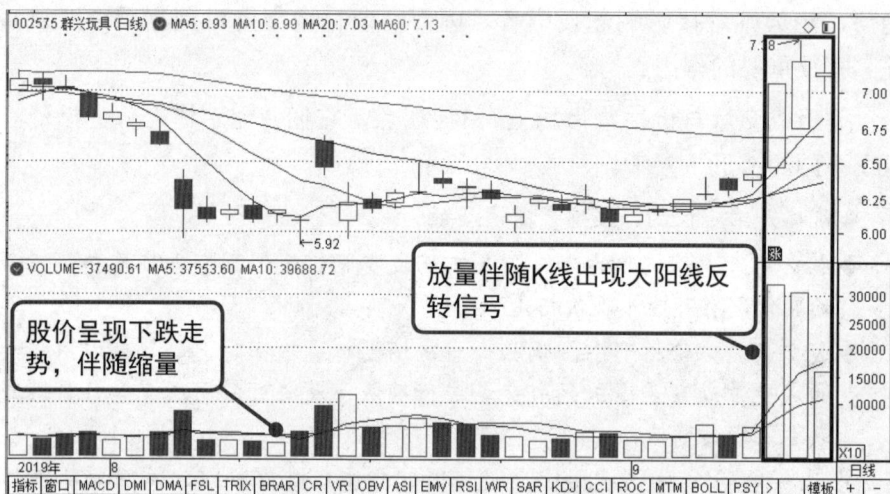

图5-6 群兴玩具2019年7月至9月K线图

　　在股价走出大阳线的同时成交量出现放量之后，投资者可以将这种放量视为股价会持续攀升的确认信号，由此考虑增仓或建仓，如果能抓住机会做一波短线操作，即可获利，如图5-7所示。

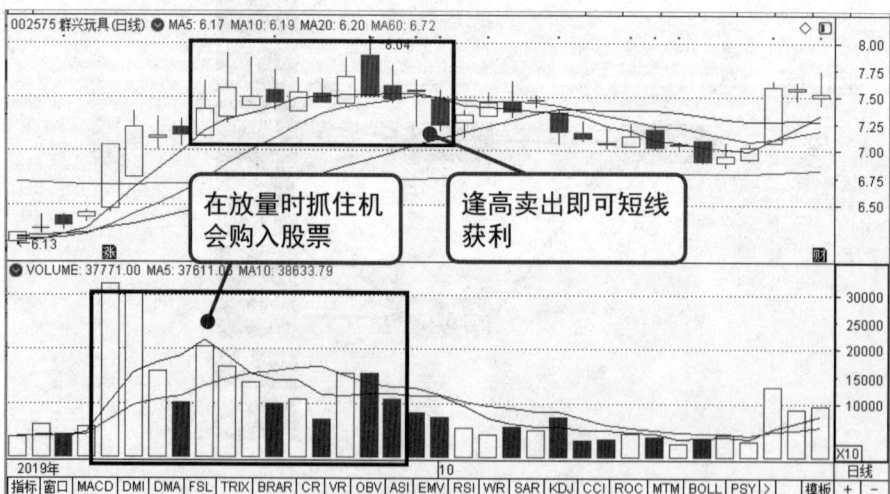

图5-7 购入群兴玩具短线操作获利

5.1.3
成交量的运用法则

股票投资者们在长期的股票交易实战中，依据市场反应，总结出了常常会影响市场走势的量价关系基本法则。了解并熟练运用这些法则，能够帮助投资者们预测市场发展情况，更有利于提高交易中获利的可能性。

量价关系法则有8条，内容如下。

◆ **量增价平**：股价在经过持续下跌之后，在低位区出现成交量增加股价企稳横盘现象，此时成交量的阳柱线通常会明显多于阴柱线，说明底部在积聚上涨动力，是中线转阳的信号，投资者可以适量买进持股待涨。若是上升趋势中出现量增价平，说明股价上行暂时受挫，待整理后的突破，才是恰当的买入时机。

◆ **量平价升**：成交量保持等量水平，股价持续上升，这是一个持续买入信号，投资者可找寻时机适时参与。

分析实例 豪迈科技（002595）——量平价升的买入时机

图5-8为豪迈科技2019年11月至12月的日K线图。从图中可以看到，该股的成交量没有出现特别的起伏，但是股价却出现缓慢上行趋势，趋势线呈现上行走势。

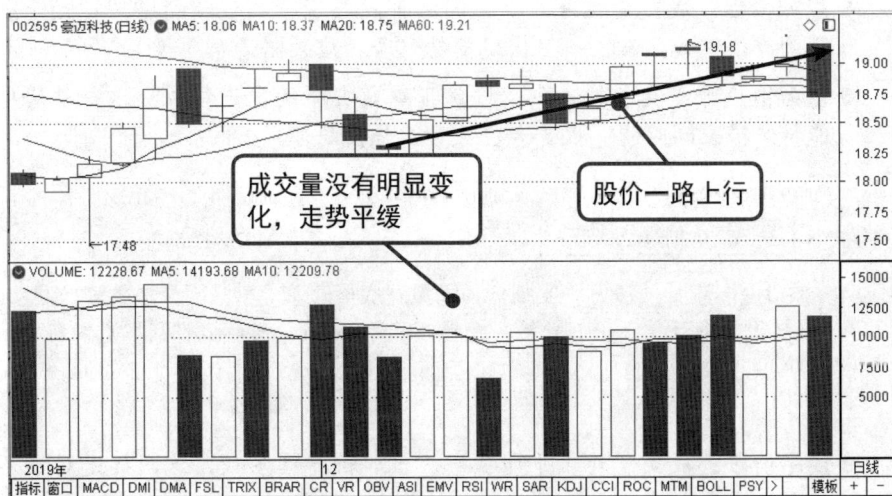

图5-8 豪迈科技的日K线图

根据量平价升预示后市看涨这一成交量规则，投资者再结合多次出现的阳线，可以考虑增仓或建仓，抓住机会即可获利，如图5-9所示。

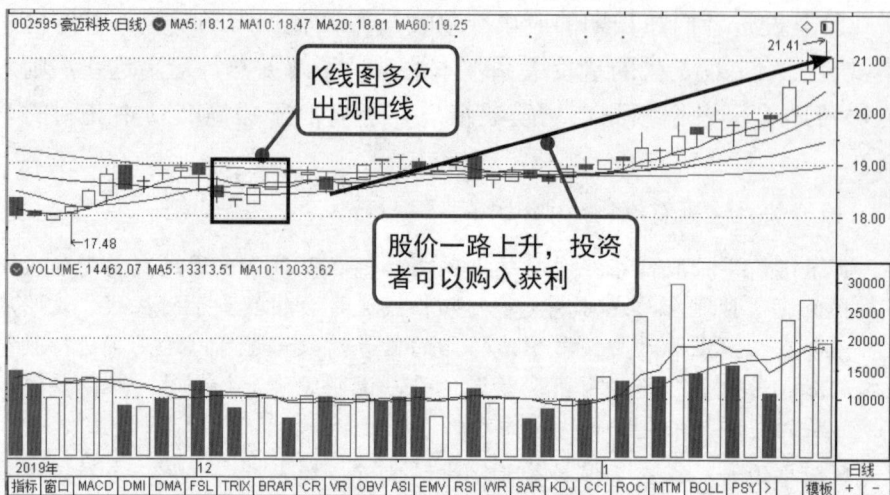

图5-9 量平价升获利的日K线

◆ **量增价升**：成交量持续增加，股价趋势也转为上升，这是短中线最佳的买入信号。"量增价升"是最常见的多头主动进攻模式，应积极进场买入。

◆ **量减价升**：成交量减少但股价仍在继续上升时被称为量减价升，这时很可能是处于上涨末期，投资者可持股观望，抓准时机短期获利。

◆ **量减价平**：成交量显著减少，同时伴随股价中高位横向整理，预示着股价难以继续上涨，一旦出现反转信号，应果断清仓。

◆ **量减价跌**：成交量的减少、股价下跌是典型的卖出信号，这种跌势可能持续很长的时间，投资者应及时止损出局。

TIPS *关于成交量的顺口溜* 🔍

顺口溜内容：放量下跌要减仓，缩量新底是底象，增量回升是关键，回头确认要进场，新量新价有新高，缩量回头不必逃，一根巨量要警惕，有价无量继续跑。

◆ **量平价跌**：成交量处于平稳状态，但股价持续下跌，这同样是后市不被看好的卖出信号，投资者应减仓或清仓观望。

◆ **量增价跌**：若是在底部区域，股价经过长期的下跌走势之后，一时间未见攀升，但换手率增加，出现成交量上涨的信号，此时投资者可以持仓观望。有可能是有资金接盘，后市可能反转。反之，若是在高位反转下跌初期出现量增价跌，很可能是因为抛售者激增，预示着股价会一路走低，投资者应果断清仓出局。

5.2 指标与成交量结合找买点

在长期的股市交易实践中，有研究者发现单独的量价数据并不能完全指导投资者确认后市走势，如果将KDJ指标与量价相结合，得到的信息通常更清晰明确，错误率低。下面就详细讲解怎样将两者进行结合，分析寻找合适的买入点。

5.2.1 量增价升的确认条件

量增价升是量价原则中最强烈的买入信号，投资者可通过它预测市场走势。要想结合KDJ指标确认买入点，我们首先需要知道符合怎样的条件才是真正比较典型的量增价升，内容如下。

◆ **量增条件**：大盘或个股当日成交量比前日增加20%以上。若是大盘或个股当日成交量比前一两日的成交量放大50%以上，被称之为巨量，这种量增更为可靠，如图5-10所示。

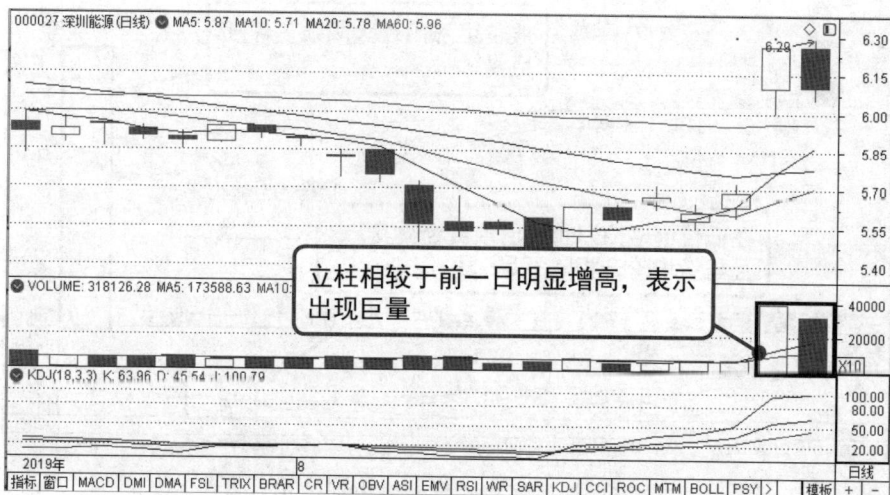

图5-10 深圳能源（000027）巨量示意图

◆**价升条件**：大盘收盘价比前日增加4%以上，或者个股比前一日增加1%以上，这是明确的上涨信号。

5.2.2 量增价升的KDJ指标低位买点

在前文中我们曾讲过当股价处于低位时，KDJ指标曲线在20线附近时，比较容易出现买点，那究竟是不是真正适合买入的点呢？这就需要结合量增价升这一原则，有的放矢地去进行判断。通常来说，符合以下情况的股票走势更被看好。

◆量增价升与KDJ指标曲线金叉同步出现，出现时间相差需在5日之内，若超过一周则指标无效。

◆在出现金叉后，K线较多呈现阳线形态，或阳线实体高于阴线实体。

◆随着量增价升KDJ指标曲线也呈现集体向上趋势。

分析实例 东阿阿胶（000423）——量增价升时的KDJ低位买入

东阿阿胶2019年9月至10月的日K线图如图5-11所示。在经过前期一段下跌走势后，该股票KDJ曲线运行至20线之下出现了黄金交叉，几个交易日后，该股票价格开始反转上行走出了大阳线，并且伴随明显的放量。

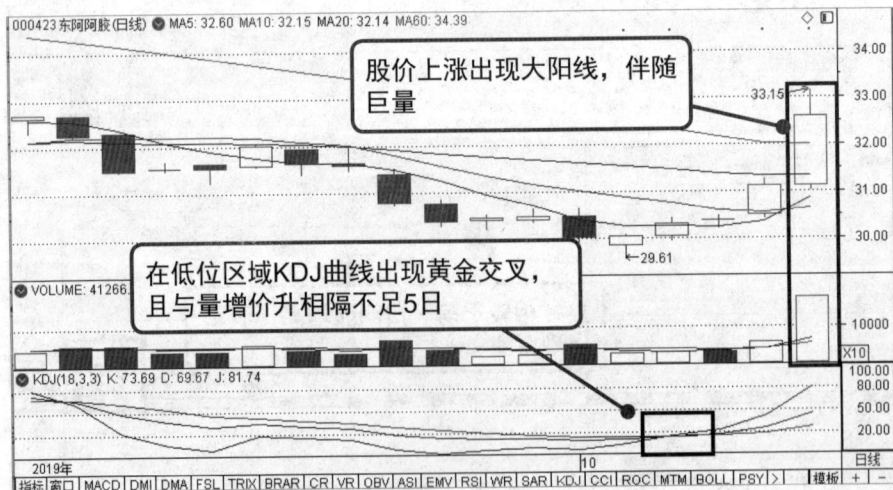

图5-11 东阿阿胶股价走势出现的买入点

从下图中可以看到在KDJ指标曲线出现黄金交叉之后，股价持续走出阳线，与量增价升形态相互确认上涨走势，投资者可在此时果断入场，若能及时建仓或增仓，必能抓住后市股价飙升的时机获利，如图5-12所示。

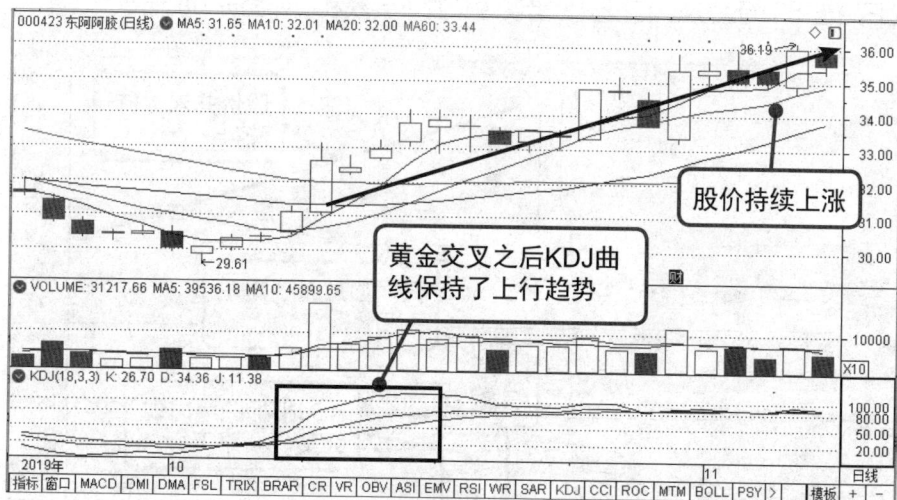

图5-12 在股价上行趋势中获利

但在实际操作中也有一时失误，导致错误判断买点，投资者需警惕。

分析实例 **南京公用（000421）——量增价升时的受骗买点**

南京公用2019年11月至12月的日K线图如图5-13所示。低位盘整的KDJ曲线在11月18日出现了黄金交叉，间隔数日后出现了量增价升。

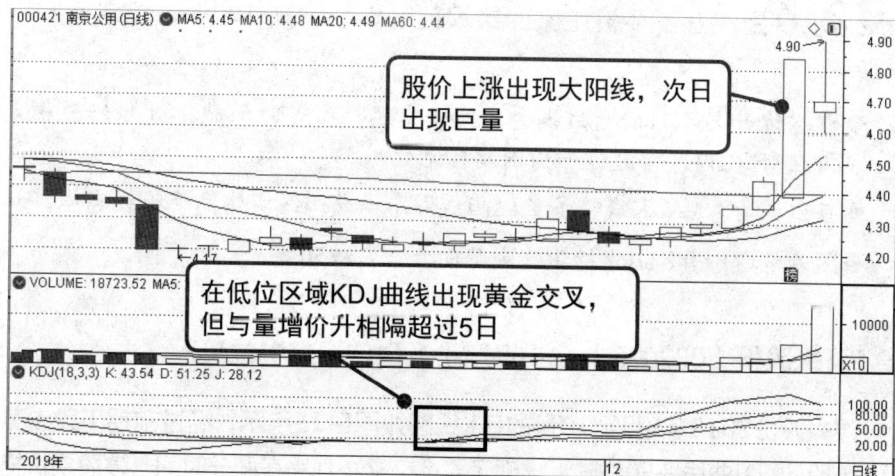

图5-13 南京公用出现的巨量价升

因量增价升与KDJ指标曲线出现黄金交叉的时间间隔较远，实质上并未形成对上涨趋势的相互印证。从下图中可以看到，该股票在短暂的放量上涨后紧跟着就开始走出下行趋势，若投资者错误建仓则不会获利，如图5-14所示。

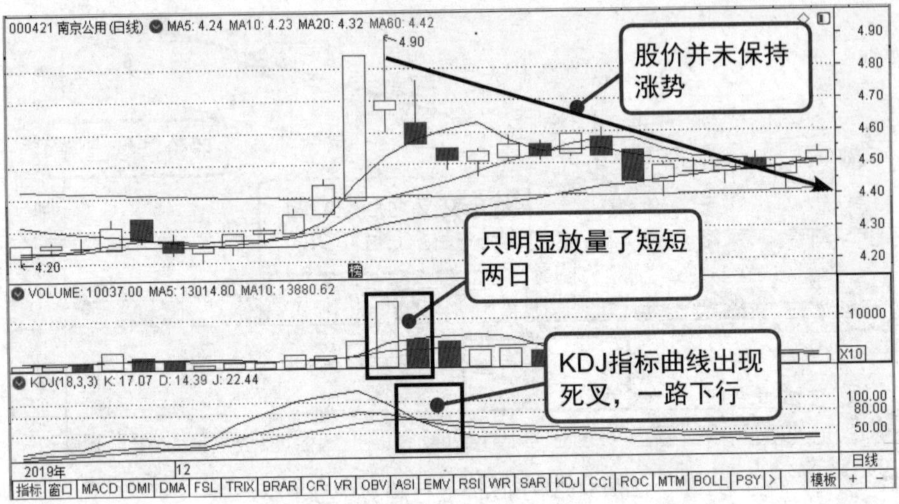

图5-14 放量后的下跌

5.2.3
量增价升的KDJ指标中位买点

  KDJ指标曲线在50线左右出现的买点可被称为中位买点，结合量增价升的形态同样能确认后市涨势。50线是多空争夺的"战略要地"，因此投资者要特别注意不要被庄家的错误信号误导。确认信号，需满足以下要点。

◆量增价升与KDJ指标曲线金叉同步出现，出现时间越接近越好，相差需在5日之内，若超过一周则指标无效。

◆在出现金叉后，K线较多呈现阳线形态，或阳线实体高于阴线实体。

◆随着量增价升KDJ指标曲线走势向上，突破50线。

分析实例 **浔兴股份（002098）——量增价升时的KDJ中位买入**

  浔兴股份2019年9月至10月的日K线图如图5-15所示。经过前期下跌走势后，该股的KDJ曲线在50线附近出现了黄金交叉，几乎在同一时间，该股票价格开始上升走出了实体阳线，并且伴随明显的放量。然而此时KDJ曲线的上行趋势并未形成反而快速下跌，在经历了短期回落之后，KDJ指标曲线再次出现金叉，K线也伴随放量出现了预示反转的跳空高开倒锤头形态。

此时，投资者可以确认KDJ曲线与量增价升的相互印证买入点成立，可以考虑建仓或增仓。

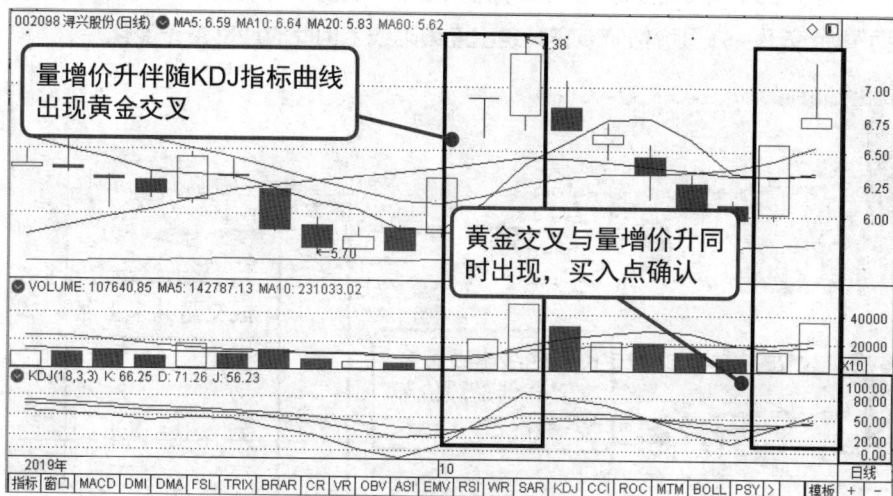

图5-15 浔兴股份出现买入点

从下图中可以看到在KDJ指标曲线出现黄金交叉之后，股价持续走出阳线，与量增价升形体相互印证上涨走势，随后股价持续上行，并保持了一段时间，投资者若果断入场必能抓住后市股价上升的时机短线获利，如图5-16所示。

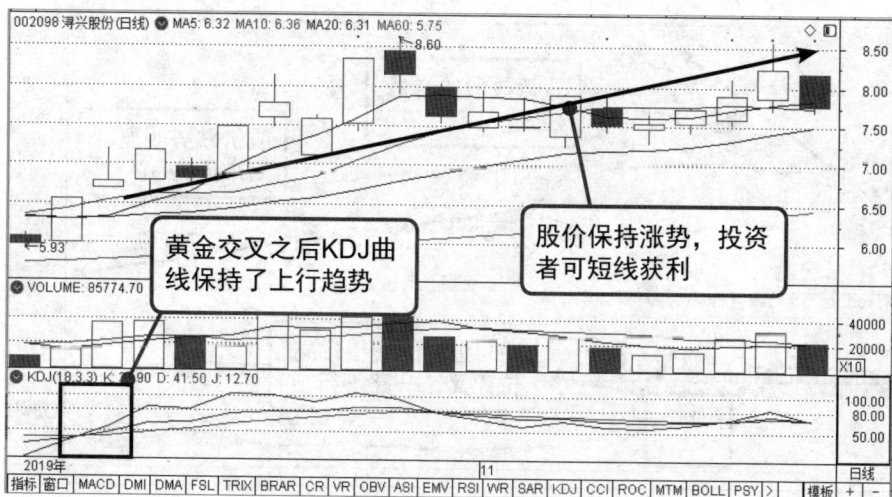

图5-16 买入点确认之后的股价上行

反之，若量价未能配合KDJ曲线的金叉，投资者需谨慎判断买入点。

分析实例 **万邦德（002082）——量增价升时的受骗买点**

万邦德2019年8月至9月的日K线图如图5-17所示。该股票KDJ曲线在中位出现了黄金交叉，并且价格节节攀升走出连续阳线，但此时成交量无变化。

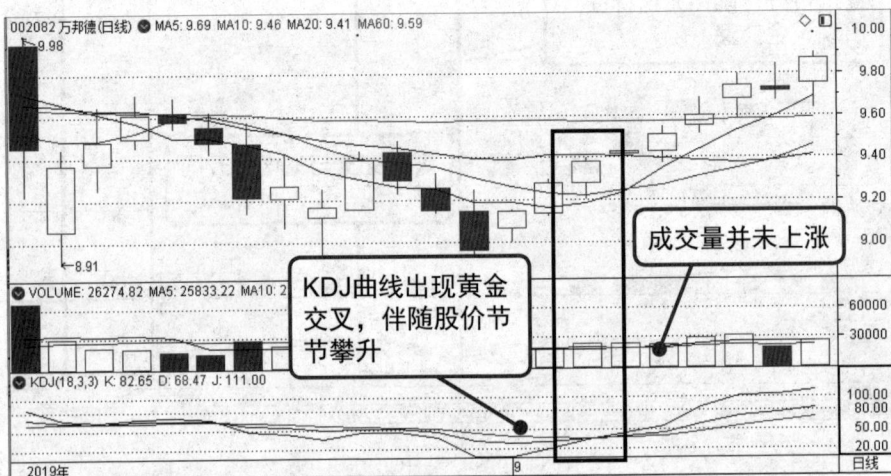

图5-17 万邦德中位出现价增量平

结合量价情况，可判断此刻并未形成真正的买点。果不其然，该股票被刻意拉升后紧接着就一路下跌，若投资者错误建仓可能损失惨重，如图5-18所示。

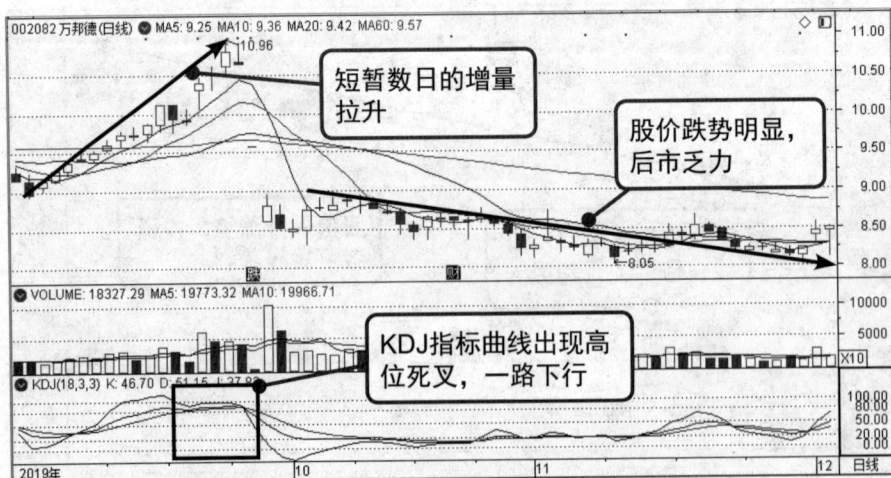

图5-18 股价后续一路下跌

5.3 指标与成交量结合找卖点

经验不足的投资者常常哀叹为什么自己经常被套牢，或者别人割肉是"丢车保帅"，而自己一旦清仓，刚放弃的股票却又扶摇直上，其实很大程度上都是因为卖点没找准的缘故。卖点比买点更难把握，因而我们更需要将量价与KDJ指标曲线相结合去预判。

5.3.1 量增价跌的KDJ指标卖点

量增价跌其实就是放量下跌，对投资者来说这是一种非常危险的情形，若是高位出现量增价跌后市股价很可能急转直下，导致无数人被套牢。因而，投资者需要及时发现卖出信号，清仓止损。

分析实例 中国海诚（002116）——量增价跌时的KDJ卖点

中国海诚2019年9月至11月的日K线图如图5-19所示。该股票的KDJ曲线在高位出现了死亡交叉，并且伴随量增价跌。此时，投资者应引起注意，当看到KDJ指标曲线一路下行跌破50线时就该清仓或减仓。

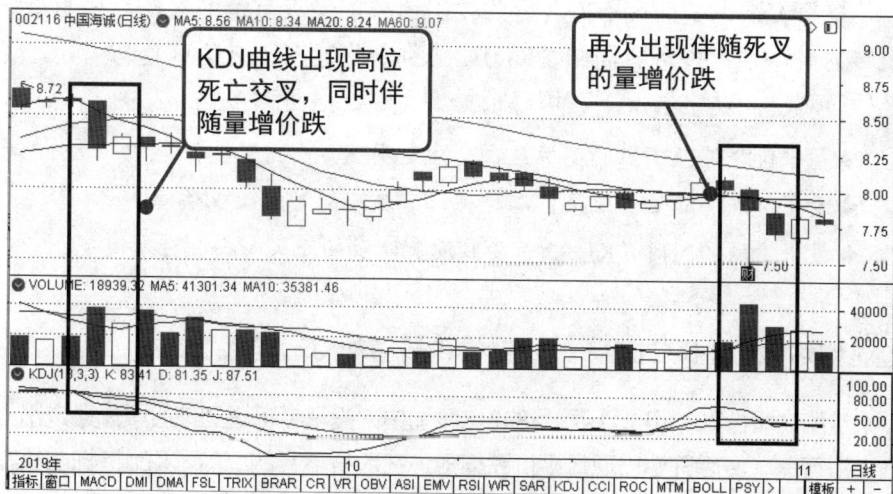

图5-19 中国海域出现量增价涨

从上图中可以看到刚开始出现的量增价跌的形态并不算特别明显，但没过多久，在50线附近再次出现伴随死叉的量增价跌。如果投资者还未果断抛售股票，可能损失惨重，如图5-20所示。

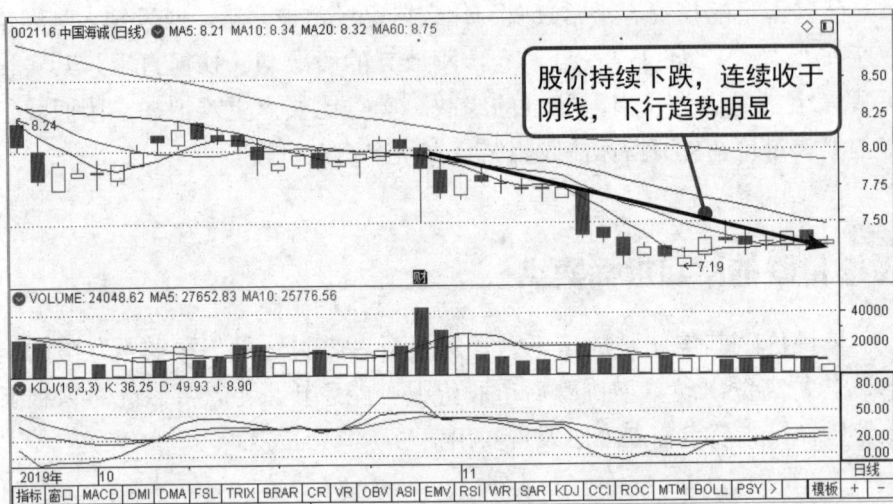

图5-20 股价一路下跌

5.3.2
量平价跌的KDJ指标卖点

量平价跌也是后市不被看好的卖出信号，但没有量的支持，说明市场反转力量不强，投资者需结合KDJ曲线判断究竟应该立刻减仓、清仓，还是暂时观望。通常情况下，可以根据如下情况进行参考操作。

◆量平价跌伴随明显的高位死亡交叉是明确售出信号。

◆量平价跌伴随低位死叉可以观望，下跌可能时间短或跌幅小。

◆量平价跌的同时，KDJ指标曲线没有明确的死叉形态，可以观望。

分析实例 韵达股份（002120）——量平价跌时的KDJ卖点

从韵达股份2019年8月至9月的日K线图中，投资者可看到该股票先是走出一波上涨行情，然后开始出现量平价跌情形。在股价下行的同时，KDJ指标曲线在高位出现了死亡交叉，如图5-21所示。在出现死亡交叉一段时间之后，尽管成交量依旧平稳，但该股票的KDJ指标三条曲线都一致下行，此时后市不被看好，投资者可以考虑清仓或减仓。

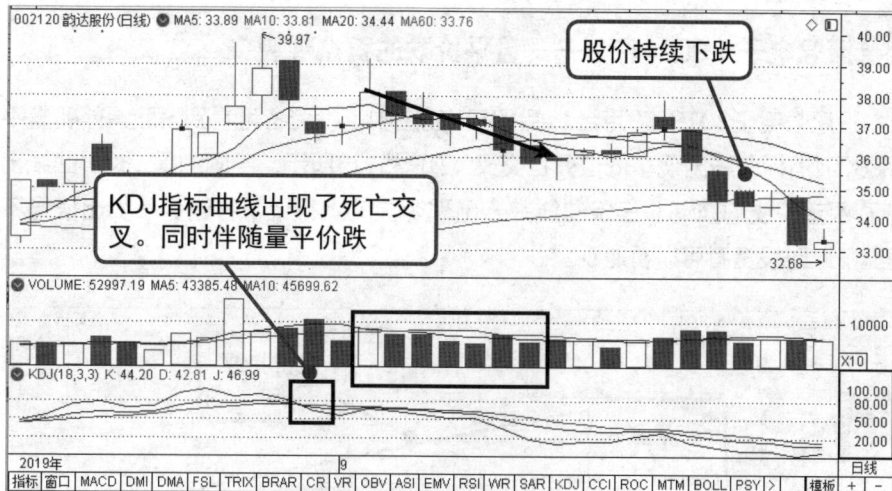

图5-21 韵达股份出现量平价跌

从后市走势中我们可以看到，在之后的数月中该股的股价一路下跌，KDJ指标曲线一直在低位盘整，并且成交量没有出现明显的缩量、放量。如果投资者未能在高位时果断清仓，很可能被长期套牢，如图5-22所示。

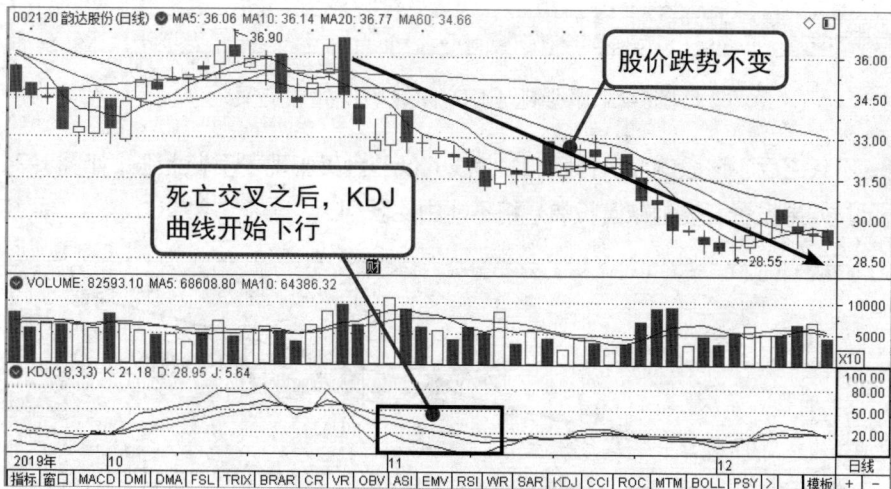

图5-22 股价开始一路下跌

当然，并不是每一次量平价跌都需要卖出股票。根据KDJ指标曲线形态的不同，投资者也可能需要观望，持股等待，避免盲目割肉反而错过个股的反转上涨机会。

分析实例 康强电子（002119）——量平价跌的卖点观望

从康强电子2019年9月至11月的日K线图中，投资者可看到该股票伴随量平价跌KDJ指标曲线出现了低位死亡交叉，如图5-23所示。不同的是，KDJ曲线出现了环绕20线的波动，三条曲线并未出现明显的上行或下行趋势，卖出信号不明显，此时投资者可以暂时观望。

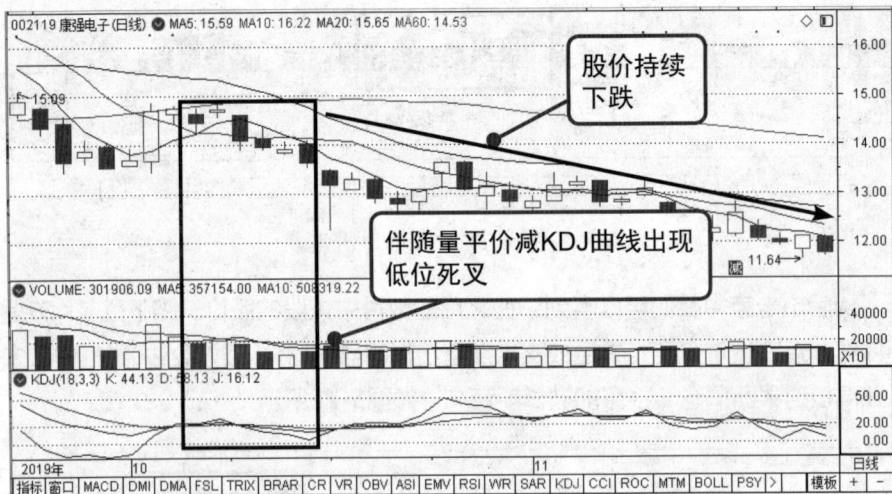

图5-23 康强电子KDJ曲线出现死亡交叉

不久之后，该股的股价伴随KDJ曲线的低位金叉出现了反转上涨，如图5-24所示。如果投资者提前抛售股票，将不能由此获利。

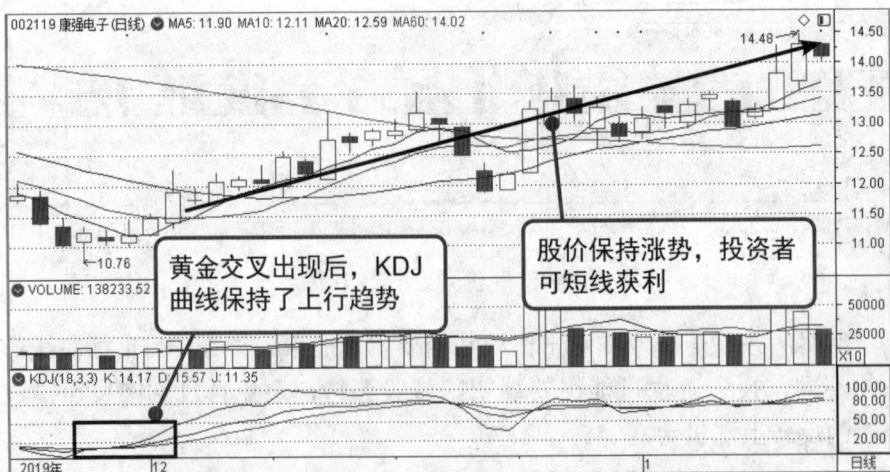

图5-24 股价开始反转上行

TIPS *量平价跌时的陷阱* 🔍

　　量平价跌时说明市场投资者并没有形成一致看空的观点，还有人对市场后市报以期待。这种情形下，控盘庄家很可能故意缓慢出货，等有人接盘后逐渐退出市场。

5.3.3
量缩价跌的KDJ指标卖点

　　量缩价跌同样也是后市不被看好的卖出信号，但与前面两种情况不同的是，缩量有可能代表着市场萎靡，购买的力量萎缩，即预示人心散了人气不足；也可能预示着卖方惜售，购买者常有但出货者少。

　　因此，投资者需要结合KDJ曲线分析不同的情形，我们大致可将其划分为以下4种情况。

◆ **高位下跌初期**：KDJ指标曲线出现高位死叉，跌势形成，众人对后市都不看好，多方承接力减弱，应当考虑卖出。

◆ **持续中位下跌**：KDJ曲线中位出现死亡交叉，股价下跌同时量能出现极度萎缩，这可能是探底杀多的走势，预示股价将持续下跌，投资者应当考虑卖出。

◆ **即将跌无可跌**：经过长期的股价下跌走势之后，KDJ曲线出现低位金叉，而股价继续阴跌但成交量同步萎缩，预示股价底部已近，持股者开始有惜售迹象，因此可持股观望。

◆ **低位谷底回升**：当股价进入谷底想要回升时，KDJ曲线反弹触及前期高点压力位，或者触及其前期出现的头肩底、双重底等底部形态的颈线位置时遭遇阻力回落，在回调过程中会出现量缩价跌走势，这时应考虑继续持股观望。

分析实例 嘉麟杰（002486）——量缩价跌时的KDJ卖点

　　从嘉麟杰2019年9月至10月的日K线图中，投资者可看到该股票先是走出一波上涨行情，然后在高位开始出现量缩价跌情形。在股价下行的同时，KDJ指标曲线在高位出现了死亡交叉，如图5-25所示。在出现死亡交叉之后一段时间，该股票的KDJ指标三条曲线都一致下行，可见后市不被大家看好导致了缩量，投资者应果断清仓。

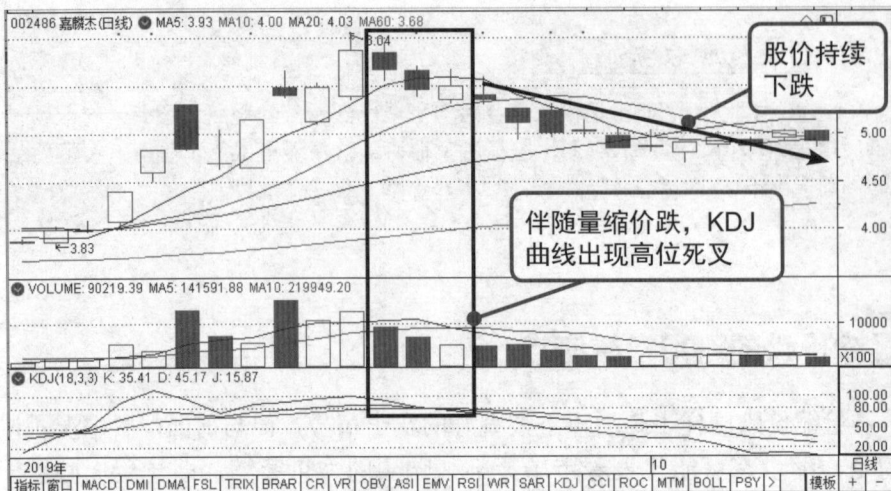

图5-25 嘉麟杰出现量缩价跌

从后市走势中我们可以看到，在之后的四个月中该股的股价跌落到3.5元低位盘整，KDJ指标曲线偶尔会因为反弹而回到高位，但没有形成明显伴随放量的金叉，且缩量情况非常明显。如果投资者未能在高位时果断清仓，很可能被长期套牢，如图5-26所示。

图5-26 股价跌落谷底

同样的，并不是每一次量缩价跌都需要卖出股票，根据KDJ指标曲线形态的不同，投资者也需要分析观望，持股等待或者短线卖出再买入，避免错过个股的反转上涨。

从雅化集团2019年8月至10月的日K线图中，投资者可看到该股票在经历了一段时间的上涨走势之后，伴随量缩价跌KDJ指标曲线出现了高位死亡交叉，并且K线图出现了十字星这种明确的反转信号，如图5-27所示，投资者此时可考虑卖出股票。

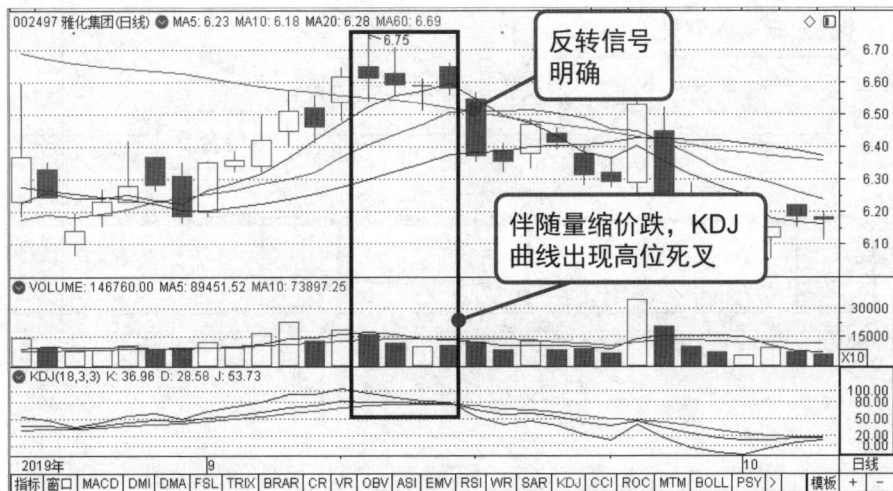

图5-27 雅化集团量缩价跌出现卖点

之后，该股继续缩量下跌直至跌落谷底，11月初KDJ指标曲线出现了低位黄金交叉，同时伴随股价收于阳线，有放量攀升的迹象，如图5-28所示。

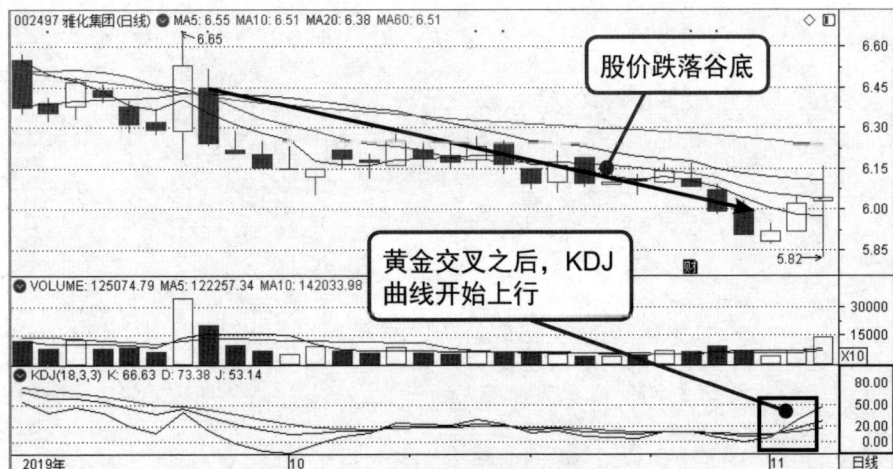

图5-28 股价在谷底出现金叉

经过一段时间的调整之后，该股的KDJ指标曲线再次出现低位金叉，之后上行走势确认，该股的股价伴随中位金叉的出现，开始了放量上涨，如图5-29所示。如果投资者没有及时建仓，将不能由此获利。

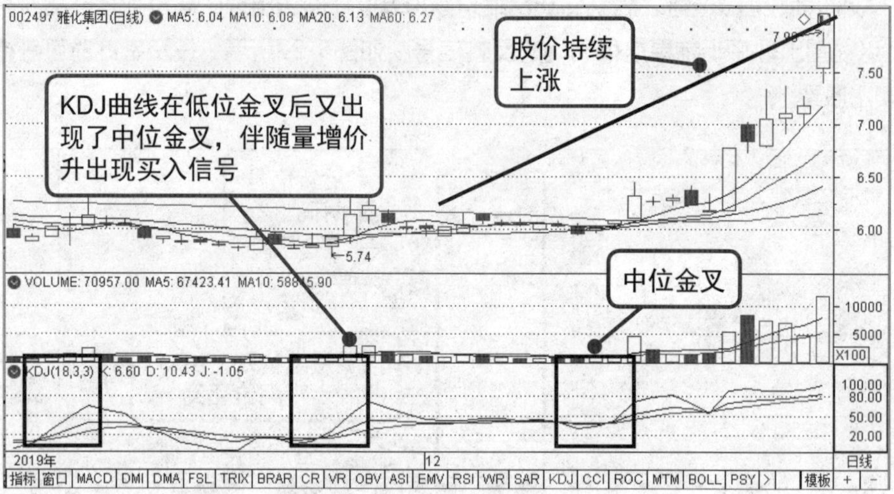

图5-29 股价开始反转上行

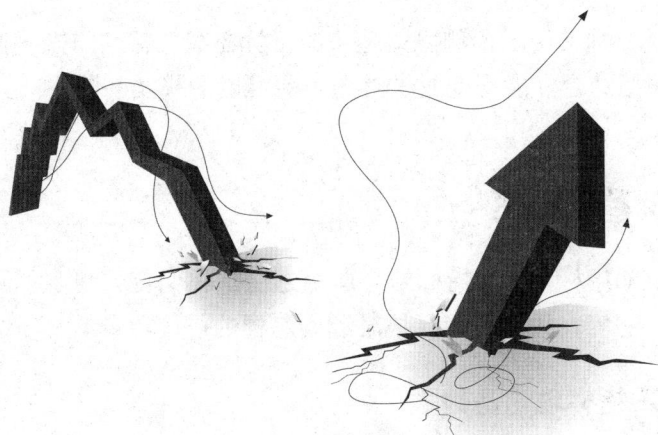

第6章

KDJ指标与其他指标的结合

辩证唯物主义认为事物与事物之间都是相互联系，相互渗透，相互影响的。因此，除了成交量之外，KDJ指标曲线还能与其他指标相结合进行股市的分析判断。投资者可以在KDJ曲线的辅助下，使常用的MACD、均线、布林线等技术指标充分发挥作用，研判后市走势。

6.1 KDJ指标与MACD指标的综合运用

MACD是一种常用于预测股票趋势的指标曲线，将其与短线操作利器 KDJ指标曲线相结合，能帮助投资者做出更准确的买卖判断。

MACD指标基础概述

在将MACD指标与KDJ指标结合运用之前，我们首先需要了解MACD 究竟是什么，它能在预测股市行情时起到怎样的作用。

1. MACD指标理论基础

MACD被称为异同移动平均线，是Geral Appel于1979年提出的，基于 双指数移动平均线发展而来的一种指标曲线。它由收盘价的短期（常为 12日）指数移动平均线与长期（常为26日）指数移动平均线之间的聚合 与分离状况来展现多空状态，预示股价的发展趋势。

MACD指标由DIF线（快线）、DEA线（慢线）、MACD柱线和零轴 组成，投资者可通过分析这三线一轴的交叉、背离、突破与支撑等各种 形态，进行股价的研判。MACD指标如图6-1所示。

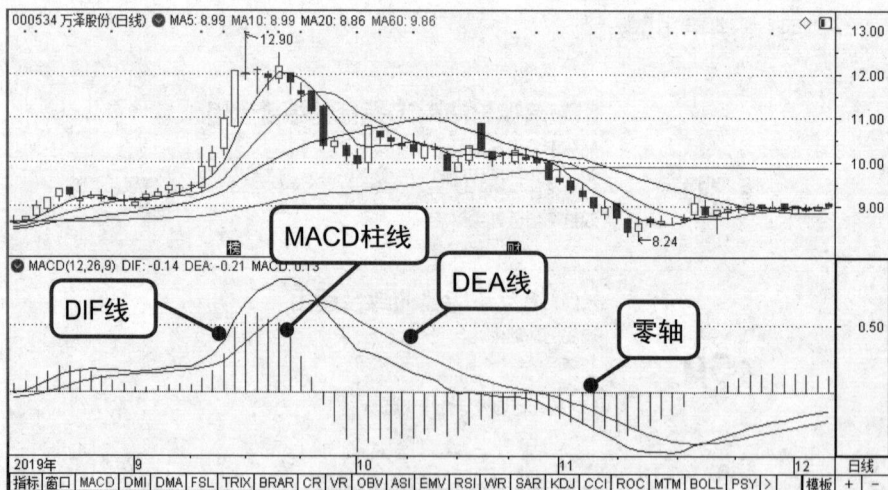

图6-1 MACD指标曲线示意图

在长期的炒股实践中，MACD被人们列为技术指标的首选项，足以说明其实用性与可靠性，下面就来简要介绍一下MACD曲线的特征，内容如下。

◆ 通常DIF线动作灵敏，DEA线则动作平缓。

◆ MACD柱线是DIF值与DEA差值的2倍数值，代表着DIF线与DEA线的偏离程度，柱线的高低直接反应多空能量的强弱。

◆ 零轴是用于DIF线、DEA线、红绿柱状线的中心轴，通常可以认为DIF线和DEA线在零轴之上为多头市场，而DIF线和DEA线在零轴之下是空头市场。

◆ 当DIF线自下而上穿越DEA线，MACD则由绿柱转为红柱，代表股价由下跌开始转为上涨。

◆ 如果DIF线在DEA线之上，说明价格的短期强度大于均值水平，通常预示行情看好，反之则需要警惕。

2. MACD指标的交叉

与KDJ指标类似，MACD指标曲线也有黄金交叉、死亡交叉形态，它们同样预示着不同的市场含义。

MACD指标的黄金交叉是指DIF线自下而上穿越DEA线，MACD则由绿柱转为红柱，代表股价由下跌开始转为上涨，意味着多头市场开始。该指标的黄金交叉按交叉位置与零轴线关系的不同可以分为零上金叉和零下金叉，如图6-2所示。

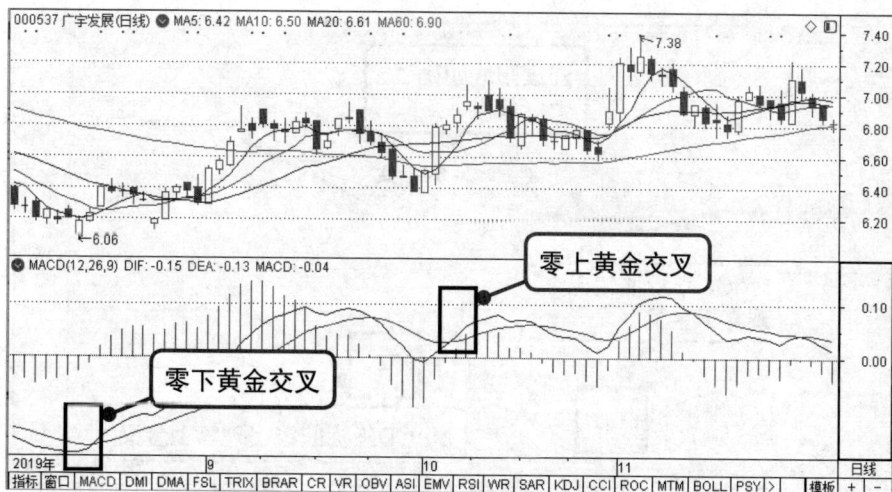

图6-2 零上黄金交叉与零下黄金交叉

◆ DIF和DEA都位于零轴上方时是零上金叉，说明市场整体处于多头市场，金叉的动能较强，预示后市涨势明确。

◆ DIF和DEA都位于零轴下方时是力度较弱的零下金叉，往往只是空头市场中短暂的反弹，稳定度和可靠性均较低。

> **TIPS** 不可不知股市俗语
>
> 股市是一个充满机会也布满陷阱的战场，投资者一定要学会抵御各种诱惑。懂得适时放弃才能真正抓住机遇，如果一心追求利润最大化，最终往往会导致亏损变得最大化。

分析实例 大亚圣象（000910）——MACD金叉提示上涨信号

图6-3为大亚圣象2019年9月至12月的日K线图。从股价止跌横盘图中可以看到，大亚圣象在经过前期的下跌走势之后，K线在10月下旬有了反转的信号。随后可以看到，伴随MACD指标曲线的零下金叉出现，股价开始缓慢上涨，甚至走出了大阳线。

此时的金叉看涨信号并不算明确，投资者需引起注意，密切观察后市趋势。不久后，可以发现该股票在经历了股价的攀升与反弹回落之后，MACD指标曲线在零轴上方出现了金叉，同时股价开始明显向上攀升，连续收于阳线。

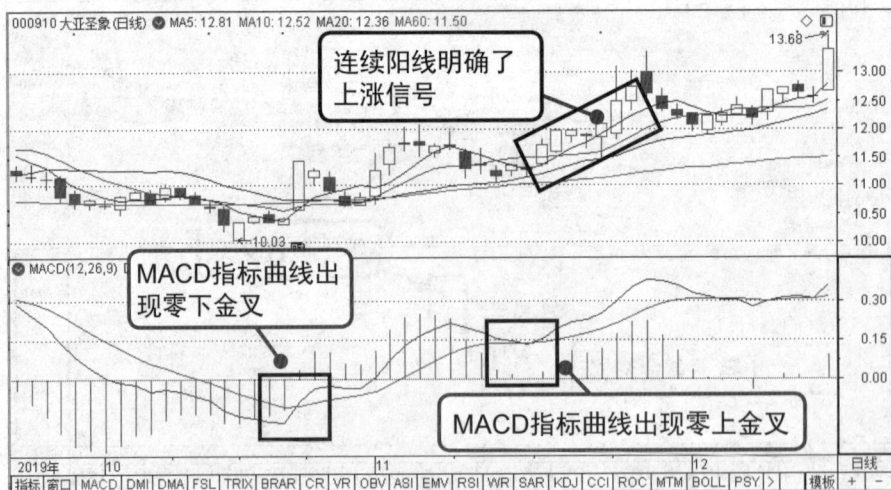

图6-3 大亚圣象在出现MACD黄金交叉

由此可见，零上金叉之后预示多头市场力量强大，明确显示出买入信号。之后，股价果然持续上涨，如图6-4所示。投资者可以在个股之前的反弹回落受到支撑时买入，做一波短线操作。

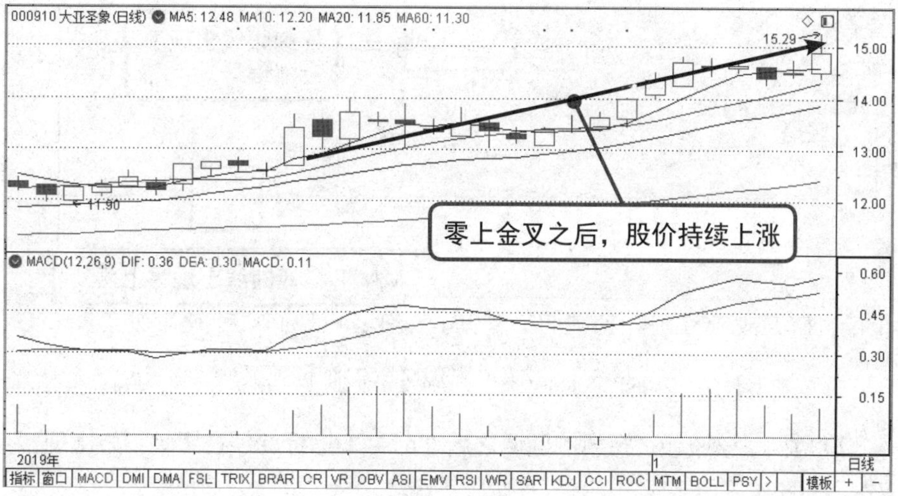

图6-4 大亚圣象后市涨势喜人

与黄金交叉相对应的，MACD指标也有死亡交叉。这是指DIF线自上而下穿越DEA线，MACD则由红柱转为绿柱，代表股价由上升开始转为下跌，意味着空头市场开始占领主导地位。

MACD指标曲线的死亡交叉同样分为零上死叉和零下死叉，内容与含义如下。

◆DIF和DEA同在零轴上方为零上死叉，这种死叉通常只是多头市场中的回调，一般来说调整幅度不大且可靠性不高。

◆DIF和DEA同处于零轴以下为零下死叉，这种死叉更为可靠，通常预示着新一波下跌的开始。

分析实例 海信家电（000921）——MACD死叉提示下跌信号

图6-5为海信家电2019年9月至10月的日K线图。从图中可以看到，海信家电在一波下跌走势之后出现了上涨行情，但没过几日MACD指标曲线出现零上死叉，预示了股价的下跌。

此时的死叉看跌信号并不算明确，投资者应引起注意，一方面猜测可能是多头市场的回调，另一方面要时刻做好清仓卖出的准备。

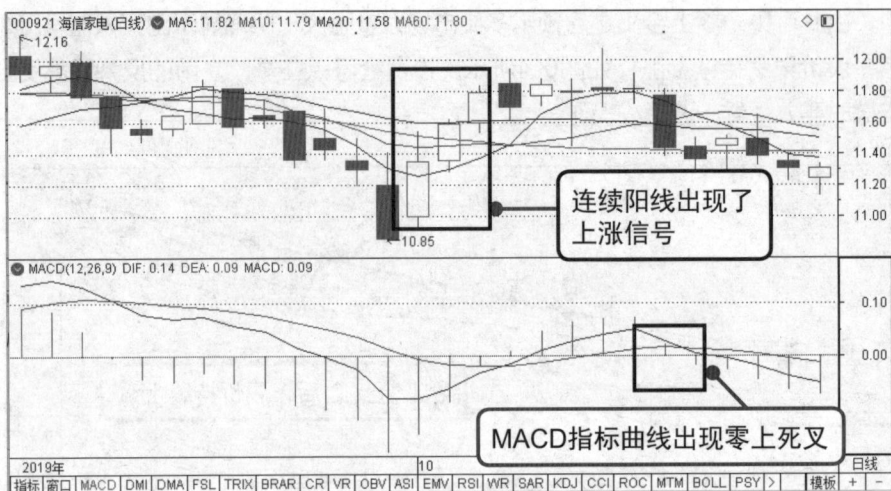

图6-5 海信家电出现MACD高位死叉

11月初，该股票在短暂的回调之后，MACD指标曲线在零轴下方出现了死叉，同时股价开始了明显下跌，连续收于阴线。

由此可见，零下死叉预示空头市场力量强大，明确显示卖出信号，如图6-6所示。投资者若未能及时卖出股票，可能被套。

图6-6 海信家电股价持续下跌

3. MACD指标的背离

MACD指标的背离与KDJ指标背离类似，指价格的走势和MACD指标的走势出现了背道而驰（相反发展）的现象。即价格创新高或低，而MACD指标却未在这个时候创出新高或低。甚至还可能出现价格不断上扬或下跌，而MACD指标却反其道而行之，不断下跌或上扬。

◆MACD指标顶背离：当股价K线图上的股票走势一峰比一峰高，而MACD指标图形上的由红柱构成的图形的走势却一峰比一峰低即为顶背离。通常，当MACD在高位出现背离迹象时，投资者应迅速清仓撤离，以免被深套。

◆MACD指标底背离：底背离一般出现在低价位区，表现为K线图上的价格走势一底比一底低，而MACD指标图形上的由绿柱构成的图形走势却是一底比一底高。底背离现象一般是预示价格近期内可能反弹向上，是短期买入的信号。

分析实例 **山河智能（002097）——MACD底背离预示买入点**

图6-7为山河智能2019年9月至11月的日K线图。从图中可以看到，山河智能经历了长期的下跌走势，股价持续走低，一底比一底更低，与之相对应的，MACD指标曲线的绿柱却出现了逐渐升高的情形，即形成了典型的低位底背离。

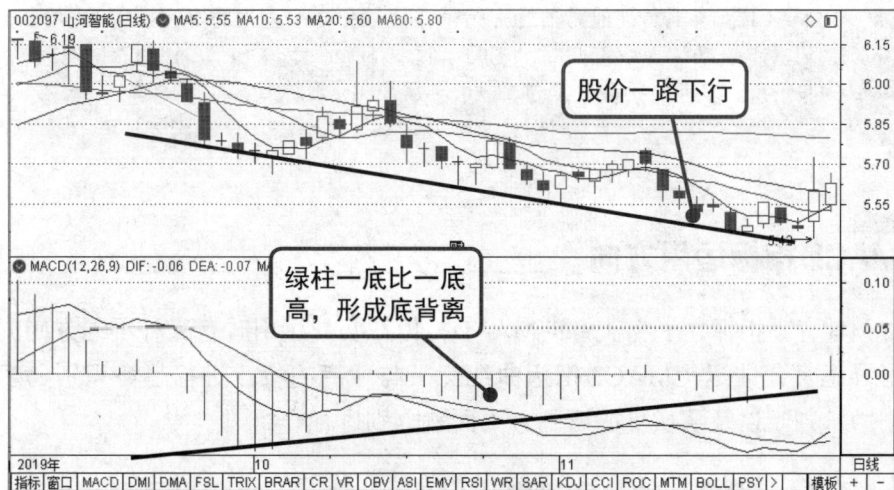

图6-7 山河智能出现底背离

在出现MACD指标曲线的底背离之后，投资者此时意识到股价可能出现反转上涨，稍后K线出现十字星反转信号，并且伴随MACD的零下金叉，随后股价开始走出阳线，明确显示出买入信号，投资者即可及时抓住买入时机，做一波短线操作，如图6-8所示。

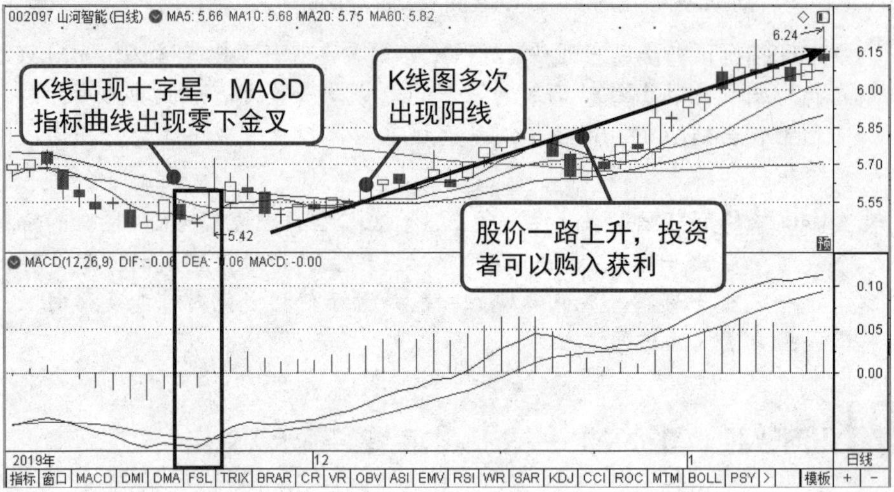

图6-8 抓住购买时机

TIPS *背离技术使用要点* 🔍

　　MACD指标的背离通常在强势行情中比较可靠，运用背离的操作应顺应大趋势。一般来说，股价在高价位时，背离的形态比较可靠，一两次即可确认为股价反转。而股价在低位时，一般要反复出现几次背离后才能确认。

6.1.2 MACD指标运用方向

　　具有"指标之王"美誉的MACD指标在实战运用时有三种不同方向的指导意义，即运用MACD指标曲线交叉与背离的特点进行趋势识别、多空力量判断以及买卖点的研判。下面就分别进行介绍。

1. MACD指标的趋势识别

　　MACD指标可以帮助投资者认清股市趋势，判断后市走向，预测要点有如下3条。

　　◆MACD指标出现零上金叉，且DIF线位于DEA线上方，预示即将出现上涨趋势，反之为下跌趋势。

◆MACD指标出现低位底背离，即将出现上涨趋势，反之为下跌趋势。

◆MACD指标的两条曲线均倾斜向上行，且柱线越来越长，回调时低点
也越来越高，预示即将出现上涨趋势，如图6-9所示为一次典型的上涨
趋势。反之则为下跌趋势。

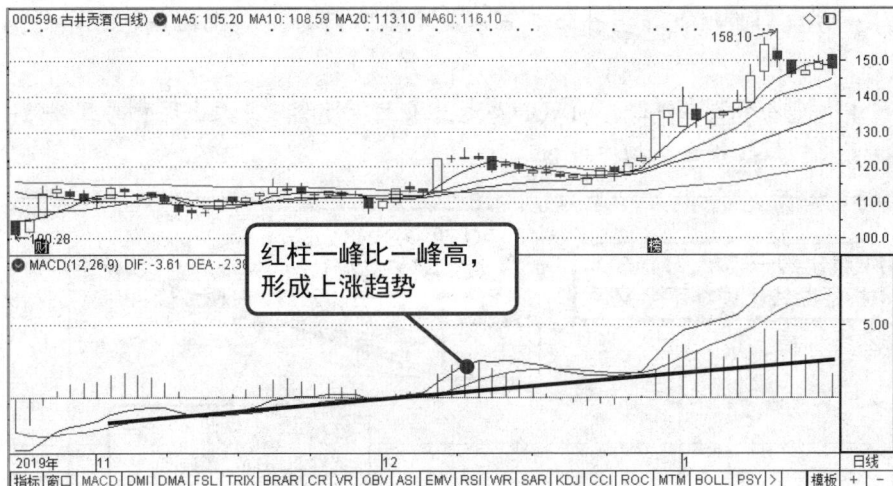

图6-9 MACD指标预示上涨趋势

2. MACD指标的多空判断

股价的涨跌其实就是多空争夺市场的结果，投资者若能正确判断多空
状态，有利于准确预测股价走势。在MACD指标曲线中，零线就是多空
力量的分界线，仔细观察与零线相关的状态，可得知预测多空力量有如
下3种方法。

◆MACD柱线由绿转红，从零下走到零上，预示市场由空方主导变为多
方主导。

◆MACD柱线在零轴线下方时，柱线由长逐渐缩短，说明空方虽仍然处
于主导地位，但力量在逐渐减弱。

◆MACD柱线在零轴线上方时，柱线由长逐渐缩短，说明多方虽仍然处
于主导地位，但其力量在逐渐减弱。

3. MACD指标的买卖点判断

寻找买卖点是MACD指标的最常用、最重要的功能，预测买卖点的方

法有如下5条。

◆ 零线之下黄金交叉预示买点，如图6-10所示。

◆ 零线之上死亡交叉预示卖点。

◆ MACD曲线为上升趋势，结合成交量放量预示买入，反之卖出。

◆ MACD与股价运行轨迹为同一方向，没有出现背离时，股价上涨同时
MACD曲线也在上升为买点，股价下降同时MACD曲线也在下降为
卖点。

◆ 大盘和个股在下跌，MACD却走出了上升行情，多次出现背离且伴随K
线的反转信号，预示买入。

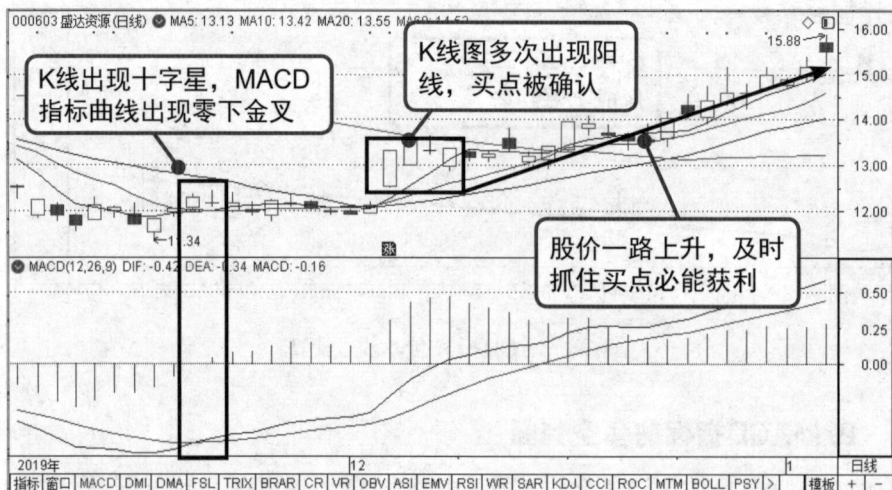

图6-10 抓住买入时机

6.1.3 相辅相成的双指标系统

所谓双指标系统是指两个指标相结合，这里指KDJ指标曲线与MACD
指标曲线的结合。

KDJ指标对短线交易时机的把握具有较强的优势，但弱点在于交易信
号过多，准确性稍弱；而MACD指标则对市场趋势预测很有效，弱点在
于短线操作时反应比较迟缓。我们可以发现两个指标在功能上属于相辅
相成的关系。

短线投资者若能将KDJ指标与MACD指标组合进行有效分析，就能够
提升对KDJ指标判断的准确性。

两种指标结合后有一些投资者可以参考的操作要点，内容如下。

◆MACD指标曲线在零轴以上，KDJ指标金叉向上，指标共振看涨。

◆MACD在零轴以上，KDJ死叉向下，若MACD指标没有出现死叉或者向下趋势，可能是庄家洗盘，后市看涨。

◆MACD指标在零轴以下，KDJ指标死叉向下，指标共振看跌。

◆MACD指标在零轴以下，KDJ指标金叉向上，若MACD指标没有拐头向上，则后市看跌。

◆MACD指标在零轴以下，但伴随金叉出现向上趋势，并且开始出现了红柱，KDJ死叉回调时可以买进。如果金叉角度大，预示短期涨幅也可能很大。

◆MACD指标在零轴以上，红柱开始逐渐减小，MACD曲线开始走平，同时KDJ指标出现死叉，这是趋势向下转折的前兆，应减仓。若MACD指标也出现死叉，并开始出现绿柱，则后市看跌，应清仓。

分析实例 吉林敖东（000623）——双指标系统预测走势

图6-11为吉林敖东2019年11月至12月的日K线图。可以看到该股票在前期经历一波下跌趋势之后，KDJ指标曲线出现了低位黄金交叉，不久之后MACD指标曲线出现红柱，渐渐攀升到了零轴之上，同时股价则出现缓慢上行趋势，投资者可根据趋势呈现上行走势来判断该股票后市看涨。

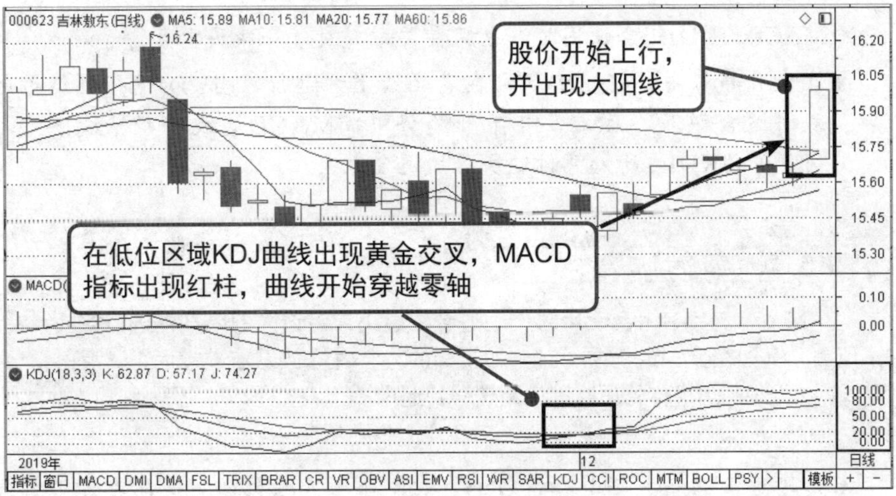

图6-11 吉林敖东的双指标走势图

投资者结合多次出现的阳线，可以考虑增仓或建仓，抓住机会即可获利，如图6-12所示。

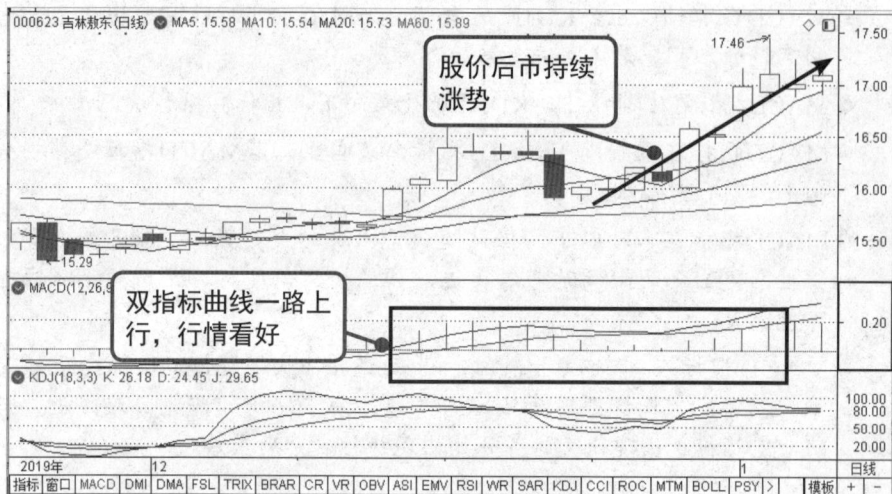

图6-12 后市上涨的日K线

MACD与KDJ组合使用时有一些操作技巧需要注意，内容如下。

◆ 分析行情时，应以擅长趋势指引的MACD的方向为主，以KDJ为具体实施点的辅助分析手段。

◆ MACD指标曲线出现强势的单边行情时，若KDJ指标的3根线的发散程度高，快线大幅偏离慢线的时候，也可考虑建仓。

◆ MACD与KDJ组合使用时，也需要参考成交量寻找买卖点。

◆ 在上升趋势中，MACD均线在零轴线上方运行，当KDJ运行到低位超跌时适合做多。反之，在下降趋势中，MACD均线在零轴线下方运行，等待KDJ运行到高位超买区域适合做空。

TIPS 双指标结合时的禁忌

MACD与KDJ组合使用时，不适合在过小或者过大的周期中进行买卖点预测。例如在分钟走势中，MACD指标的趋势性优势无法进行运用。反之，周期太长，KDJ指标的短线优势无法得到运用。

◆ 在横盘震荡的走势中，MACD双线无论是在零轴线上方还是在零轴线的下方，很可能贴近零轴线运行，甚至与之重叠，这个时候可以放弃对MACD曲线的分析，以KDJ指标曲线为指引，高位超买做空，低位超卖做多。

◆ MACD指标出现顶背离时，可以在KDJ指标高位超买时做空；当MACD指标出现底背离时，可等待KDJ低位超跌时做多。若MACD指标与KDJ指标同时与股价形成背离，这将是一种罕见的可靠信号。

6.1.4
双指标组合寻找买入点

在运用双指标时，投资者还可以结合一些特定的形态，更准确地寻找市场中的买入点。下面我们就来分别进行详细介绍。

1.金叉共振预示买入信号

共振，在物理中是指特定频率下，很小的周期振动便可产生比其他频率更大的振幅，这种特定频率被称之为共振频率。

在股市中，双指标金叉共振与之类似，是指特定条件下个股小能量汇聚到一起，最终出现了强大的共振，引发一波行情。这种特定条件，就是KDJ指标与MACD指标同时出现了金叉，发生了多种力量向同一方面推动的共振力量。

要想形成确实有效的金叉共振买入点，需要满足一定的条件，或者说在某些情况下金叉共振的可靠性更高，操作建议如下。

◆ 股价在底部运行或回调时，KDJ指标与MACD指标曲线现先后出现黄金交叉，且两次金叉间隔时间很短（3日之内）。

◆ KDJ指标出现中低位金叉，MACD在零轴以上，越贴近零轴形成共振金叉越好，若同时伴随放量则更为确定。

◆ MACD在零轴上方形成共振金叉比零轴下方形成共振金叉更好。

◆ MACD在零轴上方第二次形成共振金叉比首次形成共振金叉更能确定买入点。

◆ 形成金叉共振时，股价位于20日均线之上，且伴随放量更佳。

分析实例 利尔化学（002258）——金叉共振确定买入点

图6-13为利尔化学2019年11月至12月的日K线图。可以看到该股票在前期一波下跌趋势之后，KDJ指标曲线和MACD指标曲线两次同时出现了黄金交叉共振，并且MACD指标曲线出现金叉时已经贴近零轴。

不久之后同时股价开始连续走出阳线，出现缓慢上行趋势，逐渐位于20日均线之上。投资者可根据这些特点，判断该股票后市看涨。

图6-13 利尔化学的金叉共振

伴随股价的增量拉升，投资者能轻松判断该金叉共振买入点的准确性，可以考虑建仓或增仓，抓住机会即可获利，如图6-14所示。

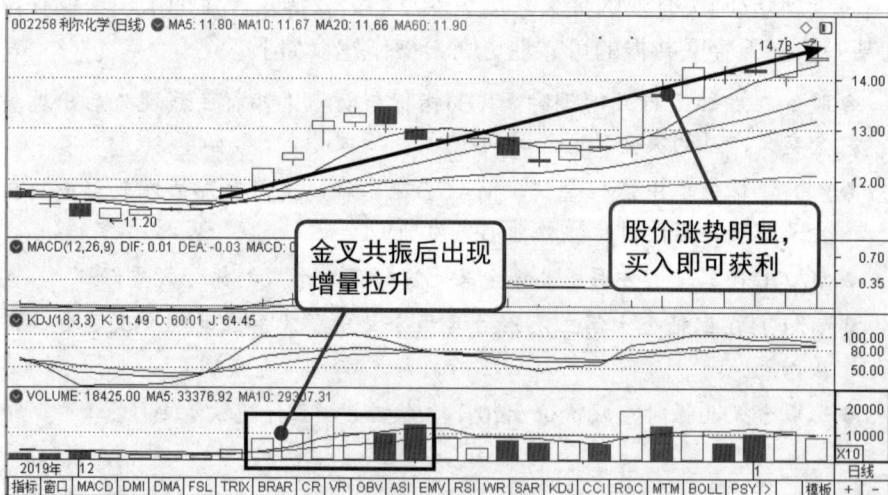

图6-14 该股后市逐渐拉升

2.低位DIF钝化与KDJ震荡买入分析

低位DIF钝化与KDJ震荡，是一种KDJ指标与MACD指标的底部买入信号。具体是指当MACD指标出现DIF线向下沿区间下沿平行运行的时候，KDJ指标中的K线和D线出现了低位平行震荡，J线震荡略大，或形成底部金叉、三线发散等形态。因为KDJ指标快速反应具有的灵敏性，所以其往往领先于其他指标先行反应，因此这是一种MACD底部确认，但KDJ却提示低位买入的抄底形态。

　　要想准确判断出这一形态，及时抓住买入点，需要注意一些重要信号，操作建议如下所示。

◆ DIF低位钝化与KDJ低位震荡形态的确认，应当是MACD指标经过下跌后，DIF线出现运行到了区间底部，沿下沿平行运行的钝化形态。

◆ DIF低位钝化与KDJ低位震荡形态的确认，当MACD指标处于DIF线低位钝化期间时，往往KDJ指标的K线和D线出现平行震荡的形态。

◆ DIF低位钝化与KDJ低位震荡形态的确认，KDJ指标之前会有明显的触底形态，往往在DIF线低位钝化的末端。之后，KDJ指标会出现低位金叉、三线向上发散的买入信号。

分析实例 **拓维信息（002261）——低位钝化与震荡确定买入点**

　　图6-15为拓维信息2019年11月至12月的K线走势。从图中可以看到，该股前期经历一轮下跌行情之后，MACD运行至0轴下方，DIF线平行运行显示钝化。而KDJ指标同样运行至20线下的低位区域，并走出平行震荡的走势。12月初，KDJ指标出现黄金交叉，三线调头向上发散运行。

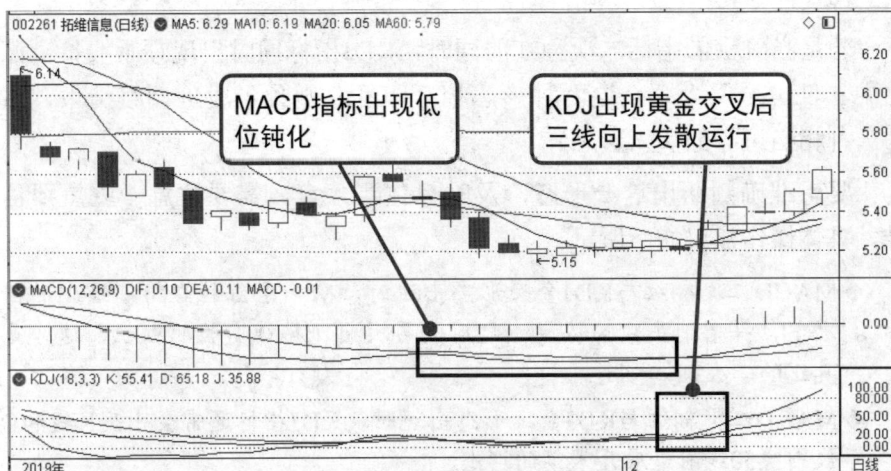

图6-15 拓维信息低位钝化与震荡

结合这些现象，可以判断出该股票后市看涨，买入信号确认。此时投资者可以考虑建仓或增仓。在之后的走势中，我们可以看到拓维信息股票连续收于阳线，股价持续上行，投资者抓住机会即可获利，如图6-16所示。

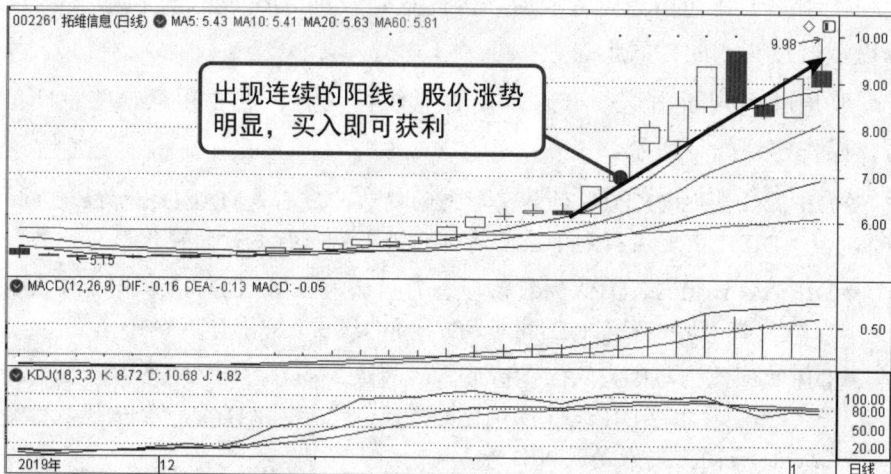

图6-16 拓维信息后市上涨走势

3. MACD二次翻红同KDJ金叉买入分析

　　MACD指标曲线的二次翻红，是指MACD指标中的红柱持续变长之后逐渐变短，但并未消失变为绿柱，之后再次逐渐变长的形态。出现这种形态通常表示，股价经过一段时间的小幅回调后企稳，后市股价将继续上涨。

　　若是当MACD指标二次翻红的同时，KDJ指标同时出现预示股价上涨的中、低位金叉。那么这两种形态相互印证，则预示股价调整结束，成为一种相当可靠的买入形态。

　　要想准确判断出这一形态，及时抓住买入点，需要注意一些重要信号，具体操作建议如下所示。

◆MACD二次翻红与KDJ金叉形态出现时，MACD红柱在持续缩小的情况下，并未消失变为绿柱，之后又再次出现持续变长的红柱，这才是真正的二次翻红形态。

◆MACD二次翻红与KDJ金叉形态出现时，KDJ指标通常会出现K线和D线围绕50线附近展开震荡的形态。

◆MACD二次翻红与KDJ金叉形态出现时，KDJ指标中的J线往往会出现一次向下的震荡，运行到K线和D线之下，继而形成金叉。

全志科技（300458）——二次翻红与金叉确认买入点

图6-17为全志科技2019年10月至12月的日K线图。可以看到该股经历了一轮下跌趋势后，K线逐渐收阳出现上行趋势，MACD指标中的红柱出现二次翻红状态，同时KDJ指标出现中位金叉。

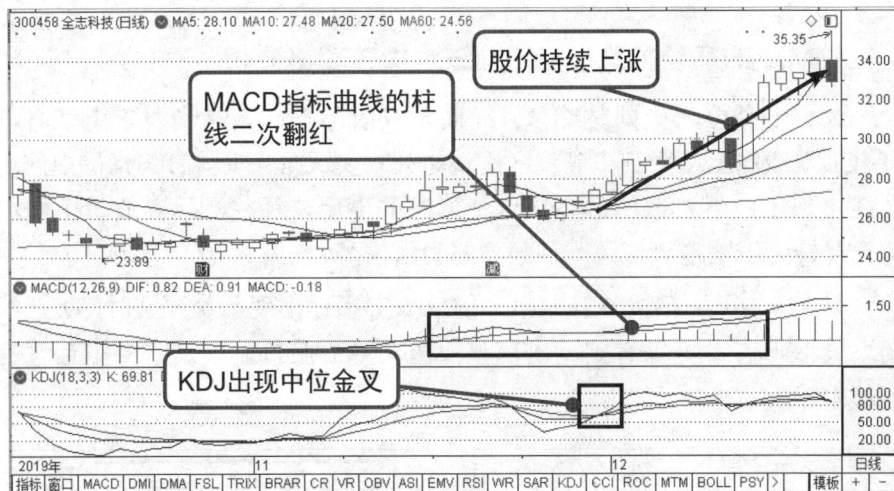

图6-17 全志科技买点确认

投资者可根据这些特点，判断该股票后市看涨，买入信号确认，此时可以考虑建仓或增仓，抓住机会即可获利颇丰，如图6-18所示。

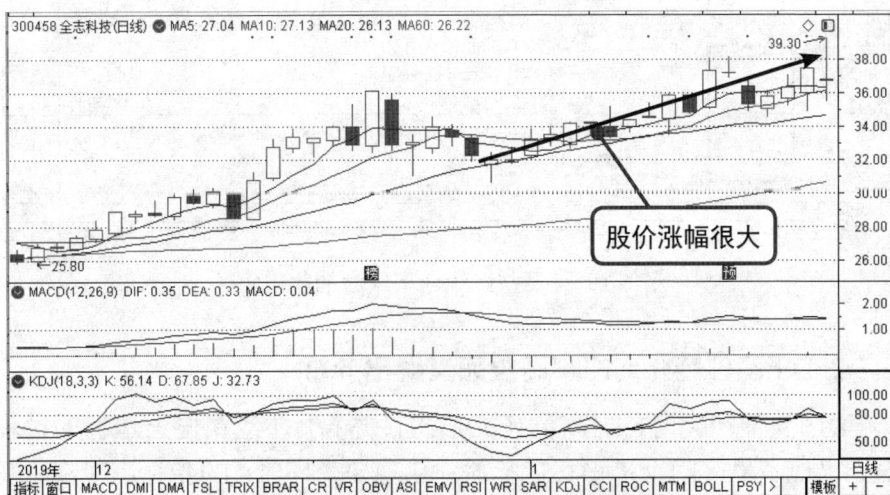

图6-18 全志科技后市上涨走势

6.1.5
双指标组合寻找卖出点

在运用双指标系统时，除了稳抓买入点之外，投资者还可以结合一些特定的形态，寻找更准确的市场卖出点，避免被套或尽可能地在高位卖出获利。下面我们就分别进行讲解。

1. MACD高位死叉同时KDJ三线向下卖出分析

MACD高位死叉同时KDJ三线向下发散形态，是指当股价上涨时，MACD双线向上运行到了高位区出现了死亡交叉形态时，KDJ指标中的三条线出现了向下发散的形态。这种形态的出现，往往预示着股价上涨趋势已经转为下跌趋势，是一种强烈的卖出信号。

图6-19为田中精机（300461）的MACD指标出现高位死叉时KDJ三线向下发散形态，可以看到，出现该卖出信号后股价确实转入向下运行的趋势中。

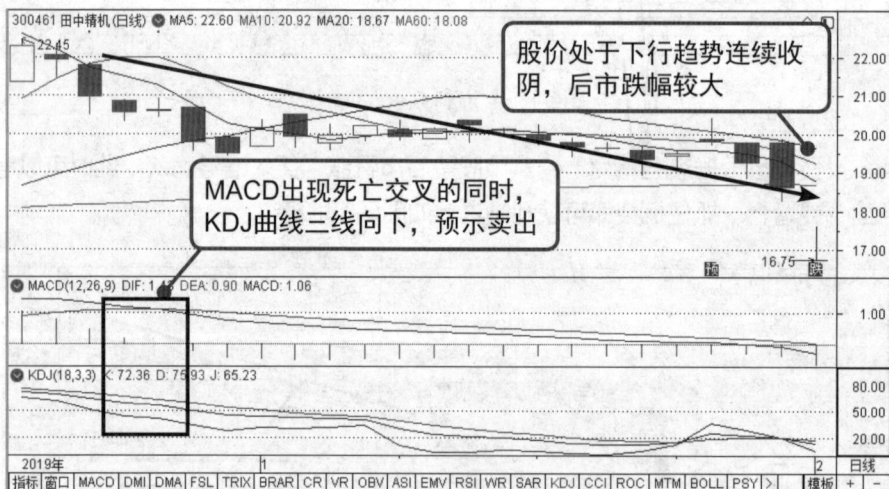

图6-19 死叉与三线向下结合的卖出点

2. DIF高位钝化时KDJ高位死叉卖出分析

DIF高位钝化时KDJ高位死叉形态，是指DIF线在向上运行的过程中，出现了沿区间上沿平行运行的钝化现象，同时KDJ指标出现高位死叉。这是一种KDJ指标先行反转的表现，属于一种高位卖出形态。

要想准确判断出这一形态，及时抓住卖点，需要注意一些重要信号，操作建议如下所示。

◆ DIF高位钝化时KDJ高位"死叉"形态出现，MACD指标中的DIF线必须已经到达高位极限区，出现沿上沿平行的钝化现象。

◆ DIF高位钝化时KDJ高位"死叉"形态出现，KDJ指标中的K线和D线往往处于高位平行震荡，J线开始向下，并向下与K线和D线形成高位"死叉"。

> **分析实例** 华铭智能（300462）——高位钝化时死叉确认卖点

图6-20为华铭智能在2019年7月至9月的日K线图。从图中可以看到，华铭智能处于上涨行情中，随着股价的拉升，MACD上行到高位区域出现了钝化现象，平行运行。

与之同时，KDJ指标的K线与D线也出现高位平行震荡，随后J线开始由高处向下回落，K线和D线形成了KDJ高位死叉。至此，卖点确认，投资者应做好清仓卖出的准备。

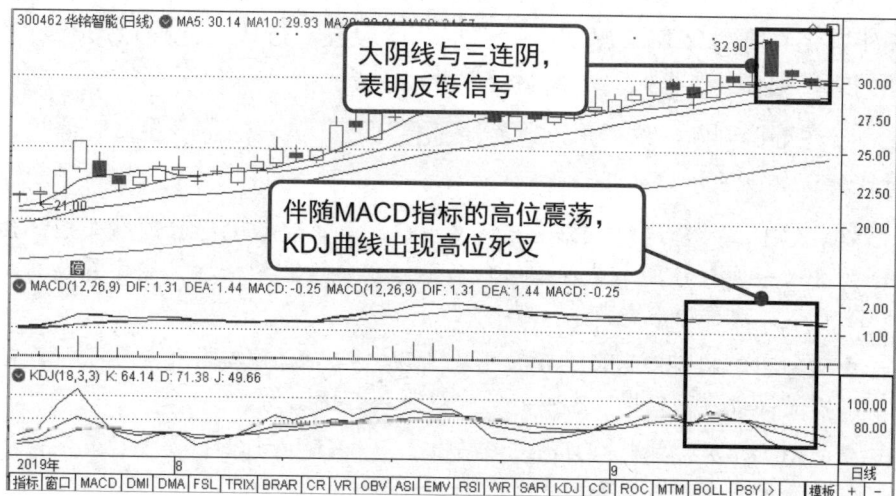

图6-20 华铭智能出现卖出信号

不久后，可以发现该股票在短暂的回调之后，MACD指标曲线在零下出现了死叉，同时股价开始明显下跌，连续收于阴线，跌幅巨大。

由此可见，KDJ指标高位死叉结合MACD指标的高位钝化之后预示空头市场力量强大，明确显示出卖出信号，如图6-21所示。投资者若未能及时售出股票，可能被套。

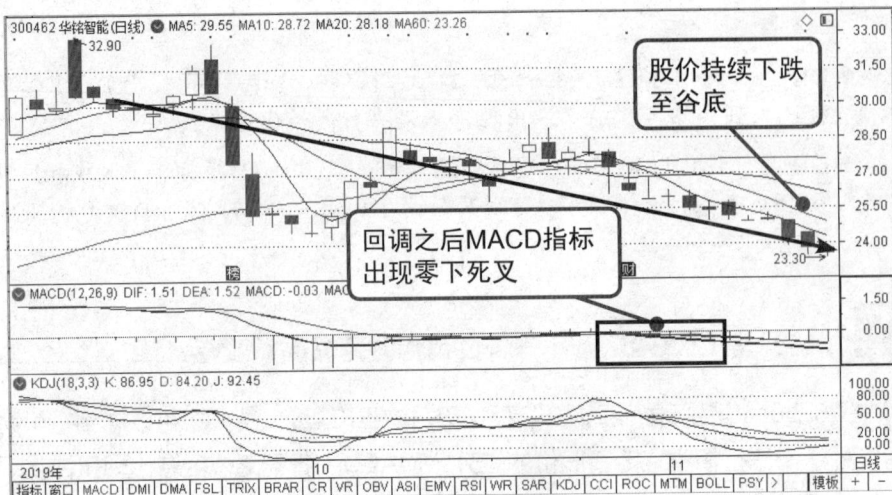

图6-21 华铭智能股价持续下跌

3. MACD二次翻绿时KDJ死叉卖出分析

MACD二次翻绿时KDJ死叉，指股价下跌过程中MACD的绿柱线逐渐缩小，但在变红之前又出现了持续增长的绿柱，形成二次翻绿形态。与此同时，KDJ出现了死叉，说明后市继续看跌。

要想准确判断出这一形态，及时抓住卖点，需要注意一些重要信号，操作建议如下所示。

◆MACD二次翻绿时KDJ死叉形态出现，要求MACD绿柱逐渐变短，但并未出现红柱，而是在缩短之后继续出现增长的绿柱，这才算是真正形成二次翻绿形态。

◆MACD二次翻绿时KDJ死叉形态出现，股价趋势应出现震荡行情，可以是高位震荡行情，也可以是低位震荡行情。

◆MACD二次翻绿时KDJ死叉形态出现，若KDJ指标曲线是高位死叉，该组合的卖出信号更强烈。

分析实例 中密控股（300470）——二次翻绿时死叉确认卖点————————

图6-22为中密控股在2019年8月至10月的日K线图。从图中可以看到，中密控股经过一段上涨行情，股价运行至30元附近高位后止涨下跌，跌至27元附近后止跌反弹至29元附近下跌。在这个下跌反弹下跌的过程中，MACD出现绿柱线二次翻绿的形态，与此同时KDJ出现死叉，说明后市继续看跌。

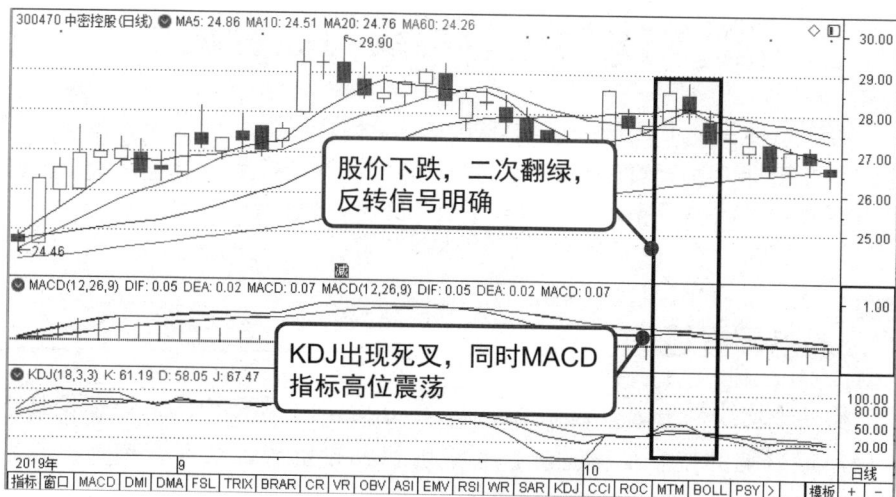

图6-22 中密控股出现卖出信号

图6-23为中密控股2019年9月至12月的K线走势。可以发现该股才出现MACD二次翻绿与KDJ死叉后，股价转入了明确的下跌行情中。MACD指标也运行至0轴下方，KDJ曲线也运行至20线，并在20线上出现钝化，平行运行。股价从28元附近跌至24元左右，跌幅达到14%。

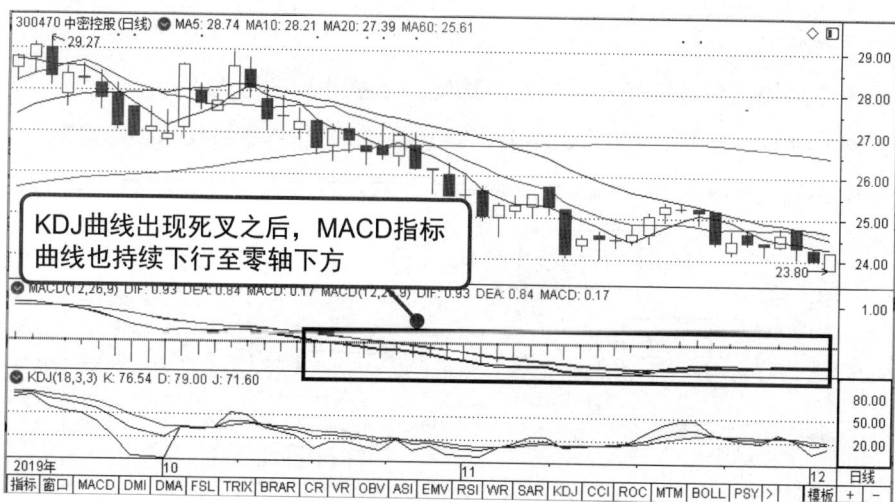

图6-23 中密控股股价持续下跌

由此可见，KDJ指标死叉结合MACD指标的二次翻绿预示空头市场力量强大，明确显示出卖出信号，投资者见到该信号时就不要妄想反弹回升了，快速逃离才能保住获利。

6.2 KDJ指标与均线的综合运用

均线指标实际上是移动平均线指标的简称，这是一种反映价格运行趋势的重要指标，如果将KDJ指标与之相结合，能在推测股价走势趋势的过程中寻找到准确的买卖点。下面就详细讲解怎样将两者进行结合分析。

6.2.1 均线的基础概述

移动平均线是美国投资家格兰威尔于20世纪中期提出的，该理论是当今应用最普遍的技术指标之一，它能够帮助投资者确认现有趋势，判断后市的趋势，把握股市走向的买卖信号。

1.均线的常用指标

均线并不是固定不变的一条线，所谓移动平均线，就是把某段时间的股价加以平均，再依据这个平均值作出的平均线图像，如图6-24所示。常用的均线指标有如下3种。

◆ **短期均线指标**：5天和10天的均线，这是短线操作的参照指标，也被称作日均线指标。

◆ **中期均线指标**：30天和60天的均线，也被称作季均线指标。

◆ **长期均线指标**：120天、240天的均线，也被称作年均线指标。

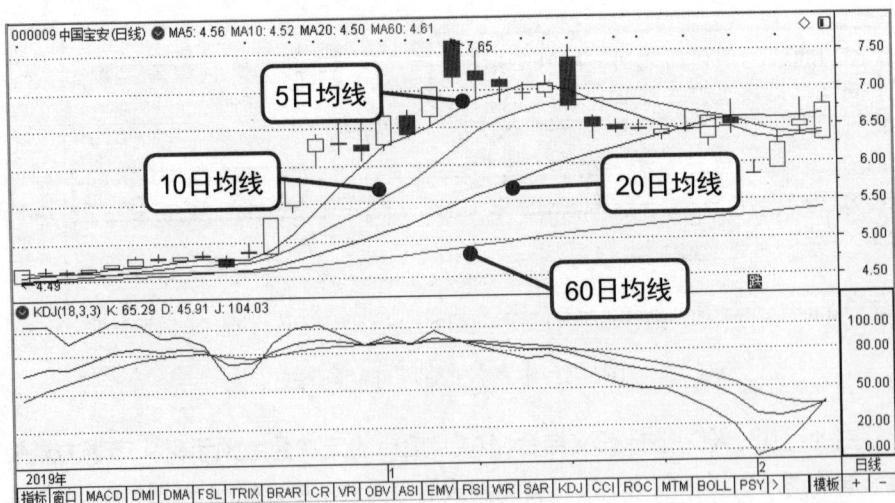

图6-24 均线示意图

2.均线的常见特征

均线具有一些特点，充分了解其特点可以帮助投资者在进行市场预测时成竹在胸。

◆ **追踪趋势**：均线会依据价格的走势继续追随这个趋势，曲线将保持与趋势线方向一致，消除中间股价在这个过程中出现的起伏。

◆ **滞后性**：在股价原有趋势发生改变时，由于均线具有追踪趋势特性，其行动往往比较迟缓，调头速度落后于大趋势。

◆ **稳定性**：短期的均线安定性差，长期均线安定性强。即越长期均线越能表现出稳定的特性，待股价涨势真正明朗之后，均线才会往上延伸。反之，等到股价下滑显著时，均线才会开始呈现下跌走势。

◆ **助涨助跌性**：当股价突破了均线时，无论是向上突破还是向下跌破，股价有继续向突破方面再走一程的动力，这就是均线的助涨助跌性。

TIPS | *均线的支撑线与压力线* | 🔍

当股价从均线下方向上突破，均线也开始向右上方移动，可以看作多头支撑线，股价回跌至均线附近会受到均线产生支撑力量。反之，当股价从均线上方向下跌破，均线成为空头阻力线，股价回升至均线附近时会受到均线产生阻力。

根据均线助涨助跌的特点，投资者可以将均线分为多头排列和空头排列，辅助买卖股票，内容如下。

◆ **多头排列**：这是指市场趋势是强势上升趋势，均线在5、10、20、30、60线支撑排列向上为多头排列。均线多头排列趋势为强势上升势，投资者应以均价线的支撑点为买点，若是下破均价线支撑则应止损。

◆ **空头排列**：这是指市场趋势是弱势下跌趋势，均线在5、10、20、30、60线上压制K线走势向下为空头排列。均线空头排列为弱势下跌趋势。投资者应以均线的阻力位为卖点。

分析实例 **深科技（000021）——均线助涨性确认买入点** ━━━━━━●

图6-25为深科技2019年11月至2020年1月的日K线图。可以看到该股票在低位盘整之后，开始逐渐多次收阳出现上行趋势，在经历了短暂回调之后，深科技的K线收出了实体大阳线，向上突破了四条均线，且均线全部走势向上。

这种强势的多头排列走势，意味着股价很可能还会继续攀升，投资者应考虑建仓买入。

图6-25 深科技买点确认

果然，深科技股价在后市虽有小幅回落，但一直处于上行趋势中，股价涨幅极大。投资者若能在股价突破均线时抓住买入机会，即可获利颇丰，如图6-26所示。

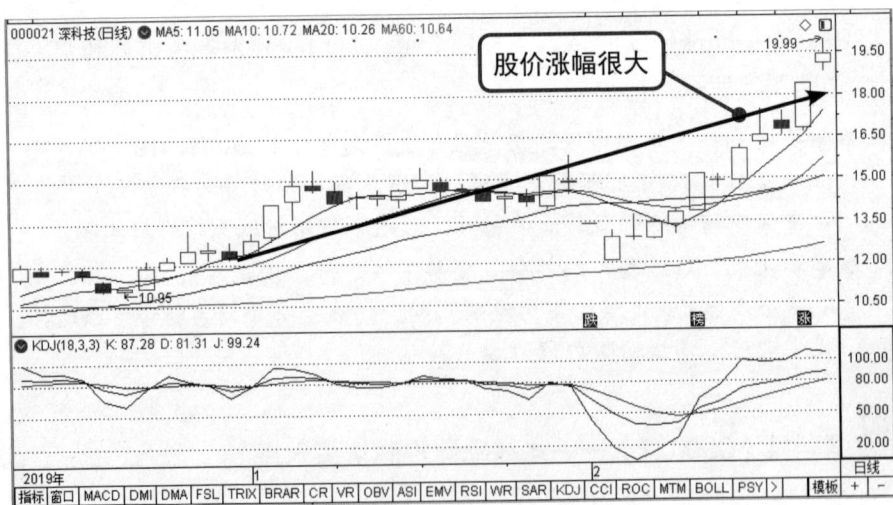

图6-26 深科技后市上涨走势

6.2.2
均线的买卖原则

在长期的股市投资实践中，人们总结出了关于均线辅助买卖的8大原则，熟悉这些原则，可以帮助投资者在寻找买卖点时提升准确性，内容如下。

◆ **第一条**：均线从下降逐渐走平且略向上方抬头，而股价从均线下方向上方突破，为买入时机。

◆ **第二条**：股价位于均线之上运行，回调时未跌破均线之后又再度上升时，为买入时机。

◆ **第三条**：股价位于均线之上运行，回调时跌破均线，但短期均线继续呈上升趋势，此时为买入时机。

◆ **第四条**：股价位于均线以下运行，突然暴跌，距离均线非常远之后，极有可能因反弹而向均线靠近，此时为买入时机。

◆ **第五条**：股价位于均线之上运行，连续数日大涨，离均线越来越远，此时很可能产生获利回吐的卖压，应暂时卖出持股。

◆ **第六条**：均线从上升逐渐走平，而股价从均线上方向下跌破均线时说明卖压渐重，应卖出股票。

◆ **第七条**：股价在均线下方运行，反弹时未突破均线，且均线跌势减缓，趋于水平后又出现下跌趋势，此时为卖出时机。

◆ **第八条**：股价反弹后在均线上方徘徊，而均线却继续下跌，此时为卖出时机。

TIPS *均线法则运用注意事项* 🔍

投资者需注意均线法则第四条和第五条，因为没有明确股价距离均线多远时才是买卖时机，所以此时应参考KDJ指标、成交量等技术指标进行综合判断。若只单看均线，很可能判断错误。

类似的第八条也很难根据单一条件进行判断，具体运用时风险较大，投资者应谨慎操作。

分析实例 **国药一致（000028）——按照均线法则找买入点**

图6-27为国药一致2019年11月至2020年1月的日K线图，可以看到该股票

在走出一波下跌趋势之后，股价开始在42元价位线附近盘整。

之后，均线从下降逐渐走平且略向上方抬头，而K线连续收于阳线，从均线下方向上方突破。投资者应意识到买入时机到来了。

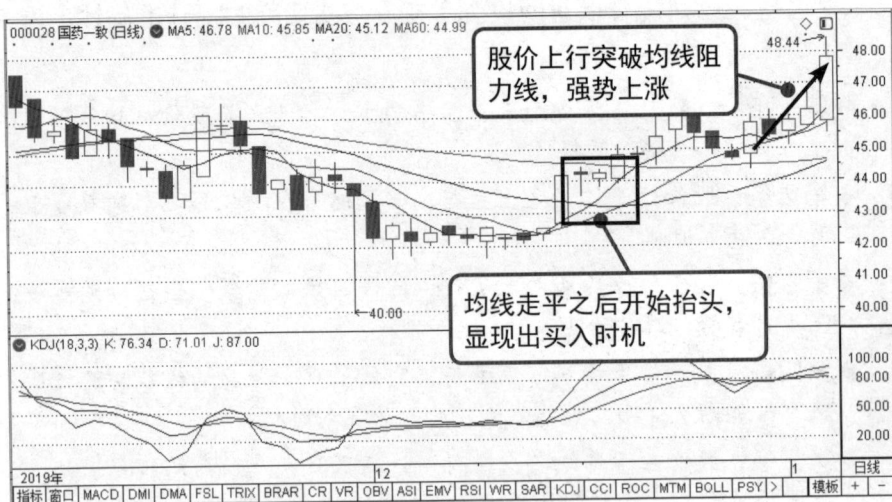

图6-27 国药一致买入点确认

在后市中，可看到国药一致股票的股价虽有短暂回落，但一直处于上行趋势中，股价涨幅极大。投资者若能在上涨前期抓住买入机会，即可获利颇丰，如图6-28所示。

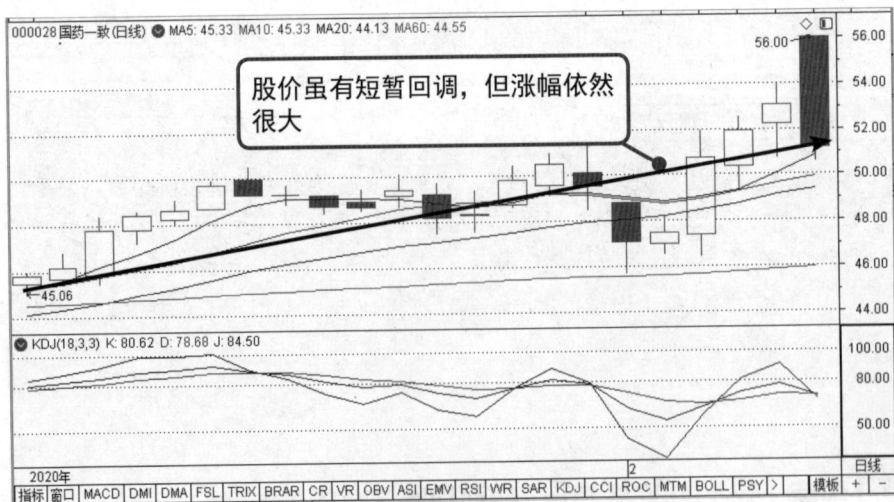

图6-28 国药一致的后市上涨走势

6.2.3
均线的金叉与死叉

均线与KDJ指标曲线类似，也具有黄金交叉、死亡交叉两种技术指标形态。投资者通过观察均线的金叉与死叉，也可辅助找到买卖点。具体判断方法如下所示。

◆ **均线黄金交叉**：上升行情初期，短期移动平均线从下向上突破中长期移动平均线，形成的交叉叫黄金交叉，预示股价的上涨。例如，5日均线上穿10日均线形成的交叉，10日均线上穿30日均线形成的交叉均为黄金交叉。

◆ **均线死亡交叉**：当短期移动平均线向下跌破中长期移动平均线形成的交叉叫作死亡交叉，预示股价将下跌。例如，5日均线下穿10日均线形成的交叉，10日均线下穿30日均线形成的交叉均为死亡交叉。

分析实例 深南电A（000037）——均线死亡交叉确认卖出

图6-29为深南电A2019年7月至10月的日K线图。可以看到该股在走出了一波上行趋势之后，股价开始见顶下跌。

可看到该股的长期均线从上行趋势逐渐走平，而短期均线在峰顶出现了下落反转走势，K线也连续收于阴线。观察均线可发现连续出现了两次死叉。投资者应意识到卖出点就在眼前，需要考虑清仓或减仓了。

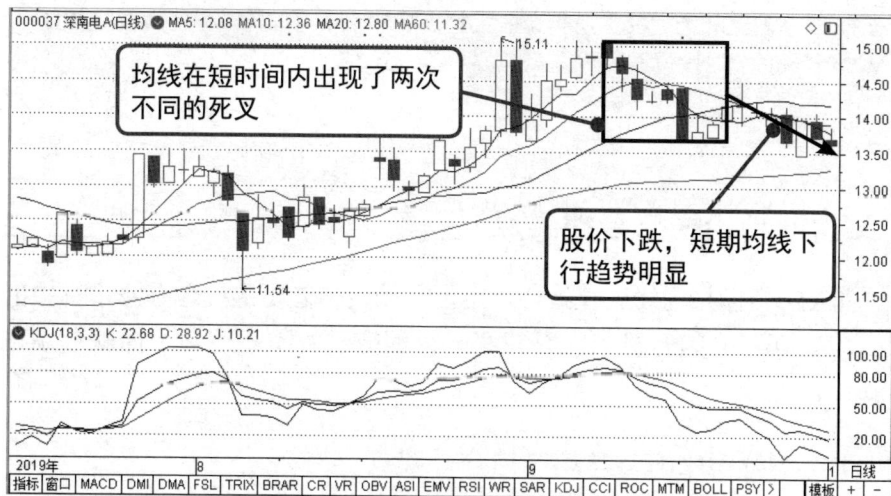

图6-29 深南电A均线出现死叉

在后市中，可看到深南电A股票的股价一路下行，连续收阴，股价跌幅极大。投资者若不能在下跌初期抓住机会及时清仓，很可能在后期几个月的时间内被深套，如图6-30所示。

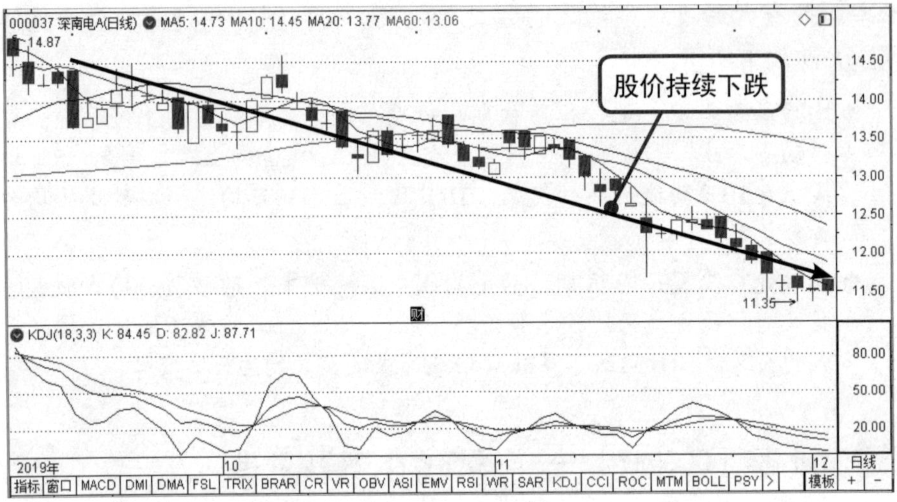

图6-30 深南电A后市暴跌的日K线

TIPS 均线黄金、死亡交叉注意事项 🔍

投资者应注意，并不是所有的黄金交叉和死亡交叉都是切实有效的买卖点。在上升途中或者下跌途中，庄家可能会进行震荡洗盘或震荡出货，此时，黄金交叉和死亡交叉所指示的买卖点是非常不可靠的，通常我们将其称之为"骗线"，投资者应谨慎操作，切勿上当受骗。

6.2.4
KDJ指标与均线结合找买点

将KDJ指标与均线进行结合，可以帮助投资者更准确地寻找市场中的买入点。在不同的行情中，寻找买入点的方式各不相同，下面就分别进行讲解。

1.上涨行情中KDJ与均线结合寻买点

在上涨行情中，要想结合KDJ指标与均线及时抓住买点，需要注意一些重要信号，操作建议如下所示。

◆ 当均线方向为上行，股价运行到均线上方时，说明市场运行趋势已经转为上涨，同时当KDJ出现金叉时就是买入时机。需注意的是股价越向上，买入点位离头部就越近，预示着风险增大，投资者此时应注意控制仓位。

◆ 当股价在上行趋势中出现了一轮下跌，但并未跌破均线，若股价再次开始向上攀升，同时伴随KDJ指标出现金叉，即为买入点。

◆ 均线处于持续上扬状态时，股价回调跌破均线，短时间内再次突破到均线之上并伴随KDJ曲线金叉时，是买入点。

分析实例 **赛意信息（300687）——短时跌破均线+金叉确认买点**

图6-31为赛意信息2019年12月至2020年2月的日K线图。可以看到该股票处于上涨行情中，均线持续上扬，股价在第一次KDJ指标出现金叉后也节节攀升。

1月底，赛意信息的股价出现了短暂的回调，尽管跌破了均线但短时间内又再次回到均线上，同时KDJ指标出现中位金叉。在这种情况下，投资者应意识到买入时机到来了。

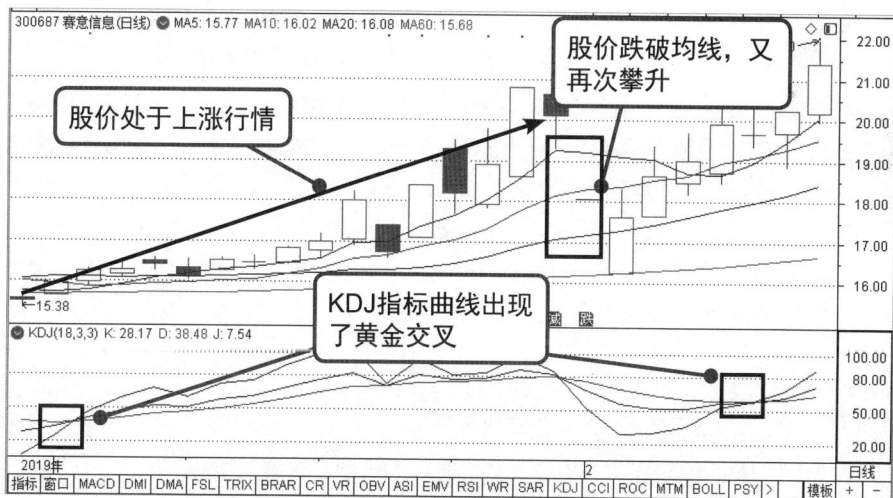

图6-31 赛意信息买点确认

在后市中，可看到赛意信息股票的股价虽有短暂回落，但其实一直处于上行趋势中，股价涨幅极大。投资者若能在上涨前期抓住机会买入，即可获利颇丰，如图6-32所示。

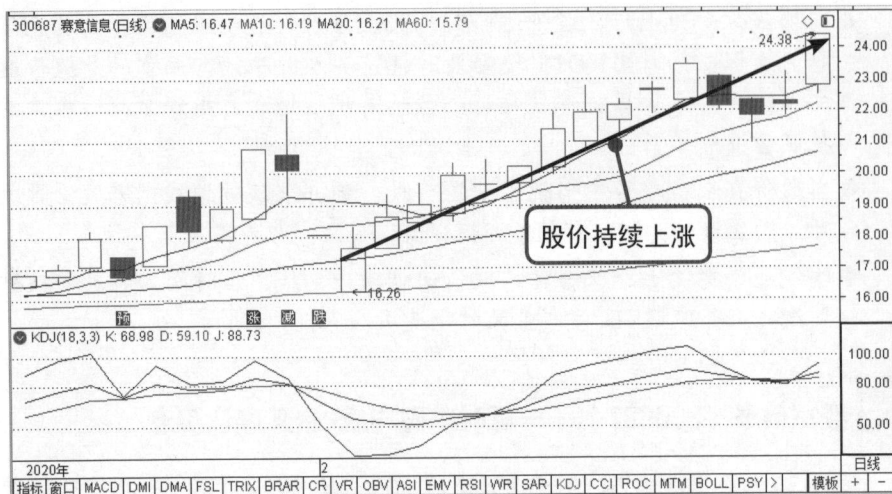

图6-32 赛意信息后市上涨的日K线

2.下跌行情中KDJ结合均线结合寻买点

在下跌行情中要想结合KDJ指标与均线及时抓住买点，需要注意一些重要信号，其操作建议如下所示。

◆ 在下跌行情中，若KDJ指标与均线双双出现黄金交叉即为买入信号。若是KDJ指标金叉是伴随放量的低位金叉则信号更强烈。

◆ 如果股价长期在均线下方徘徊，突然突破均线时，若伴随KDJ指标金叉，即预示股价反转，是买入信号。若股价突破均线，均线出现向上趋势时，上涨的可能性较大。

◆ 当股价经过一轮下跌后，已经跌无可跌时通常会出现反弹，此时，当股价向上突破20日均线伴随KDJ指标出现金叉，这即为买入点。当KDJ出现的是低位金叉时，买入点更为确定。

TIPS 均线无转头处于市场横盘状态 🔍

股价长期在均线下方徘徊，突然突破均线时，若均线并没有转头，即便出现了KDJ指标的金叉，市场变为横盘的可能性也较大，应谨慎判断买点。

分析实例 深圳华强（000062）——突破均线+金叉确认买点 ————

图6-33为深圳华强2019年4月至8月的日K线图。可以看到该股票在走出一

波下跌趋势之后，股价开始盘整，处于跌无可跌的状态。

之后，均线从下降逐渐走平，而股价连续收阳，从均线下方向上方突破20线，同时伴随KDJ指标的低位金叉。投资者应意识到买入时机到来了。

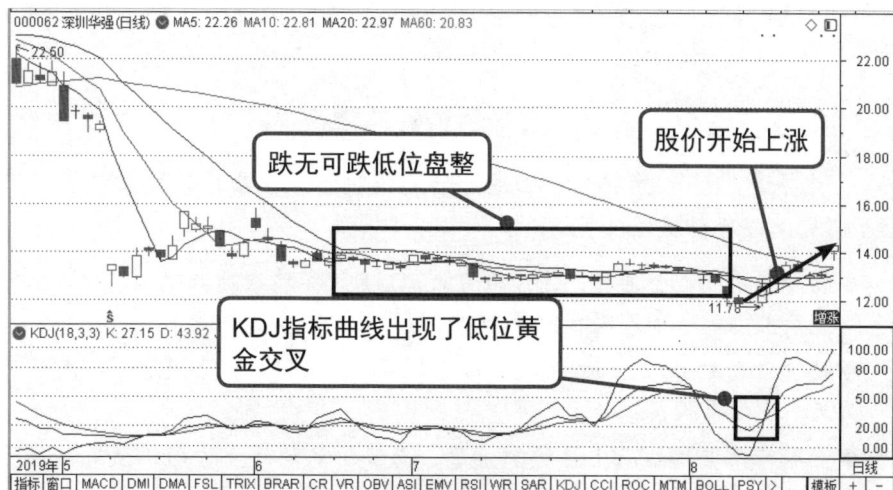

图6-33 深圳华强买入点确认

在后市中，可看到深圳华强的股价虽有短暂回落，但一直处于上行趋势中，股价涨幅极大。投资者若能在上涨前期抓住买入机会，即可获利颇丰，如图6-34所示。

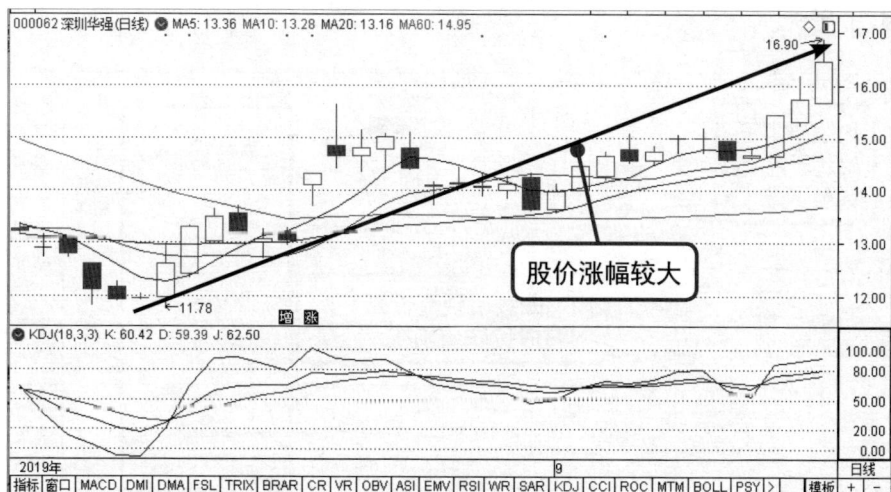

图6-34 深圳华强后市上涨的日K线

KDJ指标与均线结合找卖点

将KDJ指标与均线相结合，同样可以帮助投资者更准确地寻找市场中的卖点。在不同的行情中，找卖出点的方式各不相同，下面就分别进行讲解。

1.上涨行情中结合KDJ指标与均线寻卖点

在上涨行情中要想结合KDJ指标与均线及时抓住卖点，需要注意一些重要信号，操作建议如下所示。

◆ 股价在均线之上运行，连续数日大涨后K线离均线越来越远，此时很可能产生卖压，如果同时出现KDJ指标死叉，应卖出股票。

◆ 股价位于均线之上运行，均线出现死叉，同时出现KDJ曲线高位死叉，应卖出股票。

◆ 上涨行情中均线从上升逐渐走平，而股价从均线上方向下跌破均线时说明卖压渐重，同时出现KDJ指标死叉，应卖出股票。

分析实例 **东尼电子（603595）——跌破均线+死叉确认卖点**

图6-35为东尼电子2019年10月的日K线图。可以看到该股在走出一波上行之后，股价开始见顶下跌。均线从上行趋势逐渐走平，KDJ指标出现死叉，预示卖点的到来。

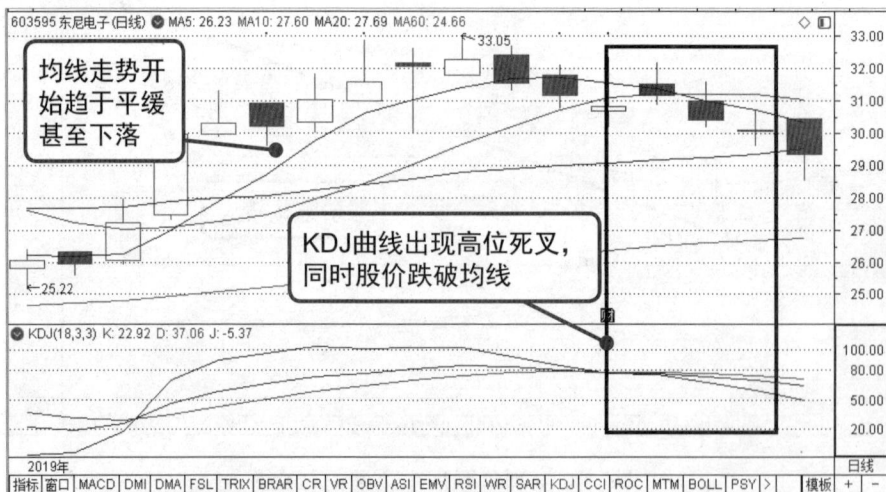

图6-35 东尼电子出现卖点

在后市中，可看到东尼电子的股价在后市一路下行，连续收阴，股价跌幅极大。只有前期及时卖出股票才能避免损失，如图6-36所示。

图6-36 东尼电子后市暴跌的日K线

2.下跌行情中结合KDJ指标与均线寻卖点

在下跌行情中要想结合KDJ指标与均线及时抓住卖点，需要注意一些重要信号，操作建议如下所示。

◆ 股价位于均线下方运行，反弹时未突破均线，且均线跌势减缓，趋于水平后又出现下跌趋势，同时出现KDJ指标死叉，此时为卖出时机。

◆ 股价在下跌行情中出现反弹，之后股价在均线上方徘徊，而均线却继续下跌，同时出现KDJ指标死叉，此时为卖出时机。

◆ 股价在下跌行情中跌破均线，均线出现死叉的同时出现KDJ指标曲线死叉，依照均线的助跌性特点可预测股价还会继续下跌，此时为卖出时机。

分析实例 华锋股份（002806）——反弹不破均线+死叉的卖点

图6-37为华锋股份于2019年9月至10月底的日K线图。可以看到该股在持续下跌的走势中，股价长时间位于均线下方运行，10月初出现一个小反弹，但并未突破均线，且均线持续下跌，趋势明显。

与之同时，均线和KDJ指标都出现了死叉，投资者可以凭借均线指标的助跌性，预测该股还会继续下跌，即卖点到来。

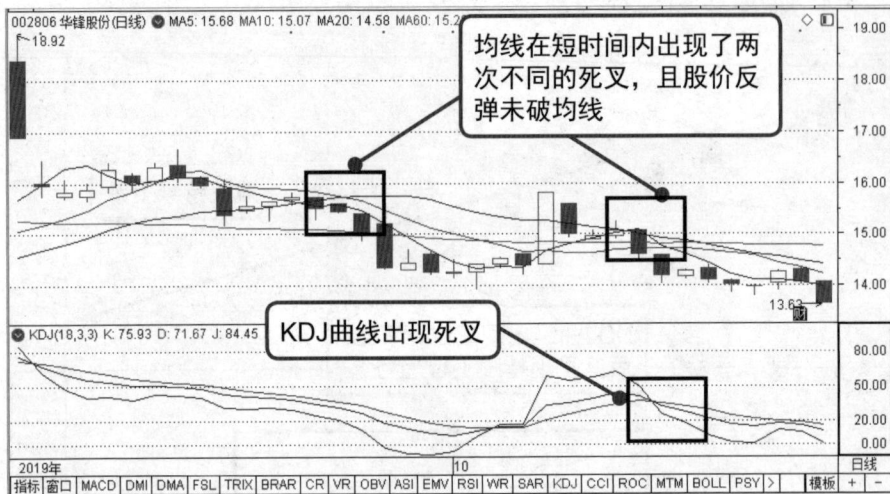

图6-37 华锋股份出现卖点

在后市中，可看到华锋股份的股价在后市一路下行，连续收阴，均线也是一路下行趋势，股价运行处于均线下方，跌势明显，只有前期及时卖出股票才能避免损失，如图6-38所示。

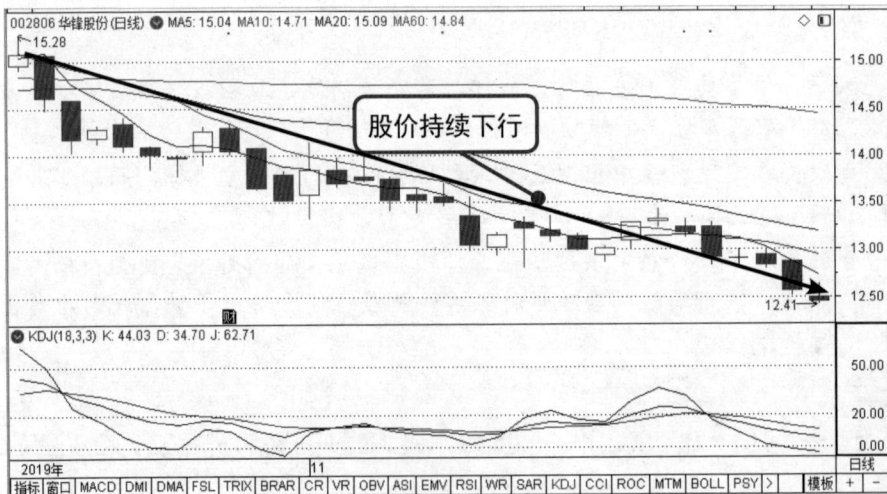

图6-38 华锋股份持续下跌的后市走势

6.3 KDJ指标与布林线的综合运用

布林线也被称为布林带，它是利用波带显示股价的走势变化，如果将KDJ指标与之相结合，则能更安全可靠地找到股票买卖点。下面就详细讲解怎样将两者进行结合分析。

6.3.1 布林线的基础概述

布林线指标即BOLL指标，由美国股市分析家约翰·布林先生创造，他利用统计原理求出股价的标准差及信赖区间，从而确定股价的波动范围，分析未来走势。

1.布林线指标基本构成

在股市分析软件中，BOLL指标一共由3条线组成，即上轨线、中轨线和下轨线，如图6-39所示。

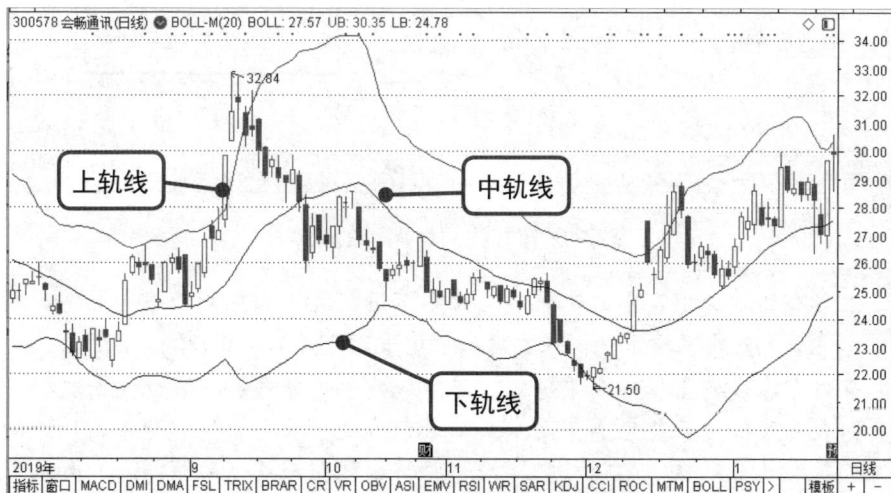

图6-39 布林线指标构成图

BOLL指标的计算公式为：中轨线=N日的移动平均线、上轨线=中轨线+两倍的标准差、下轨线=中轨线－两倍的标准差。

布林线认为股价的高低是相对的，股价在上轨线以上或在下轨线以下时反映该股股价相对较高或较低，投资者作出投资判断时需要综合参考其他技术指标。

2.布林线指标的作用

布林线的主要作用有指示支撑和压力位置、显示超买与超卖以及指示趋势与通道。因为布林线具备多种功能，所以在使用时也就有对应的交易技巧，内容如下所示。

◆ 当布林线的上、中、下轨线同时向上运行时，表明股价处于上行趋势，股价短期内将继续上涨，投资者应持股待涨或逢低买入，如图6-40所示。

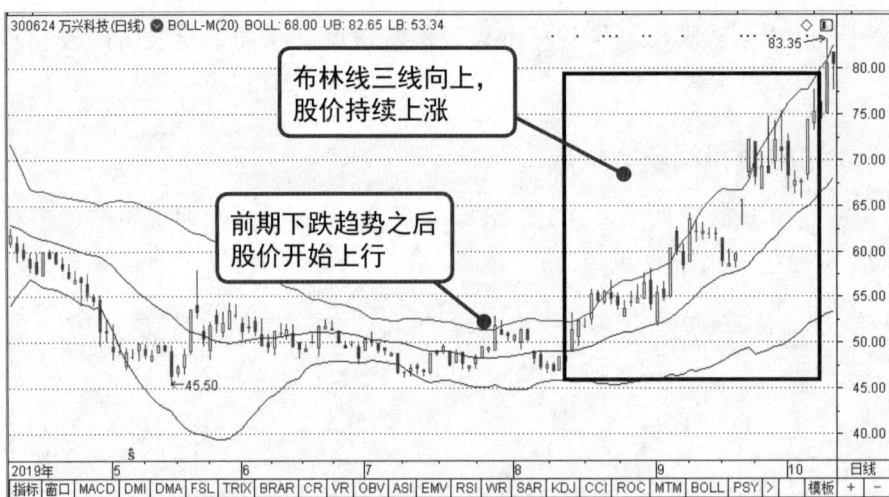

图6-40 布林线三轨向上的买点

◆ 当布林线的上、中、下轨线同时向下运行时，表明处于下行趋势，股价短期内将继续下跌，投资者应持币观望或逢高卖出。

◆ 当布林线的上轨线向下运行，而中轨线和下轨线却还在向上运行时，表明股价处于整理态势之中。如果股价处于长期上升趋势中，则表明股价是上涨途中的强势整理，可以持股观望或逢低短线买入；如果股价处于长期下跌趋势中，则为跌势中的弱势整理，投资者应逢高减仓或持股观望。

◆ 当K线向上突破布林线中轨后，如果股价依托布林线中轨向上攀升，则意味着股价中短期向上的趋势已经形成，投资者可以逢低买入或持股观望。

◆ 当K线向下跌破布林线中轨后，如果股价被布林线中轨压制下行，则意味着股价的中短期下降趋势已经形成，投资者应减仓或清仓。

3.布林线的开口与缩口

所谓布林线的开口与缩口，是指上下轨的运行方向造成的不同形状。具体含义如下。

◆ 开口：当股价由低位向高位经过数浪上升后，布林线最上压力线和最下支撑线之间的空间越来越大，即为开口。

◆ 缩口：股价经过数波下跌后，转为窄幅整理，这时我们发现布林线的最上压力线和最下支撑线之间的空间极小，越来越窄，即为缩口。

观察布林线的开口和缩口在买卖股票的预测操作上具有一定的意义，操作要点如下。

◆ 当布林线开口出现时，股价介于上轨与中轨之间，股价趋势往上行，这是买入信号，应持股或建仓。

◆ 若股价在中轨之上运行，布林线开口逐步收窄，上轨、中轨和下轨逐渐接近，当上下轨数值差接近10%的时候，为买入时机。若同时伴随成交量的放大，则买入信号更加明确。

◆ 当股价经过数浪大幅下跌，开口不能继续放大，布林线趋势转头，下限支撑线由下向上缩口时，一轮跌势将告结束，是买入信号。

◆ 当盘中长期缩口之后，伴随成交量增大，股价上升，布林线出现开口扩大的情况，说明上升行情宣告开始，应适时买入股票。

◆ 当布林线整体趋势向下，开口达到了极大程度，并且开口不能继续放大转为收缩时，通常股价紧跟着是一轮大幅下跌或调整行情，此时是卖出信号。

◆ 当布林线在高位开口极度缩小之后，若股价向下破位，布林线开口突然放大，预示一轮跌势将不可避免，投资者应及时清仓。

◆ 当布林线开口向上时，若股价始终运行在布林线的中轨上方，说明股价处于中长期上升轨道之中，应持股待涨或建仓。

◆ 当布林线开口向下后，若股价运行在布林线的中轨下方，说明股价处于中长期下降轨道之中，应减仓或清仓。

分析实例 **诺邦股份（603238）——中轨之上的缩口确认买点**

图6-41为诺邦股份2019年10月至2020年1月的日K线图，可以看到该股在走出一波下跌趋势之后，股价开始止跌缓慢向上运行，并且逐步运行至中轨上方。

布林线开口逐步收窄，之后股价出现了连续的大阳线，同时伴随放量，投资者应意识到买入时机到来了。

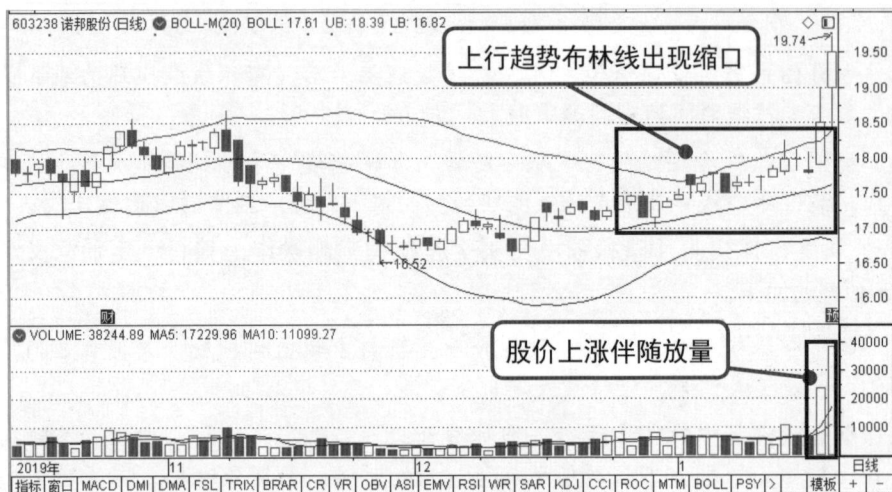

图6-41 诺邦股份买入点确认

随后，可看到诺邦股份的股价在缩口之后越过了三条轨道线，后市涨幅极大。投资者若能在上涨前期抓住买入机会，即可做一波短线操作，必能获利颇丰，如图6-42所示。

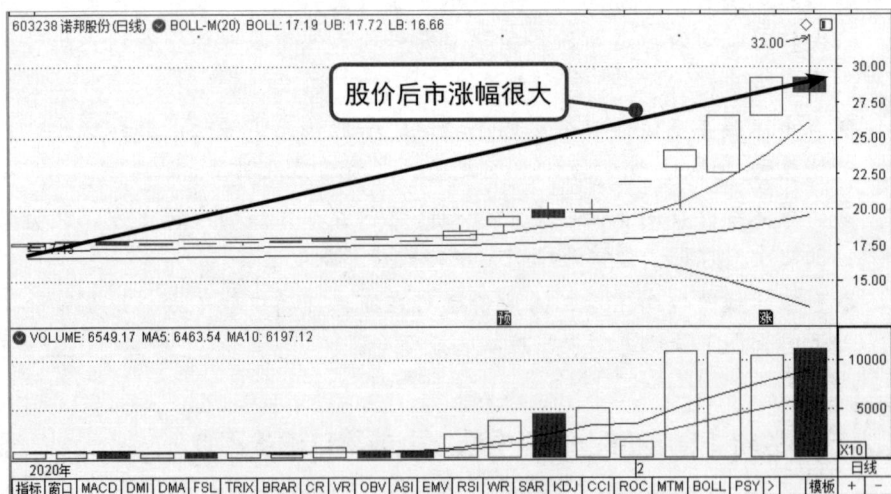

图6-42 诺邦股份后市上涨的日K线

布林线的反弹与KDJ指标金叉

将布林线的反弹与KDJ指标的金叉相结合，可以使KDJ指标的信号更为精准，能够帮助投资者准确找到买入点。操作要点如下所示。

◆ **下轨线反弹**：股价跌破布林线中轨线后，向布林线下轨线运行。当股价触及布林线下轨线并反弹向上，或股价跌破布林线下轨线后重新向上突破布林线下轨线，说明股价有反弹向上的可能。若KDJ指标同步出现低位黄金交叉形态，则说明短期内股价反弹向上的概率较大。

◆ **中轨线反弹**：股价回调过程中，遇布林线中轨线后，因受中轨线支撑而再度反弹向上时，KDJ指标在50线附近出现黄金交叉形态。此黄金交叉为短期内出现的第二次黄金交叉，且这次交叉点要高于前一次。此时买入信号强烈。

分析实例 永新光学（603297）——反弹+金叉确认买入点

图6-43为永新光学2019年10月至12月的日K线图。可以看到该股票在走出一波下跌趋势之后，股价触及布林线下轨线并反弹向上，开始连续收于阳线，甚至向上突破了中轨线。

在股价攀升的初期，KDJ指标曲线出现了低位金叉，之后股价就出现了连续的大阳线，投资者应意识到布林线的反弹和KDJ指标金叉确认了买入时机。

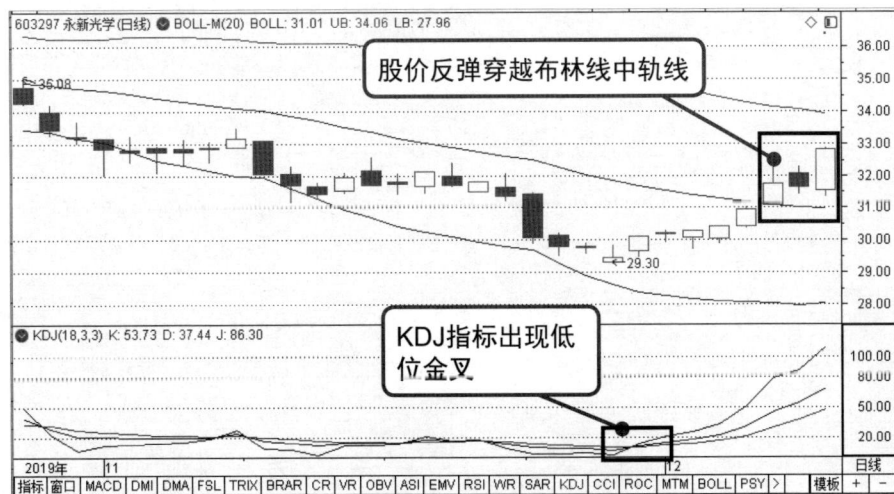

图6-43 永新光学的买入点确认

　　永新光学后市股价持续上行，投资者若能在上涨前期抓住买入机会，即可做一波短线，必能获利颇丰，如图6-44所示。

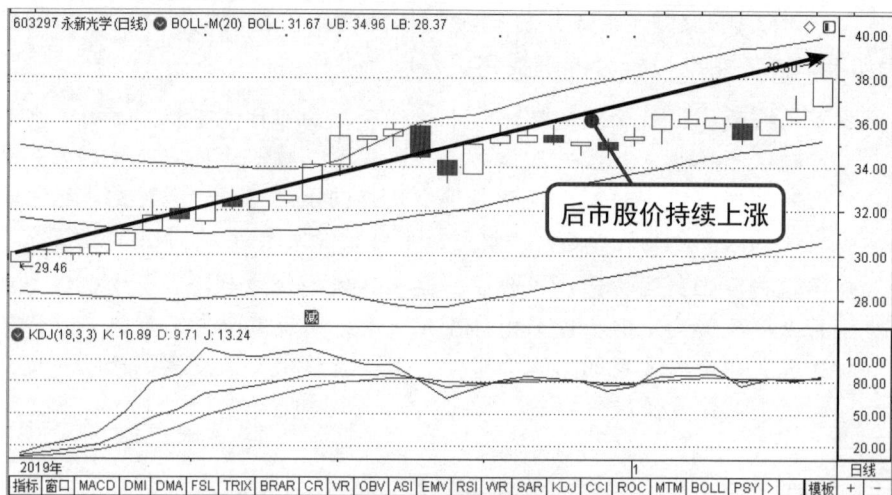

图6-44　永新光学后市上涨的日K线

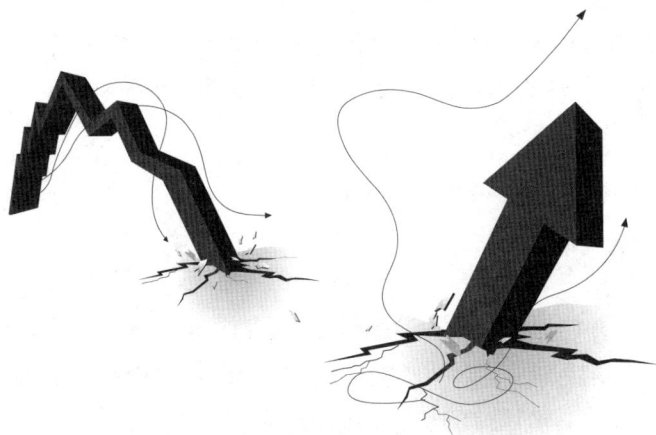

第7章

KDJ指标与时间周期的结合

有不少投资者专家认为时间是决定市场走势的最重要因素，在不同的时间周期中，KDJ指标的准确性、敏感性等特点各不相同，投资者可以将KDJ指标与时间周期进行结合，以便更准确地预测市场后市走势，更精准地寻找股票买卖点。

7.1 时间周期概述

投资者要想将KDJ曲线与时间周期结合进行股市行情的预测分析，首先需要了解时间周期究竟是怎么一回事，著名的时间理论究竟是怎样的。下面就来进行详细讲解。

7.1.1 什么是时间周期

股价的涨跌并非无迹可循，而是有其自身的运行规律。股市中有一句名言："选时比选股更重要"，所谓的时，即是指时间。时间，就是帮助投资者了解市场变化规律的最有力的武器。

投资者需要研究的时间并不是某个点，而是一个时间段，这就是时间周期。时间周期不会因突发事件、利好或利空消息的影响而改变其周期运行时间。时间周期的划分有4种，内容如下。

◆从一个明显的低点到下一个明显的低点可以为一个时间周期。

◆从一个明显的高点到下一个明显的高点之间可以为一个时间周期。

◆从一个明显的低点到一个明显的高点可以为一个时间周期。

◆从一个明显的高点到一个明显的低点可以为一个时间周期。

选择怎样的时间周期作为观察对象，需要投资者根据不同的情况自行选择。通常情况下，实战效果最佳的时间周期循环是低点到低点的循环周期。

> **TIPS** 高点与低点无绝对划分 🔍
>
> 股价永远处于交替循环运行之中，所以时间上的变盘点，无论是高点还是低点都是相对某个阶段而言的，永远没有绝对的高点或低点。

关于时间周期有一些注意事项，其内容如下。

◆时间周期通常分为三级，分别是基本趋势运行的大循环周期，时间跨度按几年计算；次级趋势运动的中循环周期，时间跨度按几个月计算；日常波动中的小循环周期，时间在两个星期以内。当大、中、小时间周期系统完全指向某一个变盘时间时，市场发生变盘的精确性就大大提高。

◆时间周期只能预测未来市场即将发生变化的时间，而无法在时间上给出明确的买入或卖出提示，所以使用时间周期预测时需结合其他技术指标的买卖提示。

◆ 时间周期理论只能提示市场在什么时间发生方向的变化，而变化后的具体形态是由成交量和价格形态决定的。

在炒股软件中投资者可以根据自己的需要，自行定义所需的时间周期，如图7-1所示。

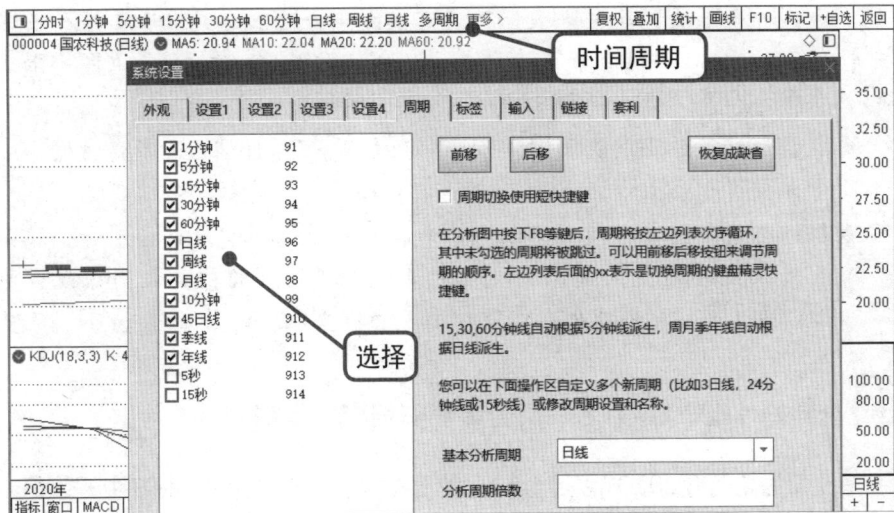

图7-1 股票软件中的时间周期设定

有关时间周期的理论

自从人们发现时间周期中暗藏的规律可以用来预测股市行情之后，就有投资专家提出了一些关于时间周期的理论，进行辅助分析。常见的关于时间周期的理论有斐波那契时间周期理论、德尔塔理论和江恩理论等。下面就分别进行介绍。

1.斐波那契理论

十三世纪，意大利数学家斐波那契发现了一组神奇的数列，从数列的第三项数字开始，每个数字等于前两个相邻数字之和。

具体数列为：1，1，2，3，5，8，13，21，34，55，89，144，233……

数列的公式：$A_0 = A_1 = 1$；$A_n = A_n - 1 + A_n - 2$（$n = 2$，3，4，……）。

无论是从宏观的宇宙空间到微观的分子原子，从时间到空间，还是从大自然到人类社会等，人们都能找到斐波那契数列的踪迹。投资者在股票市场中也发现了斐波那契数字的出现，即利用该数列来预测价格发展的时间周期，应用举例如下。

◆ 波浪理论中，一段牛市上升行情可以用1个上升浪来表示，也可以用5个低一个层次的小浪来表示，还可继续细分为21个或89个小浪。一段熊市行情可以用1个下降浪来表示，也可以用3个低一个层次的小浪来表示，还可以继续细分为13个或55个小浪。

◆ 观察日线，最小的变盘时间周期很可能是5天，如果5天不变盘则下一个变盘日可能是8天，以此类推或者是13日、21日等。

◆ 取一个显著波峰或波谷为起点，直接观察斐波那契数列出现时价格是否处在显著的高点或低点，或者是否出现显著的放量大阴线或大阳线，如果两者同时出现，通常预示市场的反转。

分析实例 全新好（000007）——用斐波那契周期找买卖点

图7-2为全新好2019年7月至11月的日K线图。可以看到该股在上升趋势中经历了三次波峰，切合了斐波那契周期变盘的周期点，之后出现了预示反转的长上影线阴线，同时伴随KDJ死叉，这也是重要的变盘信号。

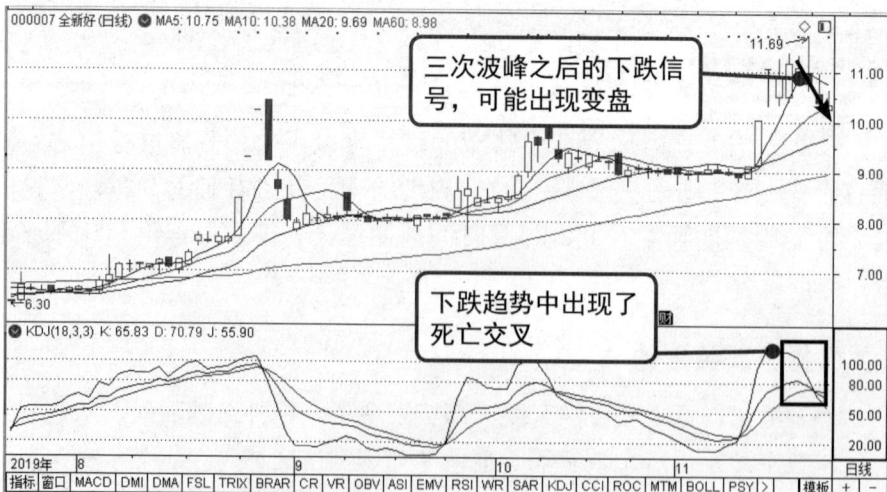

图7-2 全新好上升周期中的反转信号

投资者在发现切合斐波那契时间周期的下跌信号后应引起重视，果断清仓或者减仓。果不其然，在反转信号之后全新好股价一路下行，期间股价震荡了一段时间但依旧没稳住跌势，后市股价持续走低，如果投资者未能及时清仓，将遭受损失，如图7-3所示。

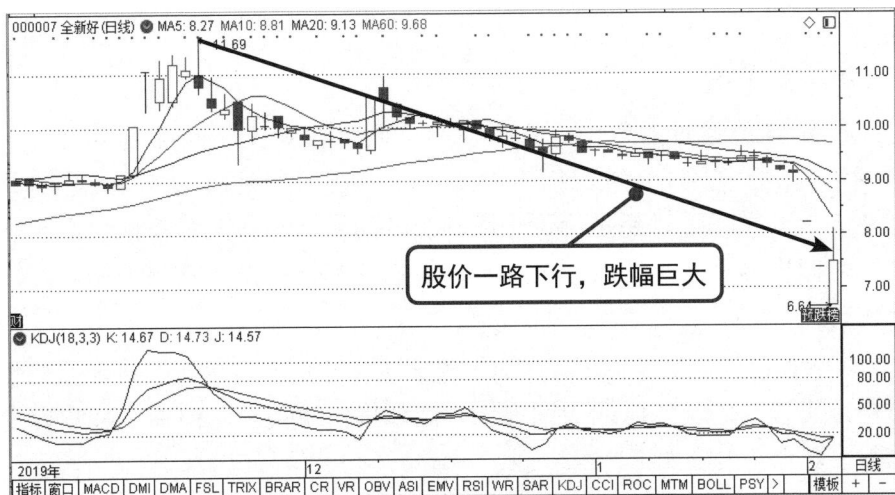

图7-3 全新好股价下跌的日K线

TIPS *时间周期中的基本原则*

关于时间周期有一个基本原则，即大周期管着小周期，若大周期没有走完，则小周期不会结束。

2.德尔塔理论

德尔塔（Delta）理论又被称为三角洲理论，是华尔街著名交易大师威尔斯·维尔德先生提出的一种关于时间的预测分析技术。他认为投资者若能发现某只股票的德尔塔时空密码，即高低点转折的时间规律，就能够准确预测其未来顶部、底部出现的时间，以此轻松盈利。德尔塔时空密码具有以下特点。

◆ 每个自由交易的品种头部底部出现的时间按照一定的时间规律不断重复循环着，恒久不变。常见的有四种循环结构，分别是长期循环指市场每4年循环一次；中长期循环指市场每1年循环一次；中期循环指市场每4个月循环一次；短期循环指市场每4天循环一次。

◆每个循环都有N个转折点，不同品种或同个品种不同周期的N不同。

◆N个转折点是高点、低点交替出现的。

◆每个转折点位置都是相对固定的。

◆少数转折点会出现提前或延后，转折点提前或延后对预判行情强弱有指导意义。

3.江恩理论

威廉·江恩通过对数学、几何学、宗教以及天文学的综合运用，于1908年提出了著名的"控制时间因素"，指出时间是决定市场走势的最重要因素，时间可以超越价位平衡，当时间到达时成交量将推动价位升跌，时间作为预测走势的一个因子，最重要的作用在于预测市场运动趋势转折点。

江恩的时间法则考虑了季节、宗教及天文学等多种因素，该理论是股市中运用较为广泛的时间周期理论。江恩提出了关于时间周期影响投资的很多观点，内容如下。

◆江恩把时间定义为江恩交易年，它可以一分为二，即6个月或26周，也可以一分为三，一分为四乃至更多。

◆一些重要的顶或底的间隔在49天至52天。中级趋势的转变时间间隔为42天至45天，而45天恰恰是一年的1/8。

◆一般市场回调发生在第10天至第14天，如果超过了这一时间间隔，随后的回调将出现在第28天至第30天。

◆江恩认为较重要的循环周期有：短期循环（1小时、2小时、4小时、……、18小时、24小时、3周、7周、13周、15周、3个月、7个月）、中期循环（1年、2年、3年、5年、7年、10年、13年、15年）、长期循环（20年、30年、45年、49年、60年、82或84年、90年、100年）。

◆在市场的重要低位开始，计算1/2、1/4、1/8的增长水平，及一倍、两倍、四倍、八倍的位置，将可能成为重要的支撑和阻力。在市场的重要高点，计算该位置的1/2、1/3、1/4及1/8，常为调整的重要支撑。

分析实例 **大悦城（000031）——通过支撑位寻找买入点**

图7-4为大悦城2019年7月至10月的日K线图。可以看到该股走势形成了一个W底，然后股价开始攀升，从第二个底的低位开始计算，股价回落到其二分之

一位置时出现了预示反转的倒十字星，根据江恩理论投资者可以推测出此处是一个重要的支撑点，股价即将开始真正反转。

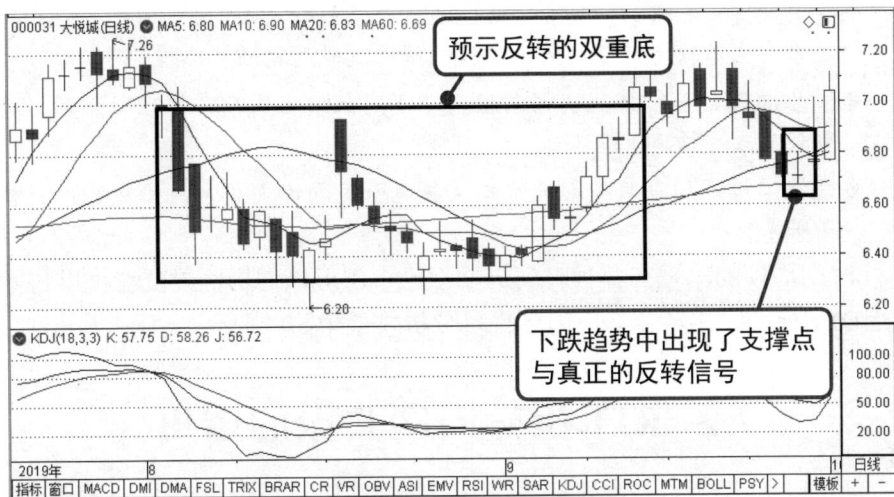

图7-4 大悦城出现反转信号图形

果不其然，在回落遇到支撑点之后，该股股价又开始止跌上升，若投资者能及时购入即可短线获利，如图7-5所示。

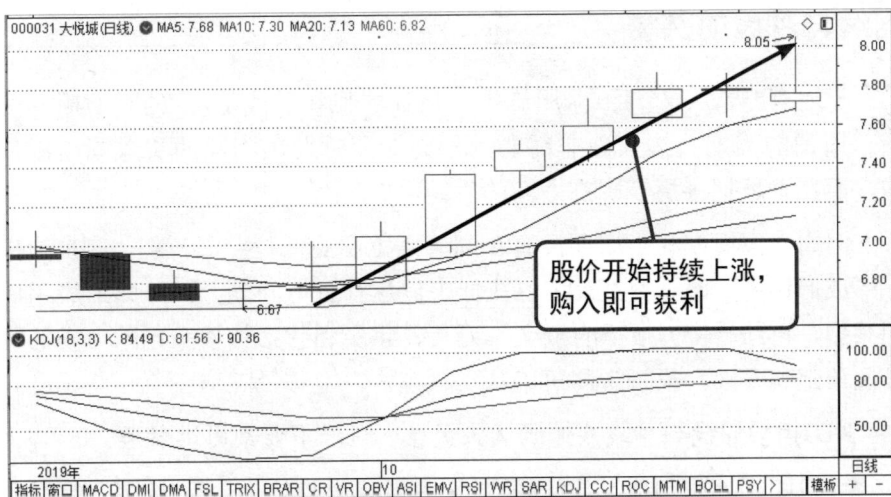

图7-5 大悦城股价上升的日K线

4.时间周期的原理

人们在实践中发现时间周期中有4个重要的基本原理：叠加原理、谐波原理、同步原理和比例原理，内容如下。

◆ **叠加原理：**所有价格变化均为一切有效周期简单相加的结果。

◆ **谐波原理：**相邻的周期长度之间通常存在倍数关系，一般为2倍或1/2的关系。大波段还可分割为小波段，确保波段结构的相似性。

◆ **同步原理：**一种强烈的倾向性，即不同长度的周期常常在同一时刻达到谷底或峰顶。

◆ **比例原理：**周期长度与波幅之间具有一定的比例关系，且成线性正相关关系。

时间周期的原理在各种时间周期理论中都可以通用，投资者可以将其与KDJ指标曲线相结合，应用到投资分析实战中。

7.2 KDJ指标周期共振的运用

KDJ指标的周期共振其实就是利用时间周期的同步原理，通过KDJ指标不同长度周期的波峰或波谷在同一个位置的交汇，确认最切实可靠的买卖点，以便在股市中寻找投资交易良机。

7.2.1 周线与月线的共振

一周有5天，一个月是4周，也就是说周线和月线是4倍的时间周期关系。所谓的周期共振，并非需要两种周期同时发出相同的买入或卖出信号，而在于挖掘各周期形态之间的协同度。

例如，大周期和小周期没有在同一点位出现低位金叉，但当周KDJ指标形成低位金叉时，月线KDJ也在低中位运行且方向朝上，这即形成了周期共振，再结合KDJ指标的金叉、死叉、超买和超卖特性来判断市场的阶段性顶部和底部，投资者即可确认买入点。

KDJ指标周线与月线共振确认买卖点，有以下要素可供参考。

◆ KDJ指标出现周线、月线低位金叉共振是买进信号。若周线KDJ出现金叉同时月线KDJ也在低中位运行且方向朝上，或周线KDJ出现金叉前后短时间内月线KDJ出现金叉也为金叉共振。

◆ KDJ周线出现高位金叉，月线低位运行且方向向上，可能是预示短线回调，等股价回调后，若KDJ再次出现低位金叉共振，是买入信号。

◆ KDJ出现周、月线高位运行不宜介入。如果选定的目标股票周线、月线J值均在80以上运行，此时介入风险很大。

◆ KDJ周线向上或出现金叉，但月线KDJ指标曲线向下，反弹行情可能性较大，只可用少量资金参与。

◆ KDJ周线高位死叉，月线KDJ向下或同样出现死叉，该周期共振提示卖出信号。

◆ KDJ指标周线J值大于90，月线KDJ的J大于80，意味着进入超买区间周期共振，同样提示高风险不宜介入或应清仓。

◆ 若股价出现一波比一波高或低的走势，但同时周、月KDJ曲线却并未出现新高或新低，即出现了顶、底背离的共振，说明股价原有走势被打破，即将出现变盘。

分析实例 云南白药（000538）——KDJ指标周线与月线共振

云南白药2019年4月至10月的周K线图如图7-6所示。从图中可看到该股票在经过前期一阵下跌走势和盘整之后，开始有了反转迹象，KDJ曲线在9月初和10月初出现了两次黄金交叉，K线也出现了预示反转的十字星和倒锤头形态，有彻底突破均线的迹象。

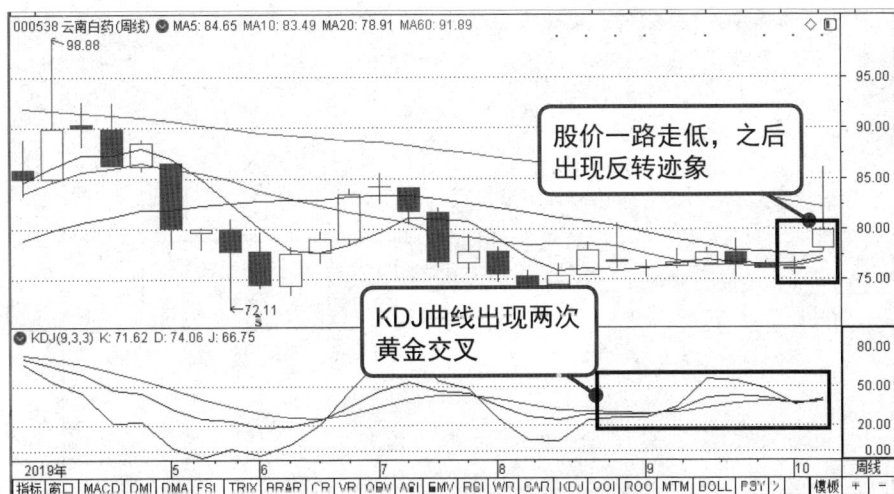

图7-6 云南白药KDJ指标周线图

从下图中云南白药KDJ指标月线图中可以看到在9月上旬，与周线图相近的位置，月线同样也出现了黄金交叉，两者达成了KDJ指标的周期共振，预示买入，投资者可以抓住时机建仓或增仓，如图7-7所示。

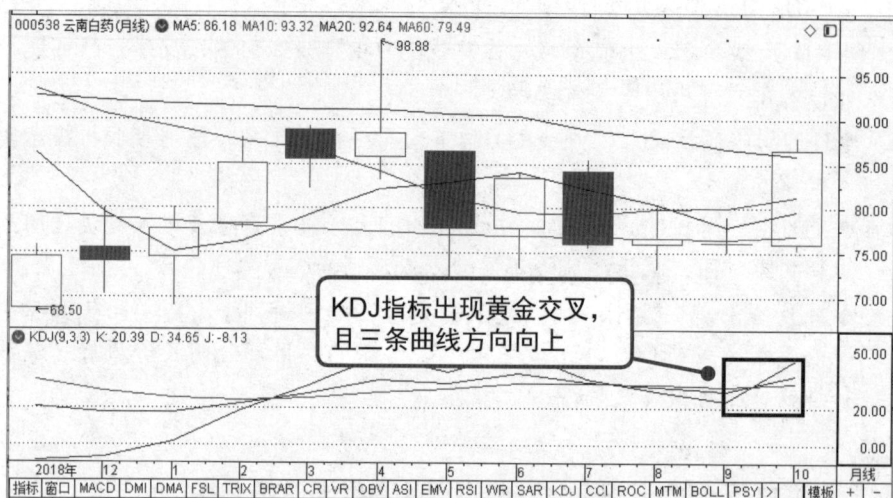

图7-7 云南白药KDJ指标月线图

在稍后的周线走势图中，投资者可明显看到KDJ曲线出现第二次金叉后，股价持续上涨，且上涨幅度不小，如果投资者能抓住这一波涨势将获利颇丰，如图7-8所示。

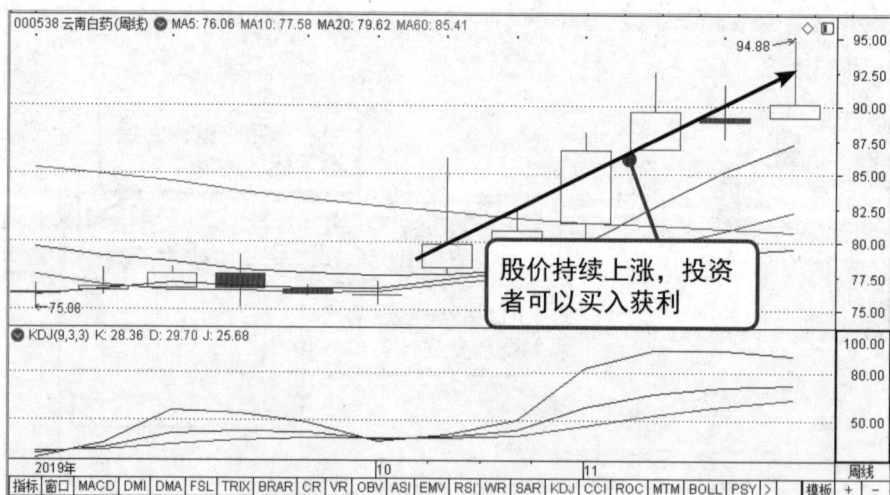

图7-8 云南白药后市上涨图

从上图中可以看到在十字星反转信号之后，K线就开始逐渐突破均线，上涨趋势越发明显。可见，KDJ指标的周线、月线周期共振与K线指标互相配合，这样做出的判断更加准确。

> **TIPS** | *修改KDJ指标参数观察中长线* | 🔍
>
> KDJ指标是一个更适宜于进行短线交易的分析工具，投资者还可以选择通过修改其参数值，使其更适宜于周线和月线这种中长期的时间周期分析。例如，将其参数增加为28（21），8，5。

7.2.2
日线与周线的共振

股票的周线代表了价格的中期趋势，与KDJ指标常规参数9相呼应，因而观察周线较为有效，将KDJ指标的日线与周线相结合，能更准确地判断股票走势。

KDJ指标周线与月线共振确认买卖点，有以下要素可供参考。

◆KDJ指标出现日线、周线低位金叉共振是买进信号。

◆KDJ出现日线、周线高位死叉共振是卖出信号。

◆KDJ日线出现金叉，但周线KDJ指标曲线向下，短期反弹可能性较大，只可用少量资金参与。

◆KDJ指标日线、周线的J值大于80，意味着进入超买区间周期共振，同样提示高风险不宜介入或应清仓。

◆若股价出现与日、周KDJ曲线出现了顶、底背离的共振，说明股价原有走势被打破，即将出现变盘。

通过KDJ指标日线与周线的周期共振选买入点有两种方法，下面分别进行详解讲解。

1.日线与周线金叉共振买入

日线与周线的金叉共振并不是指两者同时出现金叉，由于日线KDJ的变化速度比周线KDJ快，通常日线KDJ会提前于周线KDJ出现金叉。那怎样才能确认共振形成，买点出现呢？

要想运用KDJ指标日线与周线共振确认买卖点，需要达成一些条件，有以下买点要素可供参考。

◆股价收于阳线，且高于5日均线。

◆KDJ指标出现日线低位金叉，金叉之后3条曲线明显走势向上更佳。

◆KDJ指标出现周线金叉共振。该金叉可延后出现，但间隔时间尽量不超过五日。

◆KDJ指标出现金叉时伴随放量，买点更为确定。

TIPS 若多指标共振买点更为确定 🔍

　　KDJ指标出现金叉共振时，若MACD指标在相近的时间周期内也出现金叉，则该买入点更为确定。

分析实例 风华高科（000636）——日线与周线金叉共振的买点

　　风华高科2019年10月至12月的周K线图如图7-9所示。从图中可看到该股前期连续收于阴线，在一阵下跌走势之后出现了低位黄金交叉，同时K线也出现了预示反转的十字星，之后该股票开始出现放量上涨，与此同时，KDJ在20线下出现黄金交叉。随后风华高科连续收于阳线，股价向上突破了几根均线。投资者可意识到该股买点就在眼前，只是还需进一步的确认。

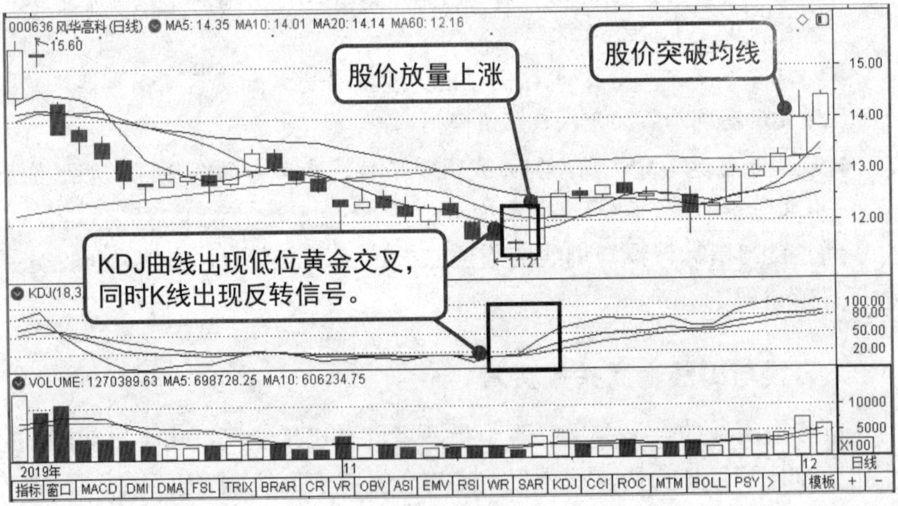

图7-9 风华高科KDJ指标日线图

　　从下图中风华高科的KDJ指标周线图中可以看到在11月末，与日线图相近的位置，周线同样也出现了黄金交叉，两者达成了KDJ指标的周期共振，预示买入，投资者可以抓住这种时机建仓或增仓，如图7-10所示。

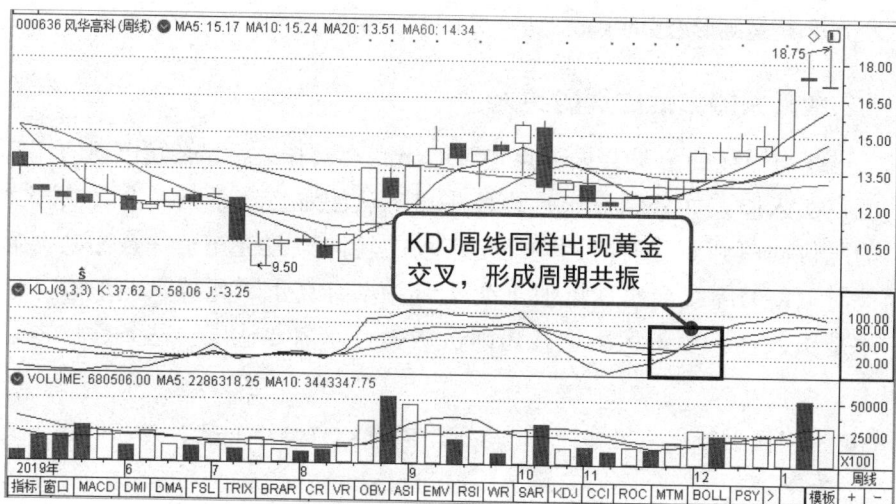

图7-10 风华高科KDJ指标周线图

在稍后的日线走势图中，投资者可明显看到KDJ曲线在出现金叉共振后，股价出现了小幅回调，但股价整体持续上涨，且上涨幅度不小，如果投资者能抓住这一波涨势将获利颇丰，如图7-11所示。

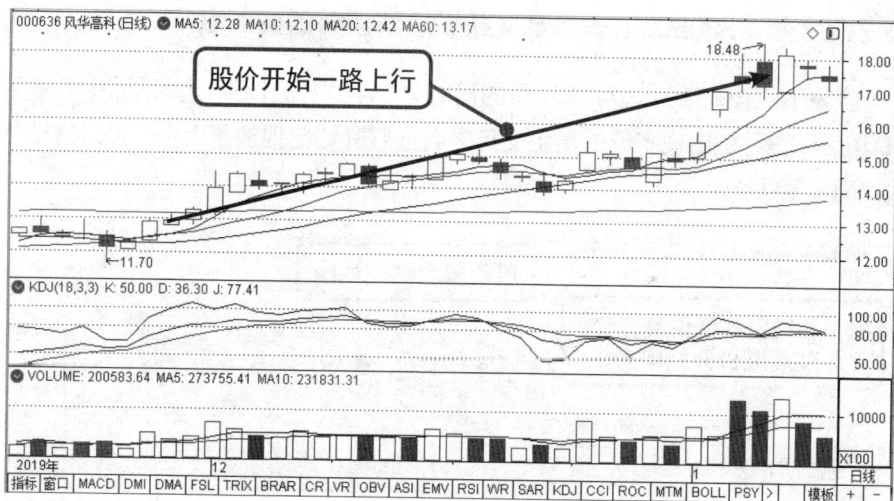

图7-11 风华高科后市上涨图

从这个例子中可以发现当周线KDJ金叉时，日线KDJ已提前了几日出现金叉，自然股价也已经上升了一段时日，若等到双金叉共振之后再买入，成本较高，若投资者愿意承担风险，可提前买入。提前量买入需满足更充分的条件，例如周线K、J两线需上行出现金叉的预兆，日线金叉时需是放量阳线，当天成交量若大于5日均量则形态更明确。

2.金叉共振之后回调时买入

日线与周线的金叉共振买点也可能出现在共振之后，K线出现回调时的低点买入股票能获利更丰，这种买点确认的难点在于判断金叉共振之后的股价回落到底是暂时回调还是市场的转向。关键在于，金叉共振后回调时，KDJ周线会出现近似于死叉但并没有真正"死掉"的形态，这样才是买入点。要想运用这技巧确认买卖点，需要达成一些条件，内容如下。

◆股价收于阳线，且高于5日均线。同时KDJ指标出现日线、周线金叉共振。

◆KDJ指标出现周线金叉后，K曲线出现回调将要下穿D线时，受到支撑又再次反转上升。

◆KDJ周线出现回调时，KDJ日线出现金叉。

◆KDJ指标日线出现金叉时伴随放量，买点更为确定。

分析实例 金太阳（300606）——金叉共振后回调时的买入点

金太阳股票2019年8月至11月的日K线走势如图7-12所示。从图中可看到KDJ指标在9月初出现了低位黄金交叉之后该股开始出现放量上涨，KDJ指标曲线呈现震荡状态。

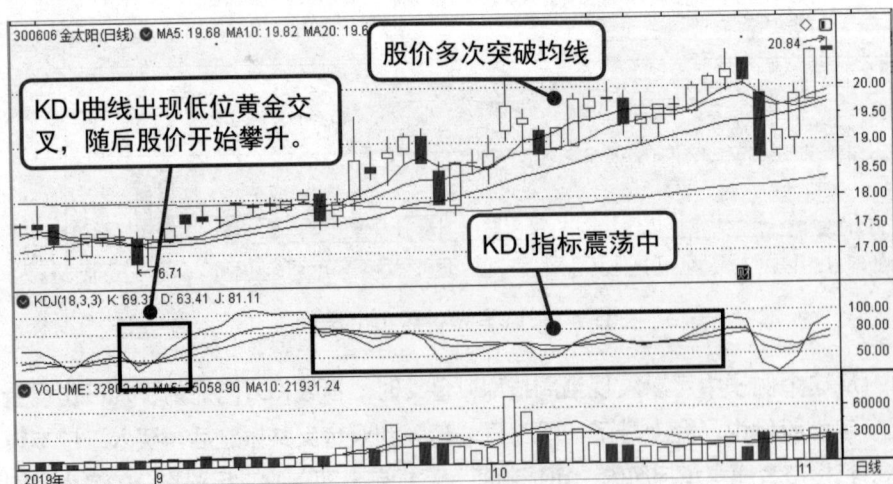

图7-12 金太阳KDJ指标日线图

投资者可意识到该股买点就在眼前，只是还需进一步确认，从下图金太阳的KDJ指标周线图中可以看到，9月初与日线图相近的位置，周线同样也出现了黄金交叉，两者达成了KDJ指标的周期共振，预示买入。之后，KDJ曲线出现的短暂的回调，表现出死叉不死的状态，投资者可以抓住这种时机建仓或增仓，如图7-13所示。

图7-13 金太阳KDJ指标周线图

在后来的日线走势图中，投资者可明显看到该股整体股价持续上涨，且上涨幅度不小，如果投资者能抓住这一波涨势将获利颇丰，如图7-14所示。

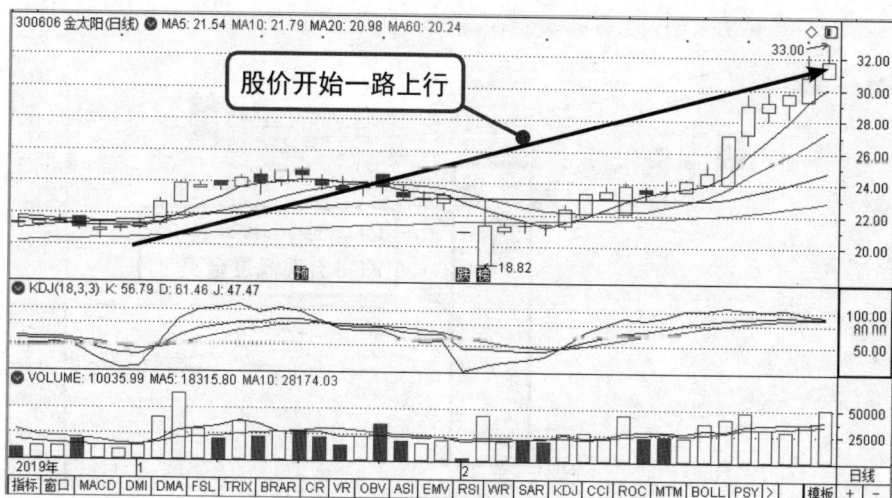

图7-14 金太阳后市上涨走势

7.2.3

30分钟与60分钟的共振

有些投资者希望能在更短的时间里、更快地进行股票交易获利，即短线炒股，则可以采用KDJ指标的30分钟和60分钟短周期共振的方式寻找买卖点。下面就分别详细讲解通过KDJ指标短周期共振选买卖点的方法。

1.短线金叉共振买入

KDJ指标的30分钟和60分钟金叉共振可以确定买点，而要达到短线金叉共振的条件需具有以下要点。

◆ 出现金叉时，30分钟和60分钟的KDJ指标曲线需要位于20线之下，或接近20线，低位金叉更具有操作预示意义。

◆ 金叉出现的时间一致或尽可能相近，买点更确定。

◆ 若KDJ指标短线出现金叉时，日线同时出现金叉，买点更确定。

分析实例 红塔证券（601236）——短线金叉共振确定买点

红塔证券股票2020年2月27日至3月4日的30分钟K线图如图7-15所示。从图中可看到该股票在2月28日15:00出现了预示反转的K线锤头形态，次日KDJ指标曲线出现了低位金叉，之后三条曲线集体走势向上，K线也出现了连续阳线，渐渐跃于均线之上，这种种迹象都表明买入信号。

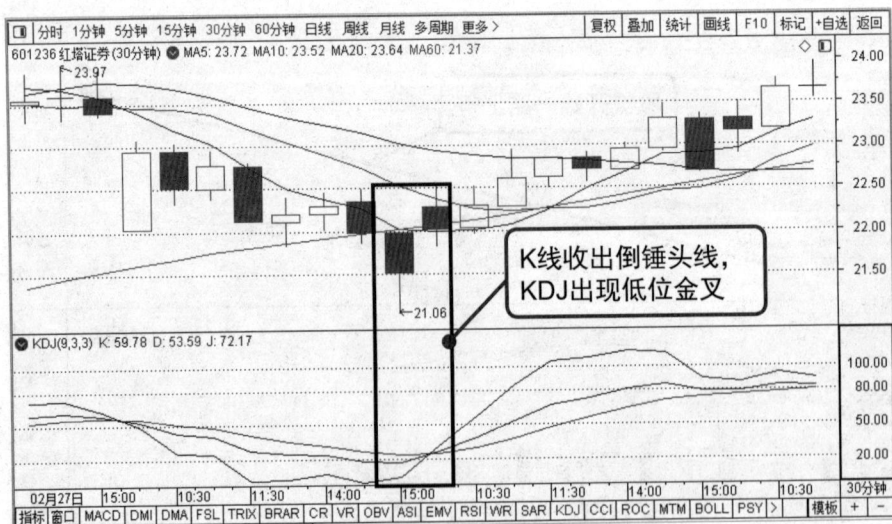

图7-15 红塔证券KDJ指标30分钟K线图

该股买点就在眼前，只是还需进一步的确认，从下图红塔证券的KDJ指标60分钟图中可以在同一时间此处也出现了黄金交叉，两者达成了KDJ指标的短线周期共振，预示买入。同时，K线也出现了预示反转的十字星信号，买入点确定，投资者可以抓住这种时机建仓或增仓，如图7-16所示。

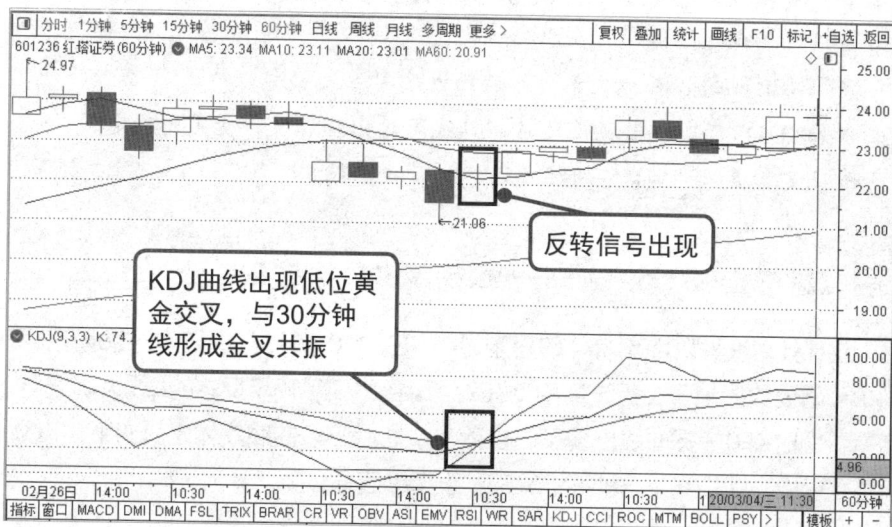

图7-16 红塔证券KDJ指标60分钟图

在稍后的30分钟线走势图中，投资者可明显看到该股股价整体持续上涨，且上涨幅度不小，如果投资者能抓住这一波涨势将短线获利，如图7-17所示。

图7-17 红塔证券后市上涨图

2.短线死叉共振卖出

与确认买入点相对应的，KDJ指标的30分钟和60分钟死叉共振确定卖出点，而要达到短线死叉共振的条件需具有以下要点。

◆ 出现死叉时，30分钟和60分钟的KDJ指标曲线需要位于80线之下，或接近80线，高位死叉卖点更确定。

◆ 死叉出现的时间一致或尽可能相近，卖点更确定。

◆ 若KDJ指标短线出现死叉时，日线同时出现死叉，卖点更确定。

◆ 死叉共振时伴随K线的跌破均线，卖点更确定。

分析实例 **立昂技术（300603）——短线死叉共振确定卖点**

立昂技术股票2020年2月19日至2月25日的30分钟K线图如图7-18所示。从图中可看到该股处于上行走势中，在2月24日出现了预示反转的K线大阴线与十字星，同时KDJ指标曲线出现了高位死叉，之后三条曲线集体走势向下，K线也渐渐跌破中短期均线，这种种迹象都属于卖出信号。

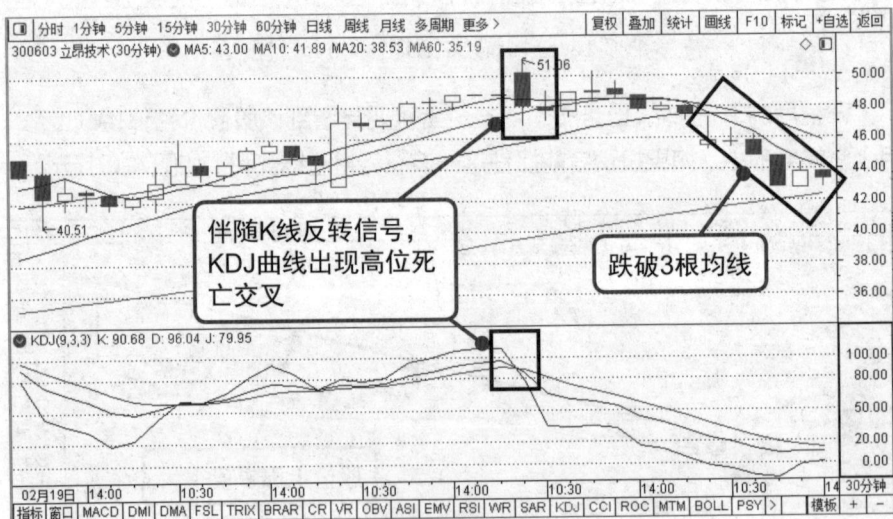

图7-18 立昂技术KDJ指标30分钟图

该股卖出点就在眼前，只是还需进一步的确认。从下图立昂技术的KDJ指标60分钟图中可以在同一时间此处也出现了高位死亡交叉，两者达成了KDJ指标的短线周期共振，并且KDJ曲线三条线均为向下趋势，卖出点确定，投资者可抛售该股，如图7-19所示。

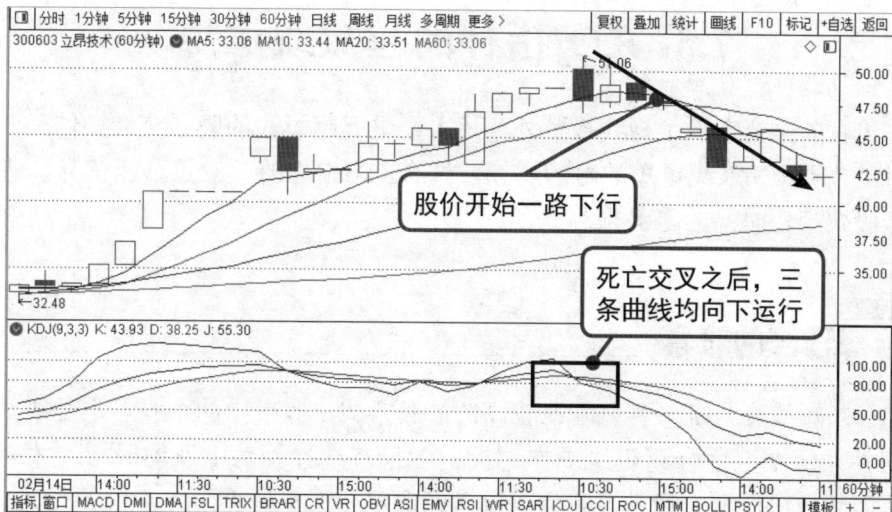

图7-19 立昂技术KDJ指标60分钟图

在稍后的30分钟线走势图中，投资者可明显看到该股整体价持续下跌，跌幅较大，但随后不久该股就出现了低位黄金交叉，预示买点出现，如果投资者能抓住这一波走势，即可短线获利，如图7-20所示。

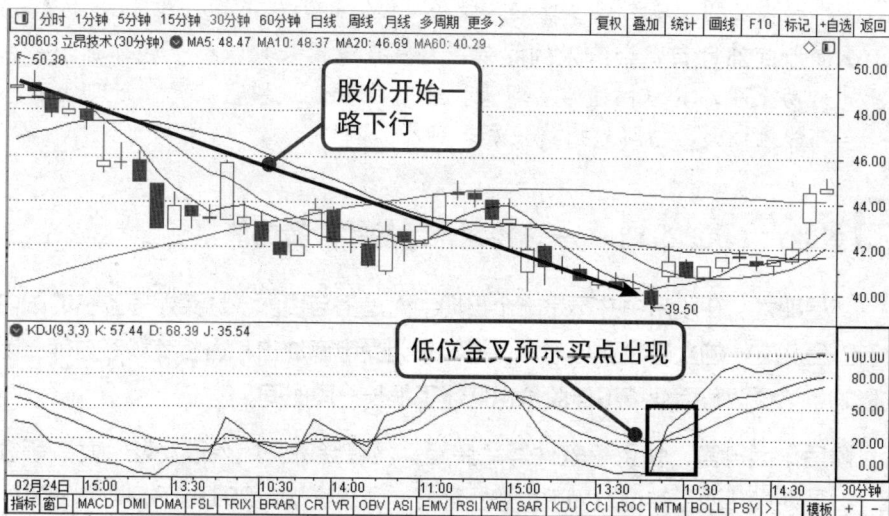

图7-20 立昂技术后市下跌图

投资者在运用KDJ指标的30分钟与60分钟短线周期共振寻找买卖点时，如果能配合成交量指标和MACD平滑线指标综合做出判断，则更为精确可靠。

7.3 KDJ指标的超短线运用

有的投资者除了短线投资外，还希望进行超短线的股票交易操作，这时就需要研究K线更短的时间周期，结合KDJ指标的买卖点预示信号，进行股票超短时间的走势预测。

7.3.1
选择适合的股票

超短线交易是一种风险比较高的炒股方式，股市中的个股多不胜数，但并非每个都适合超短线操作，投资者只有选择强势上涨的股票，才有可能超短线获利。通常，我们可以考虑选择如下几种股票。

- ◆ **热点板块的龙头股**：热点板块会有大量资金流入，通常该板块所属股票会启动一波上涨行情。龙头股更是上涨急先锋，领头军，选择它们更易于获利。

- ◆ **具有炒作题材的股票**：股市中有不少股票业绩一般，但具有炒作理由，具有炒作的空间，资金就会炒作使其股价上涨。短线投资者可以跟随资金的足迹选择炒作题材股票，但需特别注意其风险性。

- ◆ **横盘底部且有资金流入的股票**：当一只股票长期盘整于底部时，一旦启动上涨，其涨幅通常会很大。当有资金流入横盘股时，近期上涨的可能性极大，值得超短线投资者买入。

分析实例 **星期六（002291）——选择适合超短线投资的股票**

"星期六"在股市中并不是一个日期，而是指与百丽、达芙妮等齐名的国内女鞋五巨头之一的女鞋企业星期六。近年来因受电商冲击和百货商场衰退等原因的影响，该企业曾因业绩不佳股价也低迷了很长一段时间。

随后，因抖音、快手等软件异军突起，网红经济开始入侵女鞋、女装等领域，"星期六"通过转型时尚IP生态圈等方式寻求突破。2019年3月收购遥望网络公司，该公司主营业务是以经纪模式为主帮助视频达人变现。同时，大火的网红概念也成为A股的热点。

2019年末，坊间传闻"星期六"公司间接控股了著名网红，知名美食视频博主李某所属公司"**文化"，在热点和题材炒作的双重作用下，我们可以看到"星期六"2019年8月至12月的日K线图如图7-21所示。在经过前期较长一段时

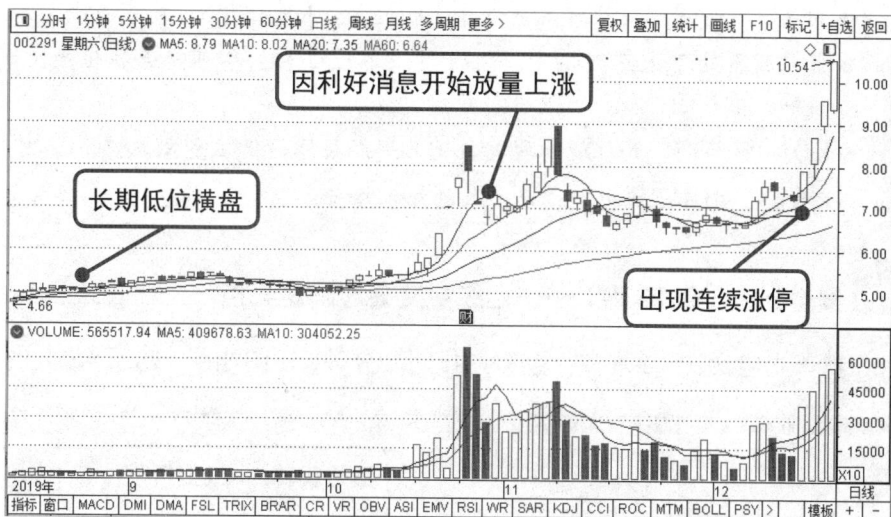

间的低位横盘之后，该股票因财务报表利好消息的公布以及操作资金的流入，走势开始上涨，股价出现放量拉升。当12月初央视点赞李某之后，星期六的股价开始连续涨停。投资者应意识到，这种就是符合短线操作的题材股，龙头股，需果断下手伺机买入。

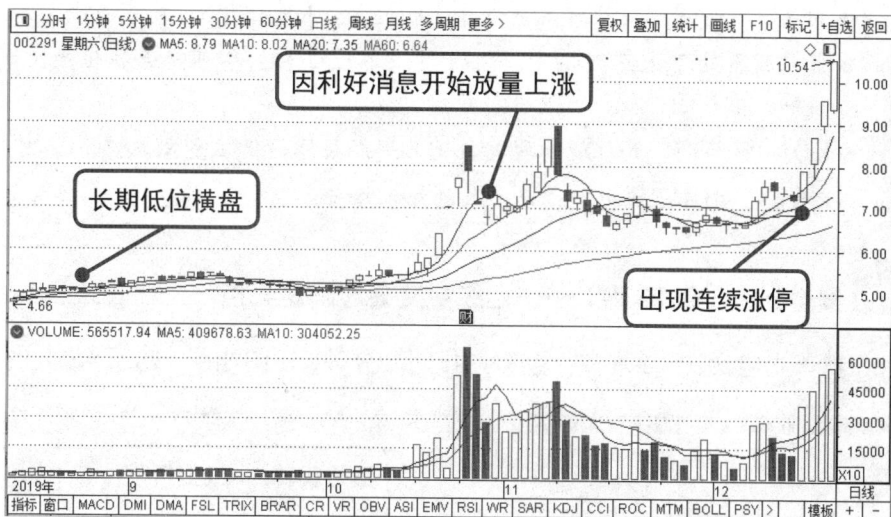

图7-21 横盘后开始上涨的股票

短短数日间，该股股价从10元价位线下方飙升至35元附近，如图7-22所示。投资者若能及时抓住时机建仓，必能获利颇丰。

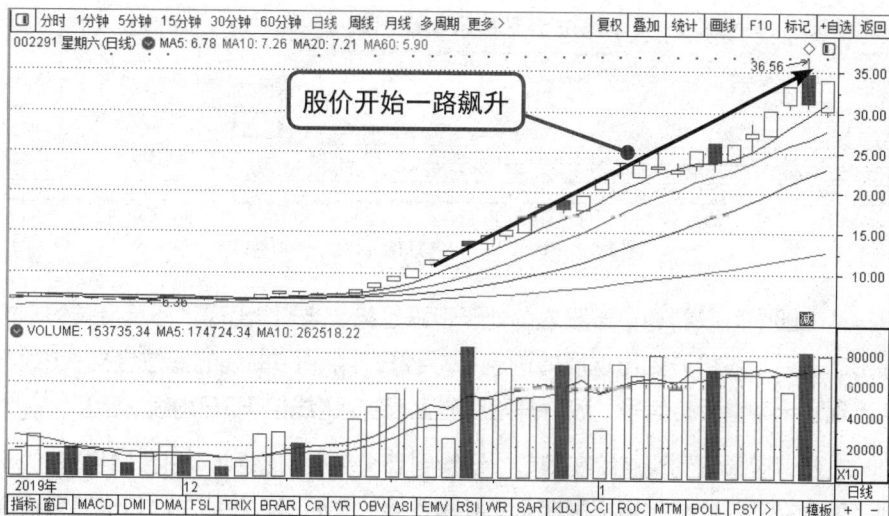

图7-22 暴涨的星期六股票

7.3.2

3日超短线抓住买入时机

所谓3日超短线是指在3日内完成股票的买卖交易操作。超短线风险极大，因而投资者需要仔细挑选目标股票，操作要点如下所示。

◆ 购入股票时需确定此时大盘处于上行趋势，K线位于5日均线之上。

◆ 当前股票处于上涨行情中，上涨时间不应过长。尽可能选择位于上涨前期、中期的个股，避免高位接盘。

◆ KDJ指标与15、30日线出现黄金交叉周期共振，低位金叉最佳。

◆ K线15、30日走势出现预示买入的技术指标。

分析实例 奥普光电（002338）——短线金叉共振确定买点

奥普光电2020年2月27日至3月2日的30分钟K线图如图7-23所示。

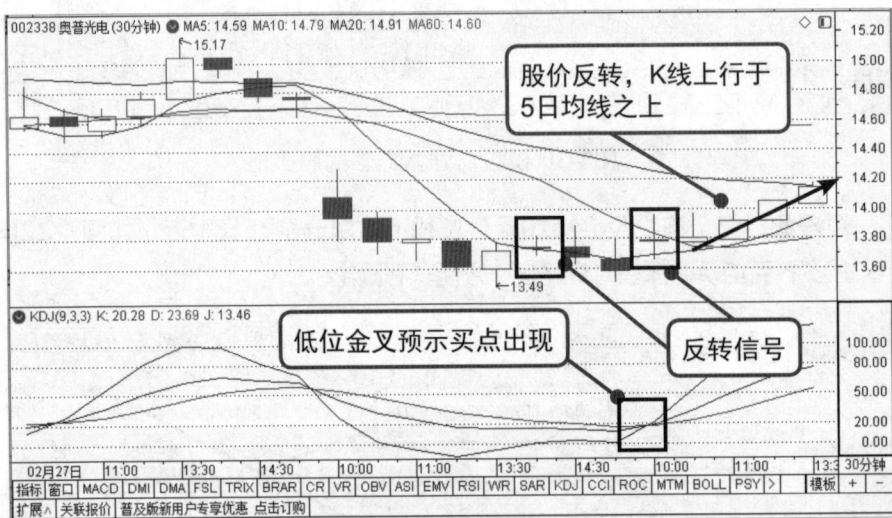

图7-23 奥普光电KDJ指标30分钟图

从上图中可以看到，该股之前处于下跌趋势，当K线出现了预示反转的十字星形态之后，股价开始出现反转迹象，3月2日伴随KDJ曲线的低位金叉，K线再次出现了十字星反转信号，股价开始明显上行，且K线位于5日均线之上。

投资者应意识到买点就在眼前，切换到15分钟图可看到KDJ指标3月3日也出现了黄金交叉，达成了指标周期金叉共振条件，立即买入股票，次日或隔日择高点抛售，即可超短线获利，如图7-24所示。

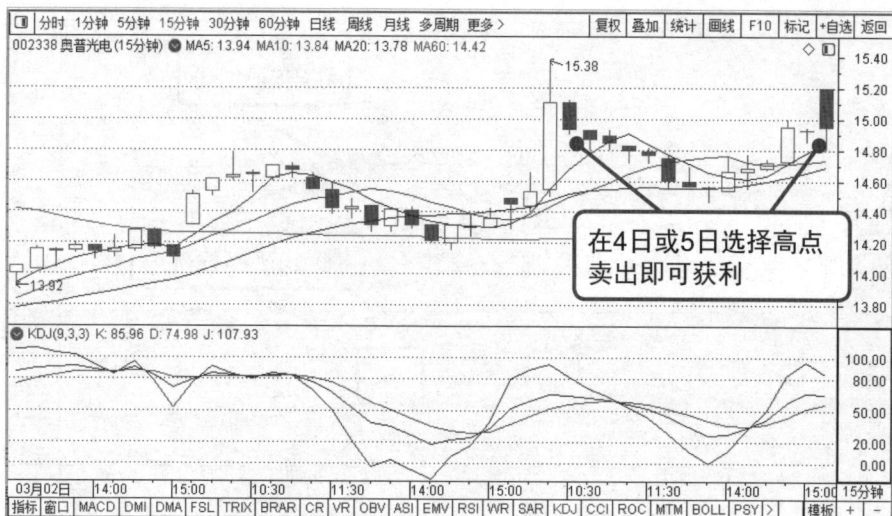

图7-24 奥普光电KDJ指标15分钟图

7.3.3
3日超短线抓住卖出时机

要想超短线获利,投资者需要抓住时机在高点卖出,这种机会往往转瞬即逝,怎样才能不错过机遇呢?当投资者在遇到如下情况时,可以选择伺机售出股票。

◆ 达到预期盈利目标或跌至预设止损位,立刻抛售。

◆ 3日时限一到就择高抛售。

◆ 出现放量滞涨需抛售。

◆ KDJ指标15、30日线出现死亡交叉周期共振需抛售。

◆ K线15、30日走势出现预示卖出的技术指标形态需抛售。

◆ K线跌破5日均线需抛售。

分析实例 奥普光电(002338)——短线死叉共振确定卖点

奥普光电股票2020年3月2至3月4日的30分钟K线图如图7-25所示。从图中可以看到,该股于3月2日上涨之后3月3日KDJ就出现了死亡交叉,K线逐渐跌破5日均线,这意味着卖出信号到来。次日股价突然拉高时就应抛出股票,以避免遭受损失。

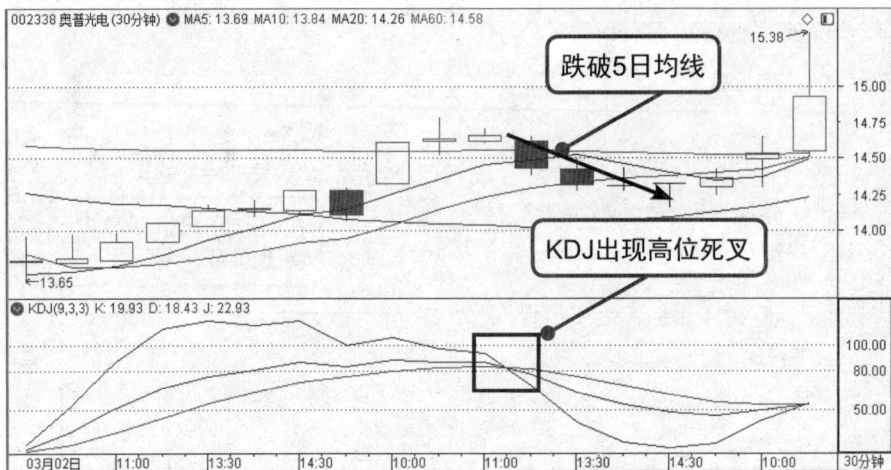

图7-25 奥普光电KDJ指标30分钟图

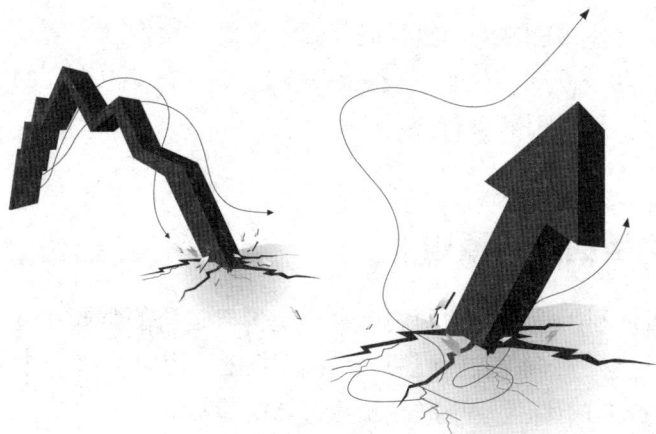

第8章

KDJ指标在实战中的研判策略

通过前文各个章节的学习，我们了解了KDJ指标曲线的基本
概念、指标运用方法以及买卖点的筛选等信息。将这些内容综合
起来，就能在炒股实战中找到最实用的、最适合自己的各种研判
策略，以便能更胸有成竹。

8.1 了解KDJ指标中的买卖原则

投资者要想使用KDJ指标曲线进行股票交易买卖实战，需要了解该指标在交易中的几个原则。只有当投资者对KDJ指标有了更全面的了解和认识，才能更灵活地运用其进行交易。

8.1.1 KDJ指标运用的顺势原则

KDJ指标是利用价格波动的波幅来反映价格走势的强弱和超买超卖现象，其本质上是一个随机波动的过程，因而在运用时会有一个顺势的原则，即在进行KDJ指标的运用时应顺应市场的趋势。

投资者能够确信的KDJ指标买卖信号，应当和市场趋势的运行方向达成一致。即上升趋势里面出现的KDJ买入信号，或者是下行趋势中出现的KDJ卖出信号准确度高。如果趋势相反，则需要更多的其他指标的交易信号进行辅助确认。

> **TIPS** *KDJ指标的局限性* 🔍
>
> 有时，股价处于某种趋势中，但短期波动剧烈或者瞬间行情幅度太大时，KDJ指标可能会发出错误信号，KDJ值容易高位钝化或低位钝化。即KDJ指标不太适用于高投机性的个股。
>
> 当股市行情处于极强或极弱的单边市场中时，日KDJ指标曲线常常会出现钝化，这时应改用MACD等中长期指标进行技术分析；当股价短期波动剧烈，日KDJ指标曲线反应滞后时，应改用ROC等指标进行技术分析。

分析实例 游族网络（002174）——上升趋势中的买入信号

图8-1为游族网络2019年10月至12月的日K线图。从图中可以看到，股价下跌至14.5元附近时企稳，随后逐渐上升。

从12月初开始，游族网络的K线图形逐渐跃于均线之上，连续走出阳线，且三条均线都开始齐头向上。可见，该股票处于明显的上行趋势中。

同时，投资者可以看到该股票的KDJ指标曲线出现了低位黄金交叉，在短暂的回调之后又出现了中位黄金交叉。

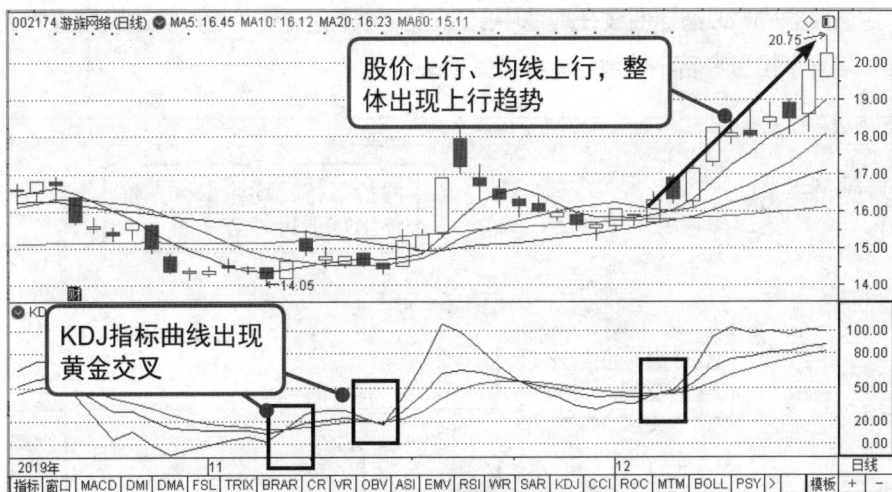

图8-1 上行趋势中的买入信号

因黄金交叉都处于个股的上行趋势中，可以确认买入信号，投资者可以及时建仓或增仓。后市如预测一样，股价持续攀升，投资者若能及时抓住买入时机，即可获利，如图8-2所示。

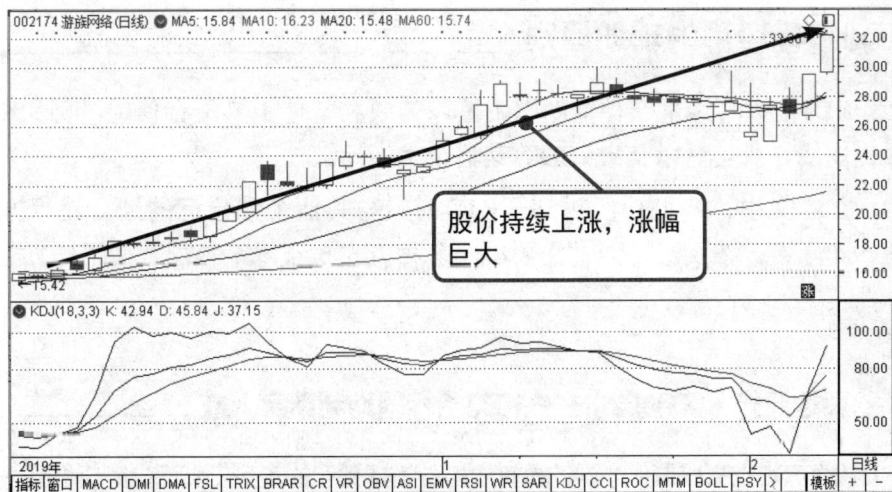

图8-2 买入股票即可获利

与之相反的，图8-3为游族网络2019年3月至8月的日K线图。从图中可以看到，游族网络K线持续下跌，均线也为齐头下行，说明该股票处于明显的下行趋势中。

该股票的KDJ指标曲线在震荡中出现过多次黄金交叉，但其实这只是虚假的买入信号，投资者若不慎建仓，将遭受损失。

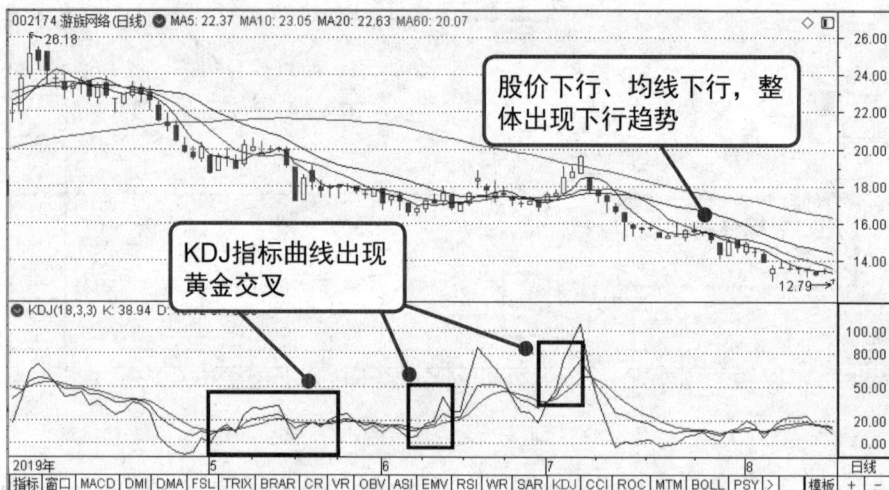

图8-3　下行趋势中的黄金交叉

8.1.2
KDJ指标运用的辅助原则

KDJ指标其实是一种辅助型工具，需要和其他工具配合使用，例如K线、均线、成交量以及MACD等其他技术指标。

在前文中，我们曾经讲解了KDJ指标与其他个别指标的结合使用方法，实际上，在实战中通常需要综合多种方式与技术工具配合使用KDJ指标曲线。

分析实例 泰达股份（000652）——KDJ指标辅助判断买入点

投资者在选择股票时，看的是其中各种指标预示的走势，然而走势仅仅是一种外在的体现，若我们需要了解个股为什么表现涨跌，则需要研究更多的信息。例如，基本面的价值挖掘、消息推动市场资金涌入或者庄家刻意的操作拉升等都是可能导致某只股票走势上升的原因。

基本面是指对宏观经济、行业和公司基本情况的分析，包括宏观经济运行态势和上市公司基本情况，即公司经营理念策略、公司报表的分析等。投资者选股时，可先从基本面入手，先根据宏观的国家政策、经济形势，从行业板块或概念板块中筛选目标股票。

例如，2020年，一场突如其来的肺炎疾病疫情对我国乃至世界都产生了极大的影响。在此背景下，医药类相关板块成为资本市场上的大热点，股价一路突飞猛进。因而，投资者可以从炒股软件的板块菜单中选择对应目标，如图8-4所示。

煤炭	家居用品	公共交通	电商概念	央企改革	数字货币
电力	医药	水务	网红经济	国资驰援	债转股
石油	商业连锁	供气供热	网贷概念	虚拟现实	人工智能
钢铁	商贸代理	环境保护	民营银行	特钢	租购同权
有色	传媒娱乐	运输服务	民营医院	钛金属	工业互联
化纤	广告包装	仓储物流	油价改革	氟概念	知识产权
化工	文教休闲	交通设施	特高压	磷概念	工业大麻
建材	酒店餐饮	银行	智能电网	无人机	透明工厂
造纸	旅游	证券	智能穿戴	PPP模式	人造肉
矿物制品	航空	保险	智能交通	新零售	种业
日用化工	船舶	多元金融	智能机器	跨境电商	操作系统
农林牧渔	运输设备	建筑	智能家居	量子通信	光刻机
纺织服饰	通用机械	房地产	智能电视	无人驾驶	分拆预期
食品饮料	工业机械	IT设备	智能医疗	ETC概念	远程办公
酿酒	电气设备	通信设备	智慧城市	胎压监测	✓ 口罩防护
家用电器	工程机械	半导体	超导概念	OLED概念	医废处理
汽车类	电器仪表	元器件	在线教育	超清视频	虫害防治
医疗保健	电信运营	软件服务	职业教育	区块链	超级电容

图8-4 选择热门行业或概念题材

然而，该行业相关企业有很多，如图8-5所示，究竟该选哪一个呢？

这时通过了解和观察，可以发现有不少科普文章介绍泡沫口罩、棉布口罩对新冠病毒不起作用，因为它们缺少医用口罩最重要的部件——熔喷过滤层。

在初步了解了各个企业之后，我们可以发现泰达股份的全资子公司泰达洁净是国内知名的口罩过滤材料生产企业，为全球多家口罩制造商提供核心材料。

它不仅是国内最早涉足洁净过滤材料生产厂家之一，也是《日常防护型口罩技术规范》的主要编制单位。目标个股由此确定。

▼指	代码	名称		涨幅%	现价	涨跌	量比	买价	细分行业	卖价	总量	现量 ?
1	000078	海王生物	R	-7.10	5.89	-0.45	1.19	5.89	医药商业	5.90	270.7万	23224
2	000158	常山北明	R	4.92	12.38	0.58	0.73	12.38	软件服务	12.39	122.7万	14241
3	000420	吉林化纤		9.93	3.21	0.29	4.89	3.21	化纤	—	325.2万	1275
4	000615	京汉股份		3.01	4.11	0.12	0.95	4.10	全国地产	4.11	228288	2629
5	000650	仁和药业	R	-4.62	7.44	-0.36	1.03	7.44	中成药	7.45	972018	10790
6	000652	泰达股份	R	-5.98	13.06	-0.83	1.27	13.06	批发业	13.07	437.0万	34745
7	000821	京山轻机		1.4					轻工机械	7.21	222945	4036
8	000850	华茂股份	R	-6.04					纺织	4.83	695789	5783
9	000911	*ST南糖		-4.96					食品	7.67	66595	477
10	000928	中钢国际	R	1.02					建筑工程	4.94	295174	3599
11	000949	新乡化纤		-7.46	4.84	-0.39	1.50	4.84	化纤	4.85	153.3万	17696
12	000955	欣龙控股		-5.91	13.21	-0.83	1.53	13.21	纺织	13.22	207.4万	16761
13	000963	华东医药	R	0.25	20.07	0.05	0.81	20.07	化学制药	20.08	182943	1259
14	000973	佛塑科技	R	-2.11	6.04	-0.13	1.01	6.04	塑料	6.05	104.2万	6929
15	000999	华润三九	R	-3.28	32.78	-1.11	1.40	32.78	中成药	32.79	123842	1167
16	002003	伟星股份		0.00	6.55	0.00	1.18	6.55	服饰	6.56	123706	3043
17	002006	精功科技		-4.61	5.38	-0.26	1.15	5.37	专用机械	5.38	309958	5057
18	002080	中材科技	R	0.44	13.61	0.06	1.17	13.61	化纤	13.62	271610	5352

知名口罩滤材生产企业

图8-5 从行业中筛选个股

图8-6为泰达股份2019年12月至2020年1月的日K线图。从图中可以看到，泰达股份经过前期的低位横盘后，K线图形在1月20日跃过均线出现了放量涨停，KDJ指标出现黄金交叉。

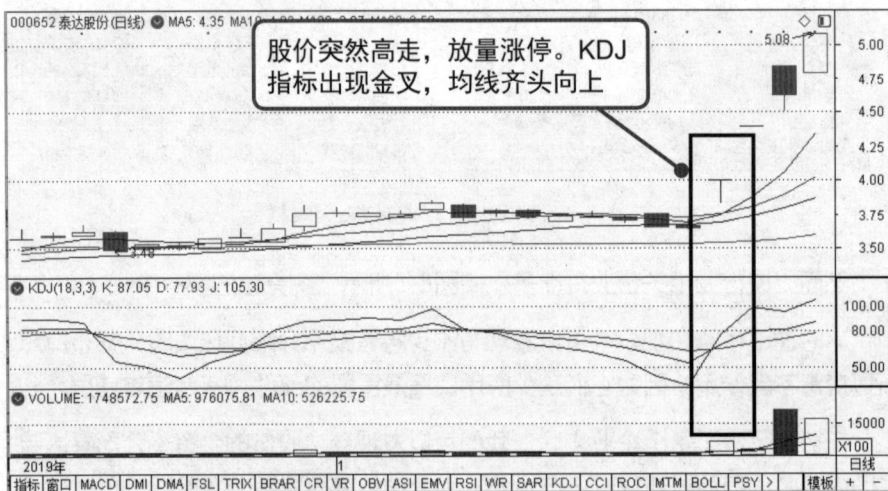

图8-6 泰达股份出现买入迹象

次日该股又跳空高开封涨停板，之后该股股价连续暴涨，直至春节休市。种种技术指标都预示了该股的买入信号出现，然而KDJ指标并非很靠谱的低位金叉，那么该股票值得买入吗？答案绝对是肯定的。

年后开市首周，泰达股份连续数日涨停。同时，医药股5天201次涨停，医疗器械子板块涨幅高达10.61%，预示着2020年我国医疗健康行业或将迎来新一轮投资高潮。

　　泰达股份当之无愧属于这种强势行情中的优质股票，尽管曾出现预示卖出的高位死叉，但不影响其在短暂的回调后继续涨势如虹，如图8-7所示，如果投资者能及时建仓并持有一段时间，必能获利颇丰。

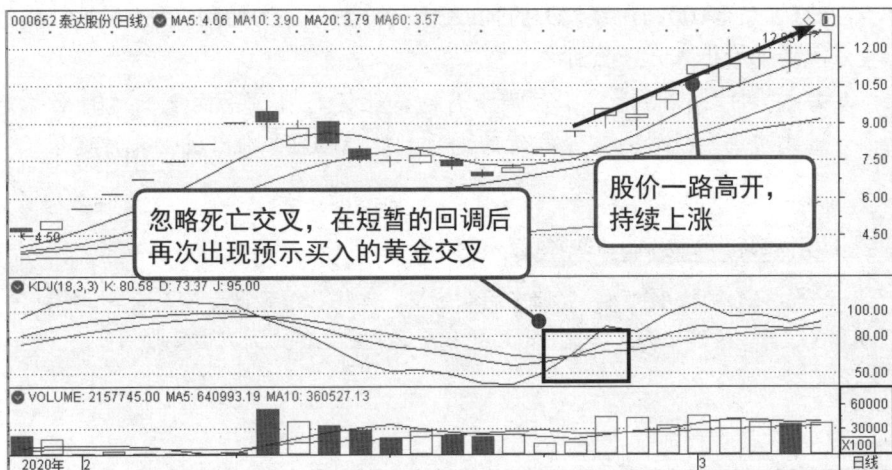

图8-7　泰达股份后市暴涨

8.1.3 KDJ指标运用的配合原则

　　虽然KDJ是短线指标，反应灵敏，但如果使用周线、月线则可以发掘长期趋势的方向。所以，投资者在实战中应将周线、月线的KDJ指标和日线进行配合使用，这样才能判断清楚股价走势。

　　在上一章中我们讲过周线与月线，日线与周线分别出现的周期共振。本节则综合介绍其相关买卖技巧，内容如下。

　　◆月线、周线、日线KDJ低位金叉共振是绝佳买入时机。如果选定的目标个股日线KDJ指标的D值小于20，KDJ形成低位金叉，而此时周线KDJ的J值在20以下向上金叉KD值，或在强势区向上运动；同时月线KDJ也在低中位运行，且方向朝上，可坚决买进。

　　◆月线、周线、日线KDJ指标曲线高位运行可能出现调整，不宜介入。如果选定的目标股日线KDJ指标金叉，而周线J值在90以上，月线J值在80以上运行，这时短线介入风险较大，不宜介入。

◆ KDJ指标日线出现金叉，同时周线KDJ向上，但月线KDJ向下，属于反弹行情，只能少量参与。

◆ KDJ指标日线出现金叉，周线KDJ的运行方向朝下，而月线KDJ的运行方向朝上，则此时股价可能处于庄家洗盘，或主力刻意打压的行情中，投资者可等周线KDJ方向反转后介入。

◆ 月线、周线、日线KDJ指标曲线高位运行，例如选定的目标股日线KDJ的J值大于100，周线KDJ的J值大于90，月线KDJ的J大于80，此时股价回落风险很大，不宜介入。

◆ 若KDJ日线高位运行，但周、月线低位运行且方向向上，这时面临着短线回调，投资者需等股价回调后，日线KDJ再次出现金叉时建仓。

TIPS 周线背离后的日线金叉 🔍

周线KDJ中的KD两线底背离后的金叉，伴随日线金叉是买入信号。周线KD线底背离后的上升行情比没有底背离只是超卖后的上升力度要强得多。

分析实例 灵康药业（603669）——日、周、月线结合找买入信号

如图8-8所示为灵康药业2019年11月至2020年1月的日K线图，可以看到该股在低位震荡趋势中。12月30日KDJ出现了金叉，同时伴随放量价涨，次日K线出现了大阳线，逐步跃于均线之上，这种种迹象都说明该股值得投资者关注。

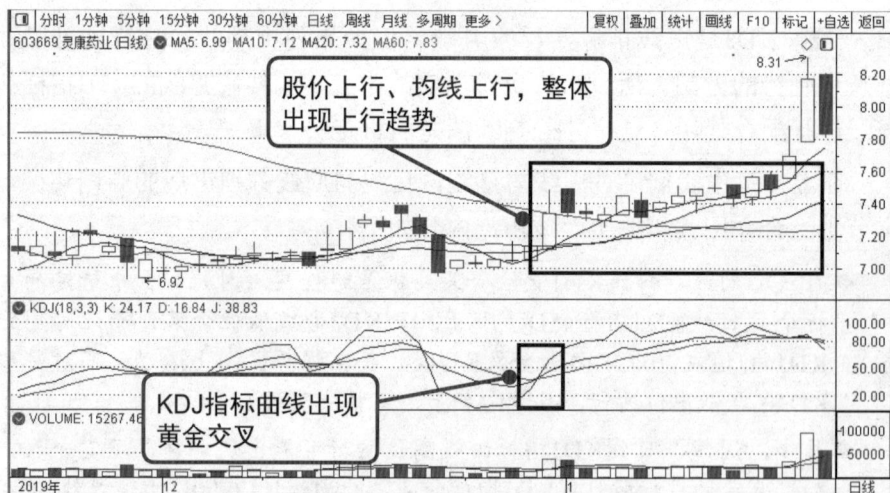

图8-8 灵康药业日线出现买入信号

切换到灵康药业的周线图，可以发现在日线KDJ指标出现黄金交叉之前，在12月中旬周线KDJ指标曲线已经出现了黄金交叉，两个指标发生了周期共振，且周线也属于中低位金叉，由此进一步确认买入信号，如图8-9所示。

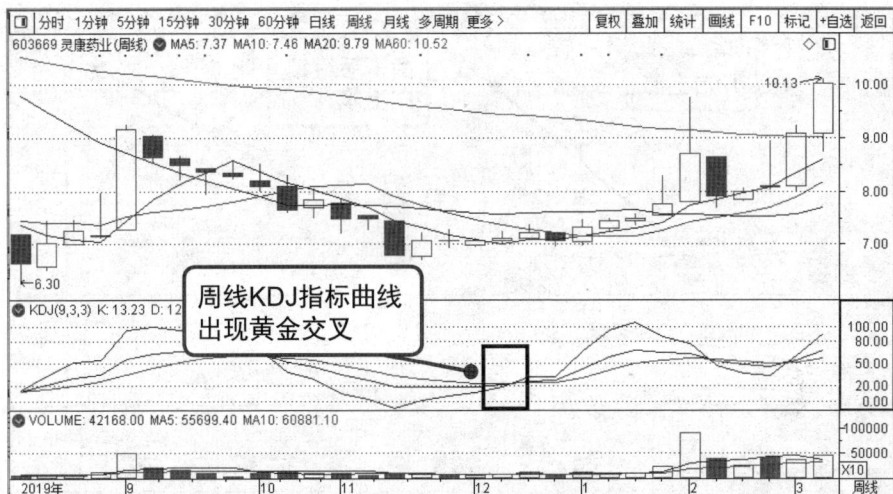

图8-9 灵康药业周线出现买入信号

切换到灵康药业的月线图，可以发现月线稍微滞后一点，在1月下旬才出现黄金交叉，但很明显的是在黄金交叉之后，KDJ指标的3条曲线齐头向上运行，如图8-10所示。由此可见，日、周、月三种KDJ指标曲线都确认了买点，投资者可果断入手灵康药业股票。

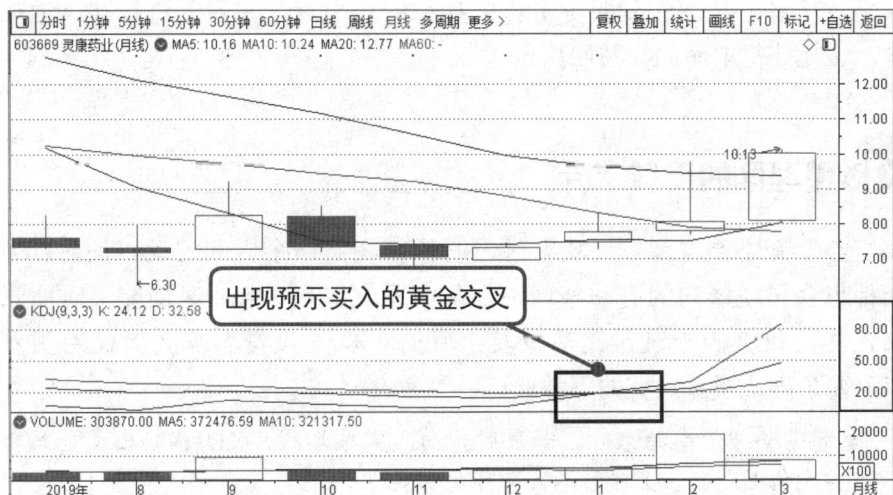

图8-10 灵康药业月线出现买入信号

从下图中可看到该股从1月中旬就开始表现上涨，连续收于阳线，虽期间有短暂回落，但股价很快止跌继续向上攀升，投资者抓住时机即可获利，如图8-11所示。

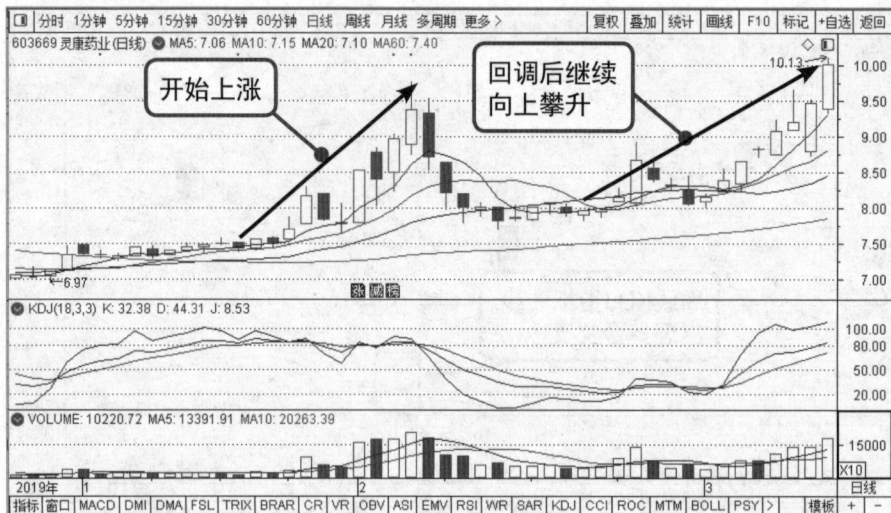

图8-11 灵康药业后市股价上涨

8.2 抓住KDJ指标中的交易时机

在实战中，投资者需要仔细分辨KDJ指标曲线显示出的交易信号，剔除无效信息，从而找到股价走势中存在的买卖点，并对其进行准确地把握，才能获得丰厚的收益回报。

8.2.1
突破整理区的反转上升

当股票处于震荡整理状态时，股价会在某一个区间波动，同时KDJ指标也会出现横向的震动整理，几条曲线交织在一起，时而交叉时而聚合，当股价突破整理区之后反转上升时，就是投资者需要抓住的买入点。要想确认买点，有如下条件可以参考。

◆震荡整理形态结束时，如果股价向上突破均线，KDJ指标出现金叉与3线向上发散等上涨形态，即可确认买点。

◆震荡整理中沿着KDJ指标曲线的高点与低点之间画出趋势线，当曲线K

向上突破趋势线时确认买点，若伴随放量价涨买入信号较强烈。

◆ 当K线趋势向上，KDJ曲线出现低位金叉且3条曲线均向上突破趋势时，买点确认。

TIPS 向下突破整理区确认卖点 🔍

突破整理区还有反过来的一种情况，当KDJ指标的曲线K向下突破趋势线时确认卖点，若伴随放量价跌则卖出信号较强烈。

分析实例 人民网（603000）——突破整理区反转中寻买入点 ●

人民网2019年4月底至8月底的日K线图如图8-12所示。在经过一段时间的盘整后，7月下旬K线多次连续收阴，股价下跌打破平衡，之后股价开始有了反转迹象。

从下图中可以看到人民网的K线在8月15号开始出现了预示反转的红三兵图形，同时伴随KDJ曲线的低位黄金交叉，在黄金交叉之后3条KDJ曲线保持了上行趋势，并且伴随放量再次出现连续的阳线。此外，KDJ指标曲线也向上突破了趋势线，种种迹象都表明股价开始向上突破整理区反转上涨。

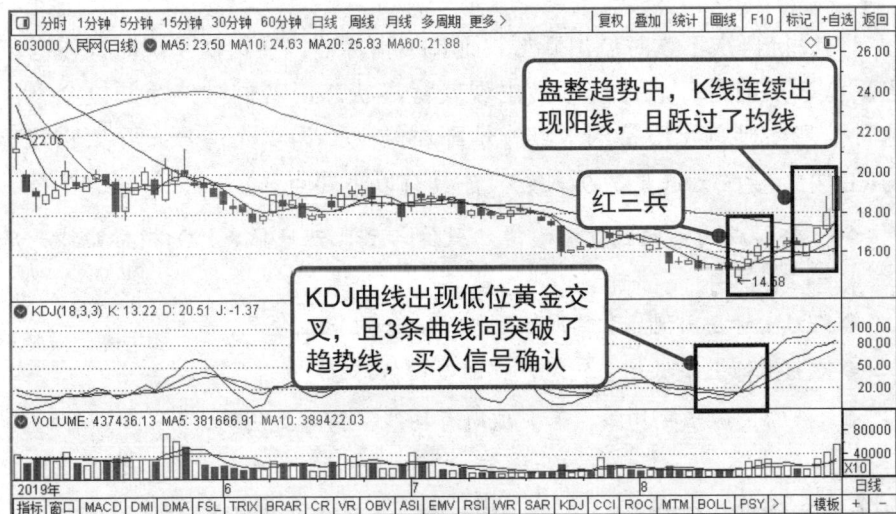

图8-12 人民网出现买入信号

从下图中可以看到伴随K线的红三兵形态，K曲线在出现黄金交叉之后，股价持续上行，连续出现多次阳线、大阳线，投资者可以抓住这种时机做一波短线操作，到9月中旬KDJ曲线高位触顶时就应引起注意，一旦高位死叉确认，就应考虑减仓或清仓，如图8-13所示。

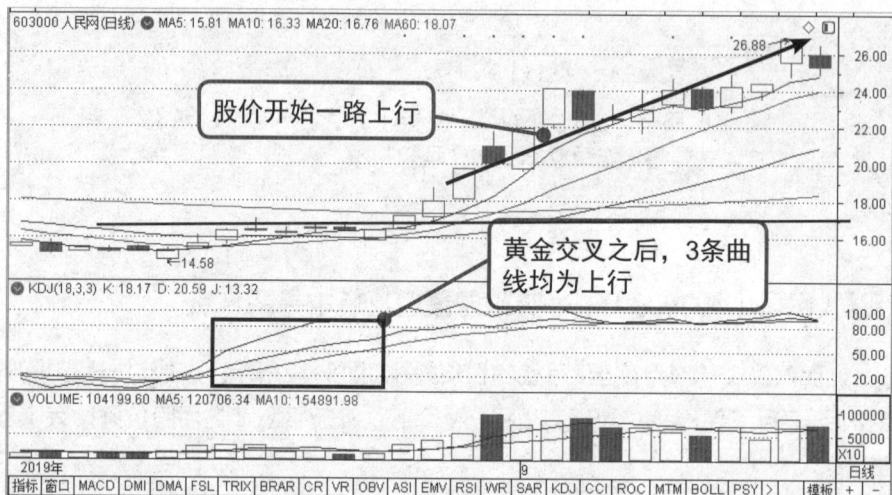

图8-13 买入股票做短线操作

8.2.2
底背离与金叉透露的买点

当股价再次下跌时创出新低，而KDJ指标曲线在再次下降时却没有创出新低，反而是一底比一底高出现底背离状态，若同时伴随低位金叉，这种情形下则预示股价的下跌行情即将结束，为买入信号。要想底背离与KDJ指标金叉一起形成买入点，需具有以下要点。

◆需要形成明确的底背离形态，股价一底比一底低，KDJ指标曲线一底比一底高。

◆KDJ指标在出现底背离时出现过不止一次低位金叉。

◆KDJ指标出现低位金叉时，伴随量增价涨。

◆K线需突破短期均线，若突破所有均线，信号更明确。

分析实例 **中国中期（000996）——底背离与金叉结合透露买点**

中国中期2019年6月至8月的日K线图如图8-14所示。该股票在经过前期一段上涨走势之后，从高位开始下跌，随后中国中期的K线与KDJ指标出现了底背

离的形态，股价一底比一底低，同时KDJ指标曲线则一底比一底高，同时出现了
多次低位黄金交叉。从下图中可以看到，在黄金交叉之后3条KDJ曲线上行趋势
明显。

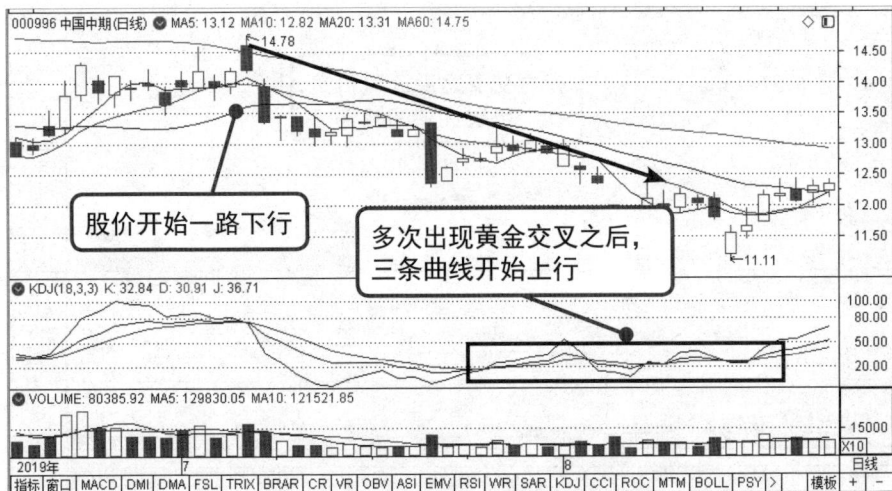

图8-14 中国中期出现买入信号

从下图中可以看到在KDJ指标曲线出现明显向上走势之后，尽管没有放量，
但也露出明显强势上行的姿态，股价持续上涨，连续收阳，投资者即可以抓住这
种时机买入股票，如图8-15所示。

随后，中国中期股价行至高位，出现了死亡交叉，且3条曲线一致调头下
行，预示下跌。此时，投资者应做好清仓的准备。

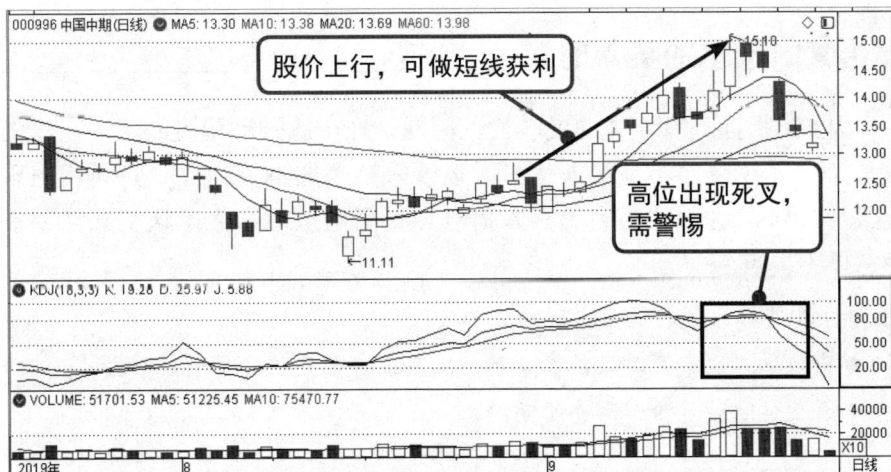

图8-15 及时买入短期获利

如下图所示，该股在高位出现连续的阴线之后开始持续下跌，多次跌停，且
KDJ指标曲线在出现了死亡交叉之后3条曲线运行趋势调头向下，这时就应及时
清仓以避免损失，如图8-16所示。

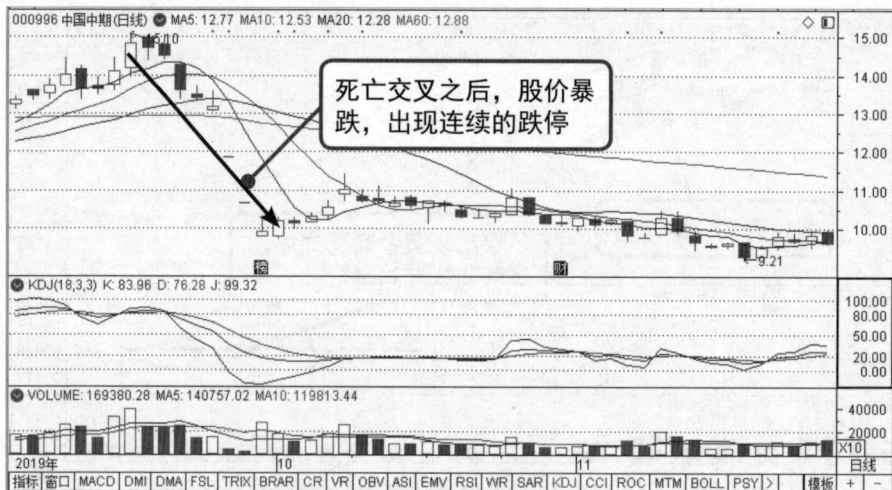

图8-16 及时清仓避免损失

TIPS *顶背离与死叉结合透露出卖点* 🔍

与底背离、金叉透露的买点相反的是，顶背离结合高位死叉会确认卖
点。K线跌破均线并伴随量增价跌，信号更明确。

8.2.3
双金叉时预示的买入时机

因KDJ指标具有较强的灵敏性，因此，在个股波动幅度不大时出现的
第一个金叉往往并不是买入信号，需要等待个股继续惯性上涨再次出现
金叉形态时，这才是明确的买入信号。要想通过双金叉确认买入点，需
注意以下要点。

◆KDJ指标曲线在低位出现两次金叉。

◆出现第二次金叉时股价高于第一次，或者金叉位置高于第一次。

◆金叉伴随放量价涨形态更明确。

梅安森2019年9月至11月的日K线图如图8-17所示。

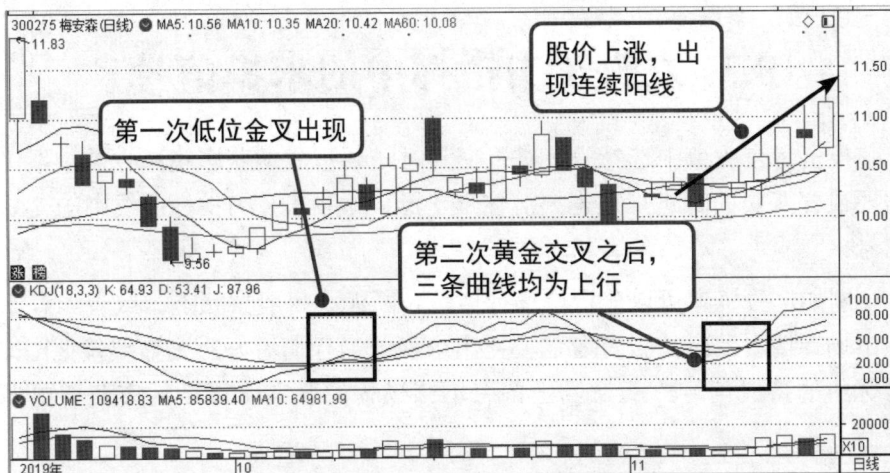

图8-17 梅安森双金叉出现买入信号

在经过前期一阵下跌走势之后梅安森出现了第一次低位黄金交叉，同时伴随股价的上行，不久之后该股股价出现了短暂的回落。待第二次中位附近的黄金交叉出现，可以看到此时伴随了量增价涨，且K线越过了均线，由此可见买点确认。

图8-18为梅安森KDJ指标双金叉出现后的后市K线走势。

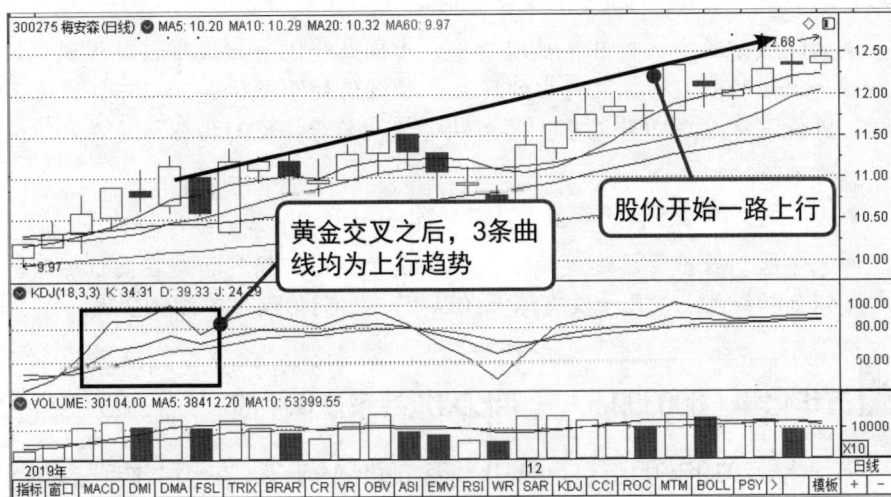

图8-18 股价大幅上涨

从上图中可以看到KDJ曲线在出现黄金交叉之后就露出明显强势上行的姿态，股价持续上涨，连续收于阳线，投资者抓住这次的时机买入股票做一波短线即可获利。

8.3 发掘KDJ指标中的求稳信号

投资者在股市中选择股票进行交易时，要想成功获取较高收益，不仅需要研究买卖的时机，还得要沉住气，准确地挖掘KDJ指标曲线中的交易信号。

例如，投资者可以分析市场行情，判断熊、牛股票状态。或者当意识到市场行情看跌时，投资者需要持币求稳；当行情看好时则需要发掘KDJ指标中的持股信号，稳稳当当持有不该抛售的股票，以期后市获取更多收益。

8.3.1
KDJ指标辨别熊、牛股票

只有当投资者选择了恰当的股票，才能在股票市场中尽可能获利而非割肉。适时选择牛股是很多投资者的第一选择，下面就来介绍怎样通过KDJ指标判断目标股票属于熊股还是牛股。

◆ **小熊股**：*KDJ指标的数值大多数时间在50以下。*

◆ **大熊股**：*股价运行在下跌通道中，中间几乎没有出现任何反弹现象。与此同时KDJ指标呈超卖的现象，其数值处于低位如20以下。或者，股价没有见底回升迹象，呈大跌小涨的趋势，KDJ指标总是在20～50游荡。*

◆ **小牛股**：*KDJ指标的数值大多数时间都高于50，量价配合协调。*

◆ **大牛股**：*股价上涨速度快，上涨幅度大。KDJ指标总是在高位运行，例如80线之上，几乎没有降至50以下，只有J值偶尔下探50区域。*

分析实例 **万华化学（600309）——用KDJ指标来选择牛股**

万华化学2019年9月至11月的日K线图如图8-19所示。在经过前期一段下跌行情之后，该股票在10月25日出现了放量的大阳线，此后股价节节攀升，其K线连续出现阳线，形成了V底反转形态，同时KDJ曲线出现低位黄金交叉。

从下图中可以看到，在黄金交叉之后3条KDJ曲线保持了上行趋势，然后一直位于50线之上，牛股形态成立，投资者可考虑买入股票。

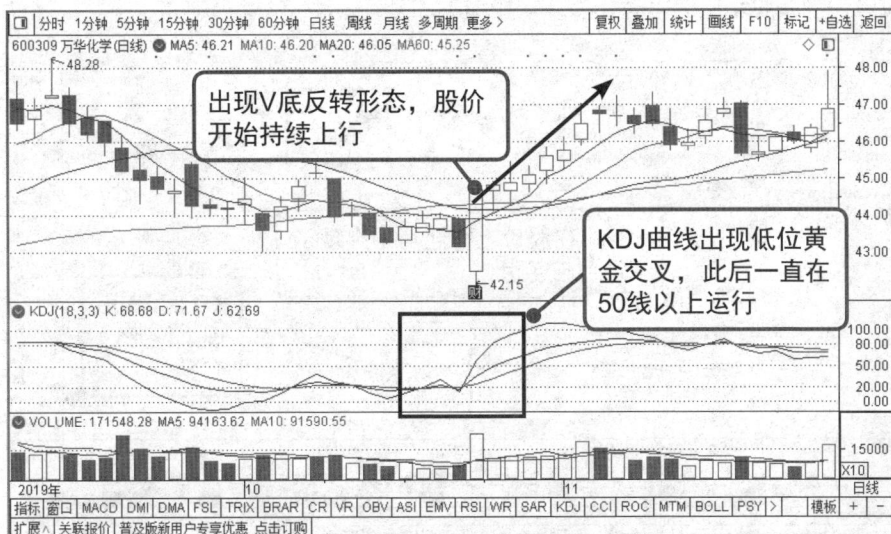

图8-19 万华化学出现买入信号

从下图中可以看到万华化学出现了小幅回落，但股价整体趋势向上，连续上涨了两个月左右，投资者可以抓住该牛股上涨时机做一波中短线操作，必能获利颇丰，如图8-20所示。

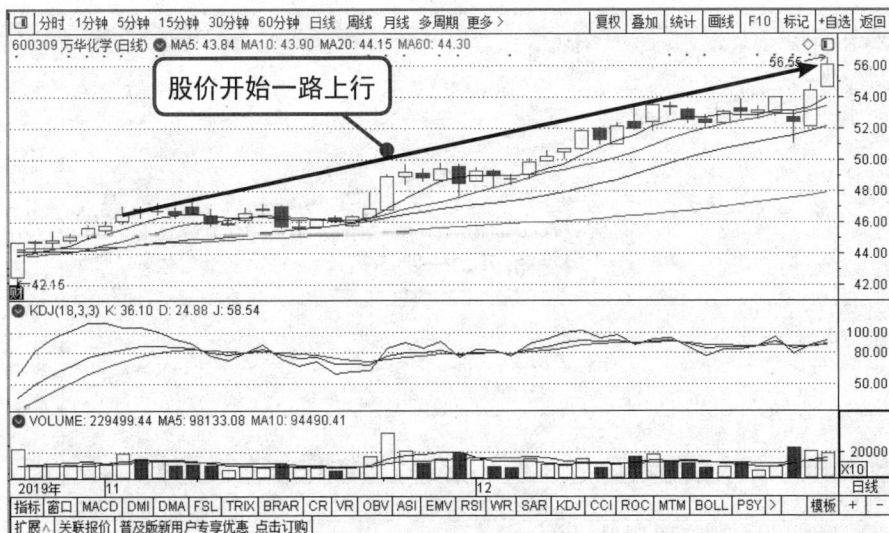

图8-20 买入股票获利

如下图所示，该股票在高位K线出现了三连阴，之后股价开始持续下跌，且KDJ指标曲线在出现了高位死亡交叉之后3条曲线运行趋势也一路向下，投资者应意识到熊股卖出信号开始显现，如图8-21所示。

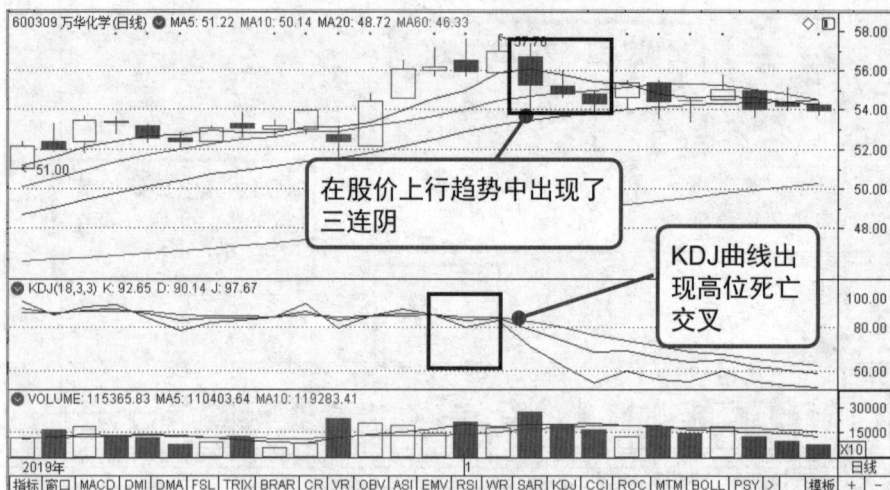

图8-21 万华化学出现卖出信号

从下图中，我们可以看到万华化学股价自从KDJ指标出现高位死叉后就开始一路下行，KDJ曲线也在50线上徘徊，投资者应及时清仓以避免损失，如图8-22所示。

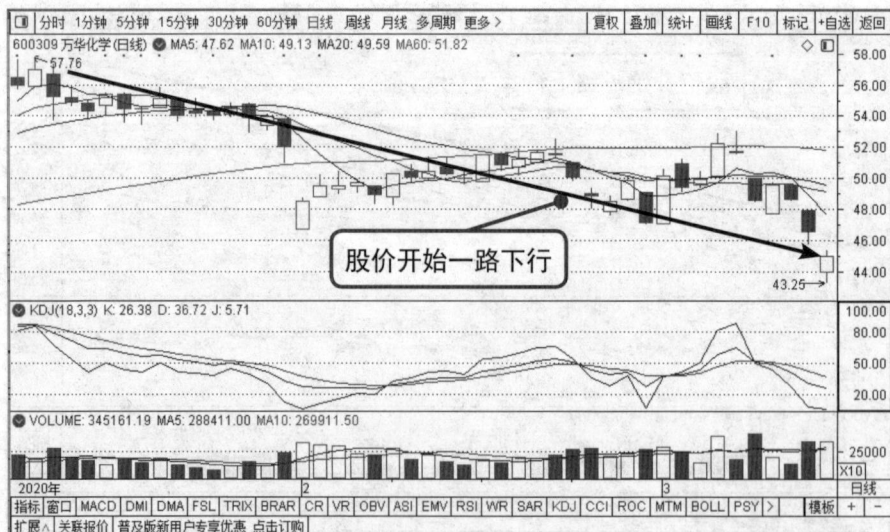

图8-22 及时清仓避免损失

8.3.2

KDJ指标中的持币信号

所谓持币，是指投资者没有买股票，钱存在账户内，账户资产是现金。当预测到市场后市将继续或反转下跌时，投资者不应轻易买进股票，需要持币等待更稳妥的时机。

市场中KDJ指标曲线透露的持币信号究竟是怎样的呢？有以下要点可供参考。

◆ 当KDJ指标曲线在中高位（50以上）死叉后

当KDJ指标曲线在中高位（50以上）死叉后，如果3条曲线同时向下发散，表明股价此时处于弱势下跌行情之中，这也是一种KDJ曲线的持币观望信号。若股价同时也被中短期均线压制下行，这种持币信号则更加强烈。

分析实例 **海油工程**（600583）——KDJ曲线的50线持币观望

海油工程2019年1月至2020年2月的日K线图如图8-23所示。

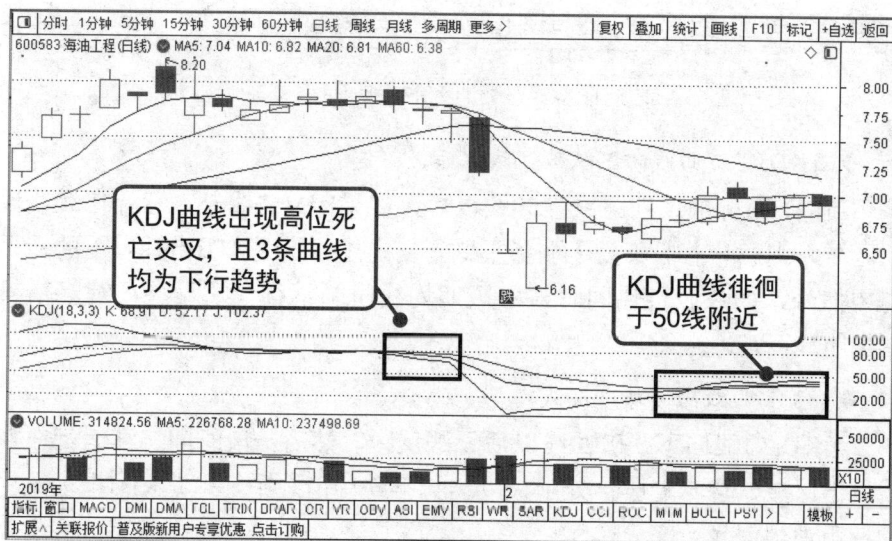

图8-23 海油工程持币信号强烈

该股在攀升至7.75元高位后股价开始下跌，同时KDJ曲线出现高位死叉。从上图中可以看到,在死亡交叉之后KDJ曲线开始下行,之后一直在50线左右徘徊,同时股价被均线压制,持币信号强烈。

从下图中可以看到海油工程KDJ指标曲线出现持币信号之后,股价后市继续下行。若投资者没能谨慎持币而是贸然下场,很可能遭受不必要的损失,如图8-24所示。

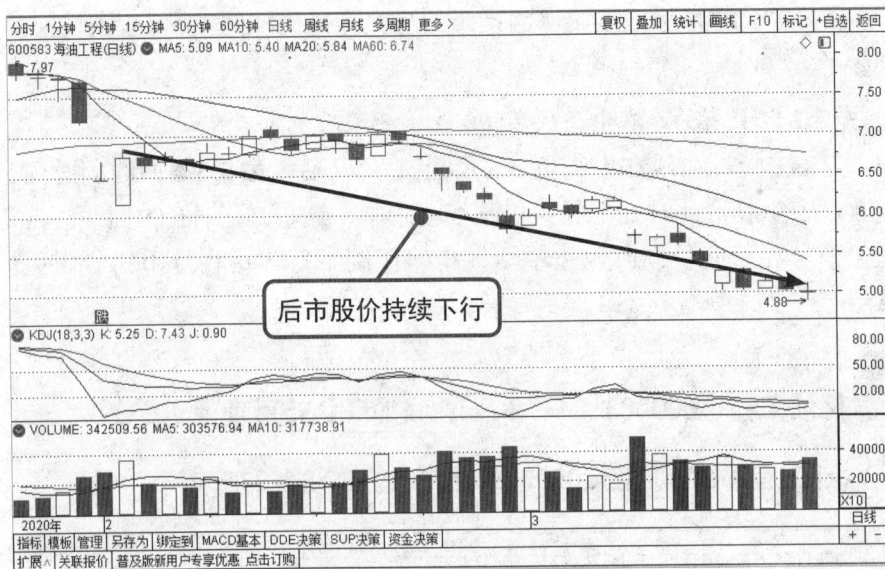

图8-24 后市股价持续下行

◆当KDJ指标曲线向下跌破50线以后

当KDJ指标曲线向下跌破50线以后,如果KDJ曲线一直运行在50线以下区域,则意味着股价处于弱势下跌行情之中,这是KDJ指标发出的持币观望信号,如果股价也同时被中短期均线压制下行,这种持币观望信号更加明显。

◆当KDJ曲线向下跌破20线

当KDJ曲线向下跌破20线以后无法反弹,然后一段时间持续运行在20线以下区域,意味着股价处于极度弱势下跌行情之中,这是KDJ指标发出的持币观望信号。

如果股价受到空头排列的均线压制,这种持币观望信号更加强烈。20线之下的持币信号比前文50线持币信号更为强烈,投资者切忌盲目入手抄底。

TIPS 炒股时的注意事项小口诀 🔍

宁可不买，决不追涨。宁可错过，决不冲动。宁可少赚，决不贪心。宁可少亏，决不大亏。宁可空仓休息，不追逐微利。

分析
实例 **中科三环（000970）——KDJ曲线的20线持币观望**

中科三环2019年9月至10月的日K线图如图8-25所示。

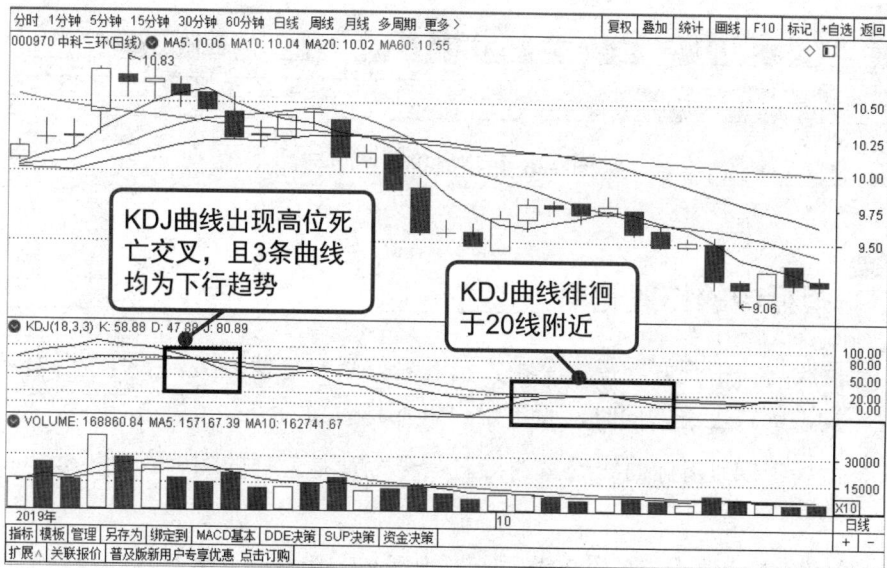

图8-25 中科三环持币信号强烈

从上图可以看到，该股下跌过程中反弹攀升至10.5元高位后股价继续下跌，同时KDJ曲线出现高位死叉。在死亡交叉之后该股持续收阴，KDJ曲线开始下行，之后一直在20线左右徘徊，同时股价被几条均线压制，持币信号强烈。

从下图中可以看到中科三环KDJ指标曲线出现持币信号之后，后市股价继续下行。若投资者没能谨慎持币而是贸然进场，很可能遭受不必要的损失，如图8-26所示。

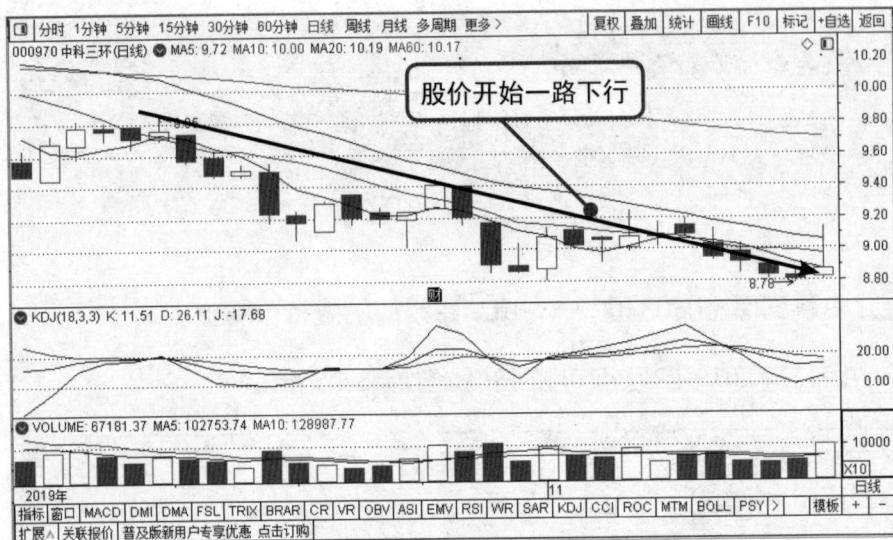

图8-26 后市股价持续下行

8.3.3
KDJ指标中的持股信号

持股与持币正好相反，是指投资者看好后市行情，买入了股票并且持有不卖，等待上涨。同时，股市账户里都是股票，没有了资金。

市场中KDJ指标曲线透露的持股信号究竟是怎样的呢？有以下要点可供参考。

◆ 当KDJ曲线向上突破80线以后，如果KDJ曲线一直运行在80线以上区域，则意味股价处于强势上涨行情之中，这是KDJ指标发出的持股待涨信号，如果股价也同时依托中短期均线上行，这种持股信号更加明显。此时，投资者应坚决短线持股待涨。

◆ 当KDJ曲线中的三条曲线同时向上运行，表明股价是处于强势上升行情之中，这也是KDJ曲线发出的持股待涨信号。只要KDJ指标中的K线和J线不向下跌破D线，并且D线的运行方向始终朝上，投资者可继续持股待涨。

◆ 股价在上涨过程中若遇回调，不得跌破均线。

分析实例 **新希望（000876）——KDJ指标预示的持股信号**

新希望股票2020年1月至2月的日K线图如图8-27所示。在经过前期的一轮下跌之后，该股在16元价位线形成了一个V形底形态，同时KDJ曲线出现低位黄金交叉。从下图中可以看到，在黄金交叉之后3条KDJ曲线保持了上行趋势，并且K线走势明显突破了均线，之后股价势如破竹持续向上，KDJ曲线则一直在80线之上运行。种种迹象表明该股票出现了持股信号。

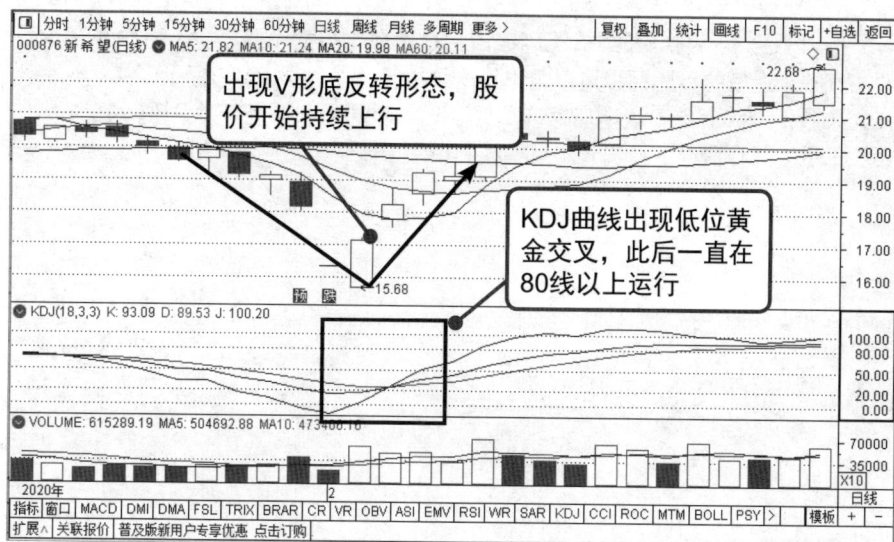

图8-27 新希望出现持股信号

从下图中可以看到当V形底反转形态形成之后，新希望的股价开始持续上行，投资者若能持股一段时间，必能获利颇丰，如图8-28所示。

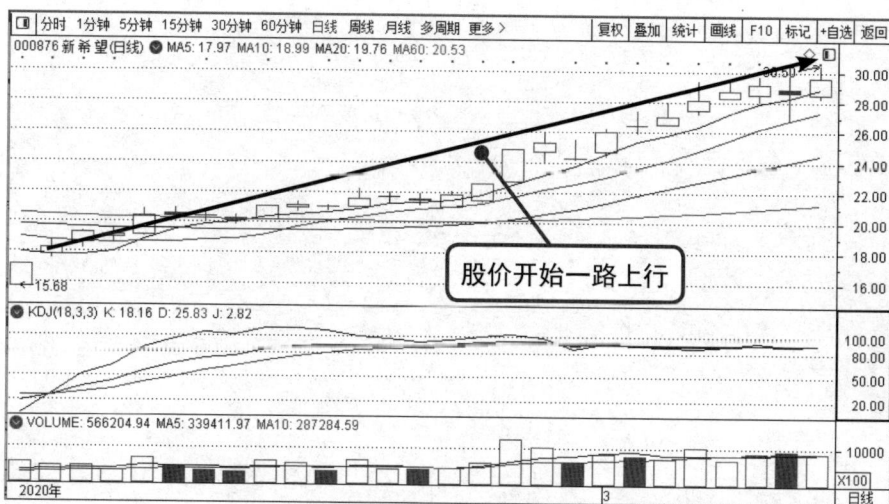

图8-28 持股获利

　　需注意的是，当股价与KDJ曲线均在高位运行时，投资者应特别关注反转下跌信号，一旦反转形态确认，就应尽快清仓，以免高位被套。

TIPS *KDJ高位钝化的持股信号*　🔍

　　在股市实战中，KDJ指标高位钝化是比较常见的个股现象，多数是由大庄家拉升造成的，因而也可以算作是一种持股信号。当KDJ指标出现钝化时，如果股价继续上涨，说明庄家在继续拉升，如果股价涨幅不大则说明上涨势头未尽。两种情况下投资者均可继续持有股票。

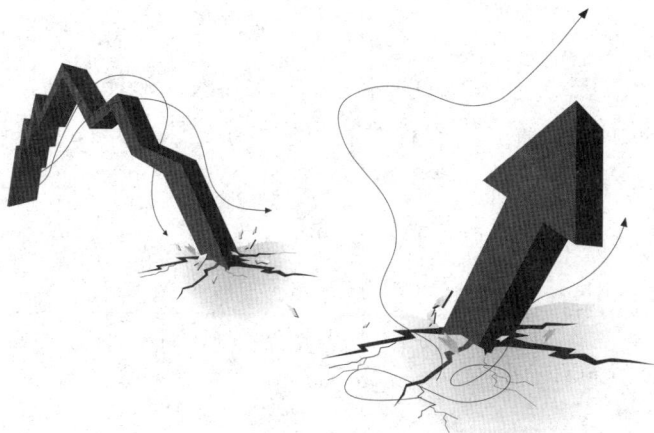

第9章

运用KDJ指标与主力博弈

主力就是指机构投资者，因其资金规模大，所以主力进行买入卖出操作时，会直接导致股价上涨或下跌——因为股价变动本身就是由资金供求决定的。通常主力会割散户韭菜以便为自己牟利，而普通投资者需要利用KDJ指标预示的买卖信息，察觉出主力意图，以便在夹缝中生存、获利。

9.1 KDJ指标在主力建仓时的运用

主力建仓的意思就是主力开始在某一个价位买进股票等待拉升。通常，主力会使用1个月到2个月的时间多批次买入，慢慢建仓，尽可能以廉价筹码摊低成本。散户投资者就需要敏锐察觉主力意图，跟随主力脚步分一杯羹。

建仓时的KDJ指标形态

主力建仓时有什么特征可供投资者揣摩观察呢？如下4点特征可供大家参考。

◆ 该股票长期下降趋势将终结，例如短期均线开始逐步掉头向上。

◆ 放量杀跌后，股票维持一段比较长时间的缩量运行，随后成交量开始温和放大，换手率基本保持在5%~7%，如图9-1所示。

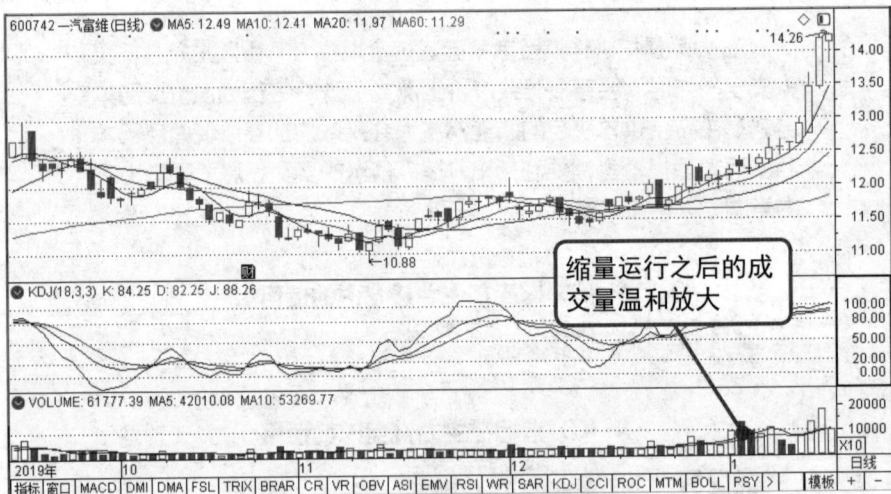

图9-1 主力建仓时的股票走势

◆ 即使出现利空消息，但股票价格也不受影响，反而缓慢上涨，说明背后有大资金看好。

◆ 消息方面少有该个股的推荐，但股价开始强于大盘并独立于大势。例如，大盘上涨的时候比大盘上涨更快，大盘下跌的时候该个股出现横盘并未跟跌。

通常主力在建仓时，该股票的KDJ指标曲线会有一些征兆。例如当股价在前期出现大幅下跌之后，KDJ三线会处于50线以下的低位区，当KDJ曲线的三线都处于低位震荡状态时，若K线和D线呈胶着的平行震荡的形态，而J线会出现明显的探底震荡走低的形态，说明主力是在借机打低股价，大举吸筹，如图9-2所示。

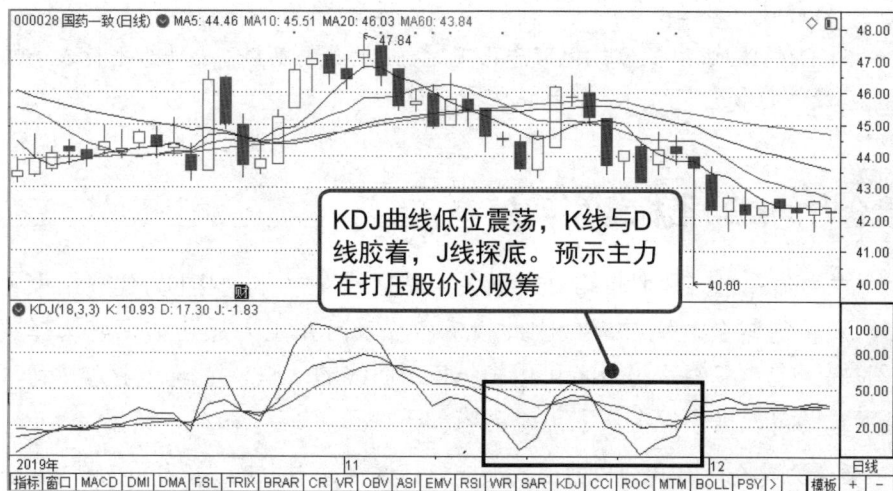

图9-2 KDJ曲线预示主力吸筹

主力低位建仓的另一个重要特征是周线图J线的低位钝化，这种形态通常出现在股价及KDJ指标明显的下跌过程中，J线会出现顺势向下，到达底部低位区域后，横盘运行了一段时间，如图9-3所示。

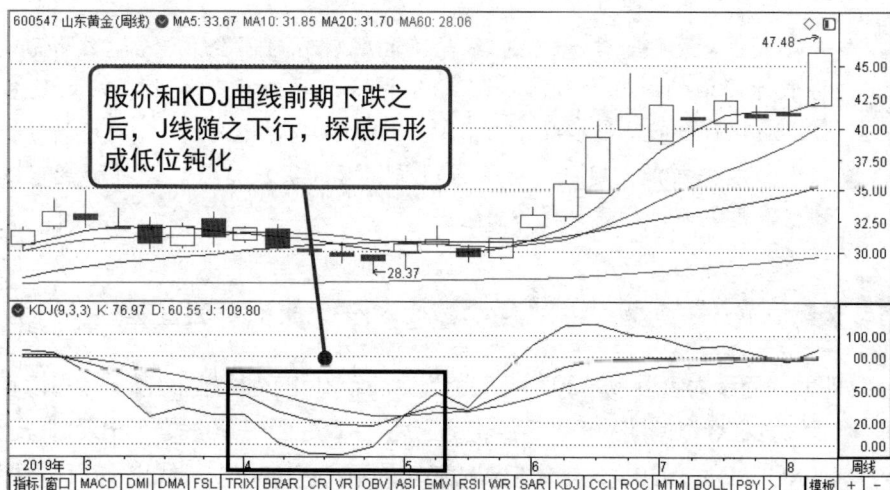

图9-3 KDJ曲线的J线低位钝化

要想确认J线低位钝化的形态特征，有如下条件可供参考。

◆ KDJ周线J曲线低位钝化形态出现之前，通常股价和KDJ三线会有一段明显的向下运行的趋势，大多跌幅较大。

◆ KDJ周线J曲线低位钝化形态出现时，J曲线会出现快速下探，当运行到底部时，出现沿区间下沿平行运行的状态。

◆ KDJ周线J曲线低位钝化形态出现时，K曲线与曲D线应转为平行或小幅震荡的形态，此时才能确认主力在建仓。

9.1.2
建仓时的KDJ指标运用实战

主力建仓之时，股价常处于低位，然后缓慢拉升，当主力建仓结束之后，股价通常会一飞冲天，因此投资者应及时在主力建仓结束前选择买入股票。在实战中，投资者可以根据KDJ曲线的一些特征确认主力建仓，继而辅助自己操作挖掘买入点，内容如下。

◆ 主力建仓时，周线KDJ三线会以低位震荡形态出现，K线和D线通常会在50线以下出现双线几近胶合的平行运行态势，或是低位大幅波浪式震荡。

◆ 主力建仓时，周线J线在K线和D线平行震荡期间会出现至少一次的探底形态，有可能出现低位钝化现象。

◆ 主力建仓时，股价与KDJ指标前期会经过一段明显的由高到低的下跌过程，之后股价通常会出现低位小幅弱势震荡。

◆ 如果主力是在快速建仓，则J线向下的触底行为不会太深，K线和D线的平行震荡的时间会较短，可结合周线与日线进行辨别。快速建仓时，周线显露的建仓形态不会太明显。

◆ 当主力建仓末期出现低位金叉或股价攀升的买入信号时，投资者可以考虑跟随主力进行建仓操作。

分析实例 金运激光（300220）——主力建仓的KDJ预示信号

如图9-4所示为金运激光2018年1月至2019年2月的周K线图。从图中可以看到，金运激光在经过前期的一波下跌走势之后，KDJ曲线在50线之下出现低位运行走势，K线和D线在50线以下出现双线胶着的平行运行态势，J线出现了两次探底。在J线第二次探底时，股价处于弱势小幅震荡状态。

种种迹象都表明金运激光这只股票处于主力建仓中，投资者应引起注意，抓住时，跟随主力操作。

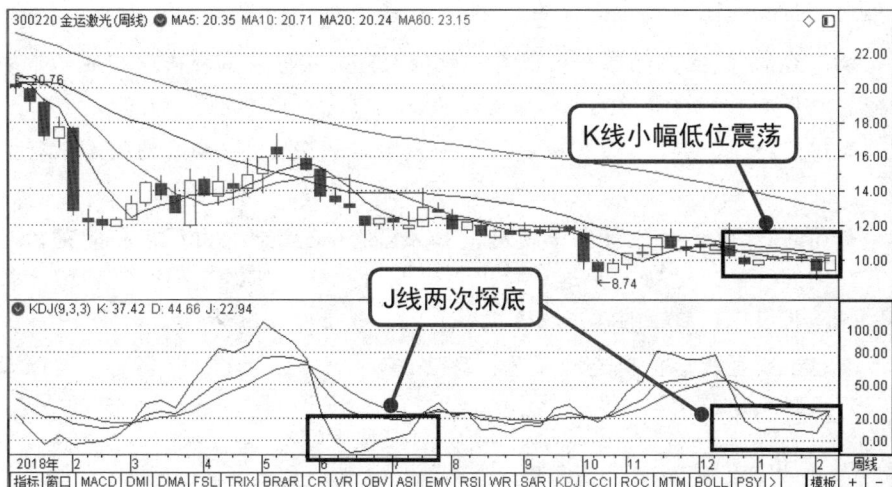

图9-4 KDJ曲线出现主力建仓信号

在看到明显的庄家建仓信号后，投资者可以考虑建仓或者增仓，后市果然如预测一样，股价开始慢慢攀升，继而放量收于大阳线，之后金运激光的股价跃于均线之上，涨幅巨大。

投资者若能及时抓住买入时机，即可获利，如图9-5所示。

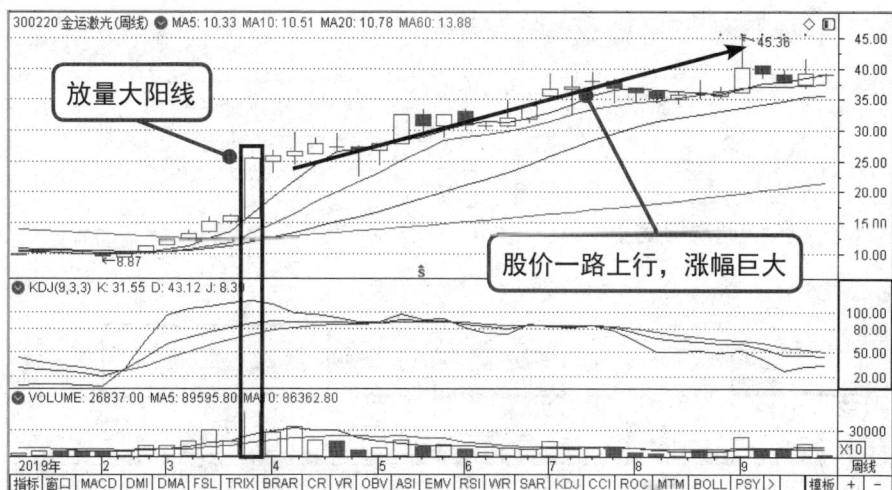

图9-5 买入股票获利

KDJ曲线的J线探底钝化是一种非常明显的主力建仓信号，如果配合其他建仓信号出现了周线的J线低位钝化，投资者可以考虑建仓。预示主力建仓的J线钝化有一定的条件，内容如下。

◆ 周线J线低位钝化形态出现前，股价及KDJ指标通常会出现明显的下跌走势，股价的跌幅越大通常意味着主力建仓的企图越明显。

◆ 周线J线低位钝化形态出现后，一般都会出现K线与D线的胶着平行震荡。这意味着主力建仓进行中，股价通常不会再继续下跌。

◆ 周线J线低位钝化形态出现后，如果K线和D线未能出现平行震荡，反倒继续向下运行时，这种情况则说明股价还有下跌空间，若伴随金叉不叉形态则后市继续下跌可能性巨大，投资者需继续观望。

◆ 当个股企稳后出现连阳攀升，J线探底后反转上行之时，投资者可以考虑跟风建仓。

分析实例 **北京君正（300223）——主力建仓的买入预示信号**

图9-6为北京君正2018年1月至2019年1月的周K线图。从图中可以看到，北京君正在经过前期的一波下跌走势之后，KDJ曲线在50线之下低位运行且K线和D线出现双线胶着的平行运行态势，J线出现了两次探底的低位钝化。种种迹象都表明北京君正这只股票处于主力建仓中，投资者应引起注意，抓住时机乘势跟风。

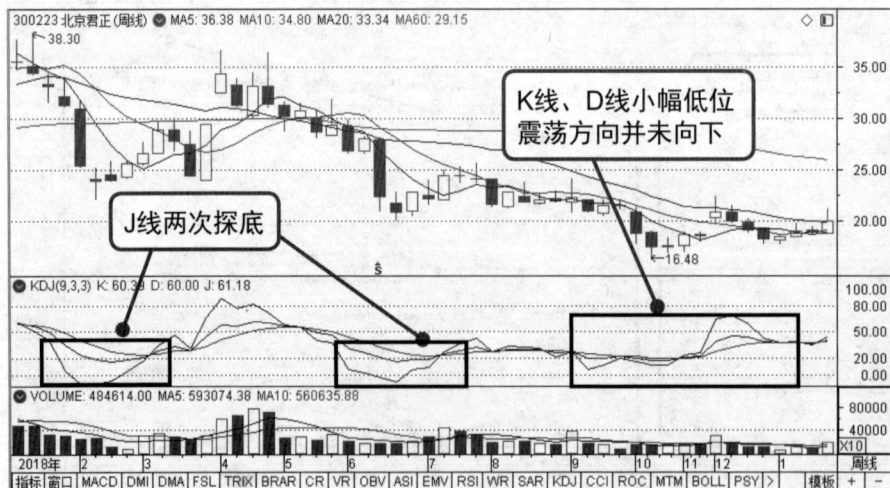

图9-6 北京君正KDJ曲线的建仓信号

在看到明显的庄家建仓信号后，投资者可以考虑建仓或者增仓，后市果然如预测一样，股价开始慢慢攀升，继而连续放量收阳，之后北京君正的股价跃于均线之上，涨幅巨大。

投资者若能及时抓住买入时机，即可获利，如图9-7所示。

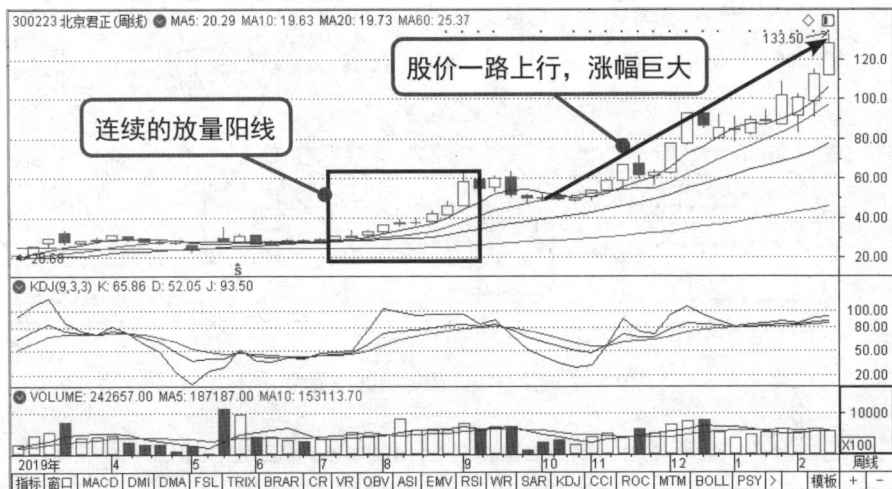

图9-7 买入股票获利

TIPS 新股出现J线低位钝化

当新股出现周线J线低位钝化时，主力通常会做短线操作，此时往往表现为K线和D线低位平行震荡的时间较短。

投资者都希望能以最低的价格买入股票（商品），然后以尽可能高的价格卖出，主力自然也是如此希望。因此，我们在跟风主力建仓时，一定要仔细判断该股票到底有没有跌至尽可能低的位置。

分析实例 韶能股份（000601）——主力建仓的观望预示信号

图9-8为韶能股份2017年11月至2018年5月的周K线图。从图可以看到，韶能股份在下跌走势中KDJ曲线在50线之下低位运行，其中J线出现了探底的低位钝化。

但是，韶能股份的K线和D线并未双线胶着平行运行，反而下行出现了又一次明确的死亡交叉，这时投资者应引起注意，暂时观望。

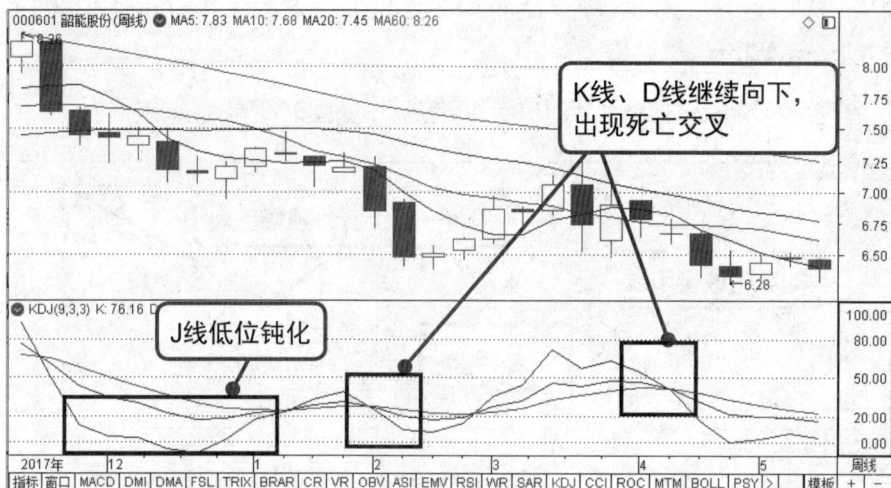

图9-8　韶能股份KDJ曲线的观望信号

从上图中，投资者可以发现该股K线没有出现反转信号，并且一直运行于均线之下，下行趋势明显，种种迹象都表明该股股价还会继续下跌。因此，投资者应考虑暂缓建仓或者增仓。

果然后市如预测一样，股价继续下跌，连续收于阴线，股价一直位于均线之下，投资者如果盲目建仓，则很难获利，如图9-9所示。

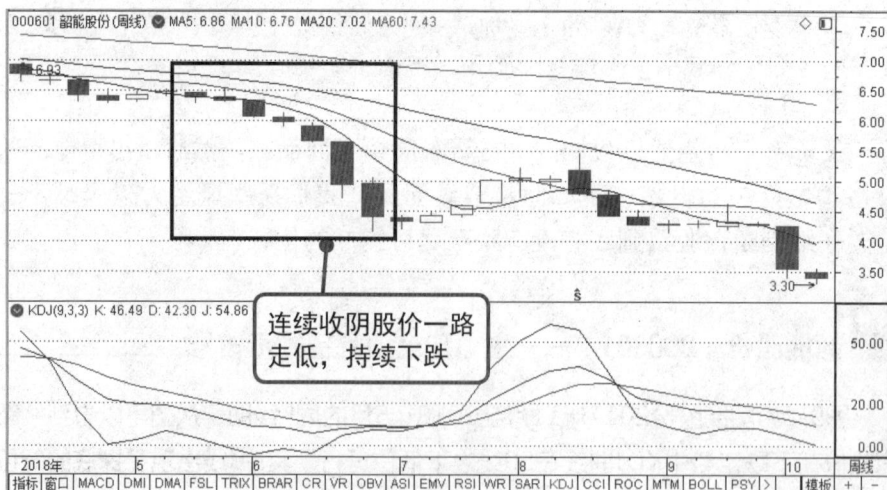

图9-9　后市股价继续下跌

9.2 KDJ指标在主力洗盘时的运用

所谓主力洗盘，就是指机构把低成本的筹码震荡出来，通过与其他非自己的散户或中户进行换手，以达到抬高筹码的成本的目的，为轻松拉高做准备。资金实力不太足的主力也会利用洗盘抛出一部分筹码，不仅可以达到洗盘的目的，同时可以缓解资金紧张，提升动力。

9.2.1 了解洗盘的目的与方法

洗盘是主力一系列操作中与散户关联最密切的一个步骤，所谓知己知彼，百战不殆，作为个人投资者，我们需要了解主力为什么要洗盘，其洗盘的方法是怎样的。

常见的主力洗盘目的有如下5种。

◆ 对计划之外的筹码进行换手，把前期持股者洗出局，防止其获利太多或中途抛货砸盘，以控制成本或避免影响主力的操作计划。

◆ 在不同的阶段不断地更换持币者入场，通过反复洗盘，垫高平均持仓成本，有助于减少主力后市拉升股价的压力，并且当主力在高位抛货离场时动静会变小，避免将散户投资者吓跑。

◆ 主力有时会在洗盘过程中高抛低吸，以差价来弥补之后在拉升阶段需付出的较高成本。这样，既可增加拉升阶段资金又可扰乱他人视线。

> **TIPS** 迷惑散户的洗盘 🔍
>
> 主力通常会借着大盘行情不好或者跳水之际故意打压股价，诱惑拥有筹码的散户卖掉自己手中的股票，清洗掉意志不坚定的散户以便自己在低位吸筹，降低成本。

◆ 通过洗盘还可调整资金比例，如果主力在底部吃进筹码比例比较大，没留足够的拉升力量，可利用洗盘高价位出货还原出拉升力量。既洗盘又减仓。

◆ 通过洗盘可以调整仓位结构，当主力持有多只股票的筹码，可以通过洗盘调整所持股票的持仓比例，分出主次。例如在几只股的高位出局，让市场自然进行洗盘，而把空闲资金放进另几只洗盘结束的股票中进行拉升，当到相对高位时又回撤到最开始操作的股票中，充分利用资金。

洗盘的主要特点是股价迅速走低，但下方会有支撑，成交量萎缩，洗盘末期会有惜售的盘面状态。当成交量放大，股价突破上涨时，即洗盘结束。庄家的洗盘手法通常有如下3种。

◆ **打压洗盘**：股价快速走低，常出现高开低走的大阴线或连续的下跌阴线，量能萎缩较大或较快，但下方有支撑导致股价跌幅不深。当量能放大，阳线拉起股价上涨时，洗盘结束。

◆ **震荡洗盘**：股价在一定的空间内震荡，K线阴阳相间，量能一直保持萎缩状态，给人一种震荡出货的感觉，但始终不会跌破重要支撑位，偶尔跌破也会迅速拉起。当量能放大股价突破震荡空间时，洗盘结束。

◆ **平台洗盘**：股价波动空间极小，K线多为小阴小阳，股价始终涨幅不大，跌幅不深，几乎是平台整理，量能一直保持萎缩。当股价放量突破平台，洗盘结束。

◆ **边拉边洗**：股价在缓慢上涨过程中，在某一天突然出现一根大阴线或者当天振幅较大，同时伴随着量能放大，然后又迅速拉起。或者股价当天走势到跌停后，又在未盘拉起。这样重复几次，股价缓步抬高，如图9-10所示。

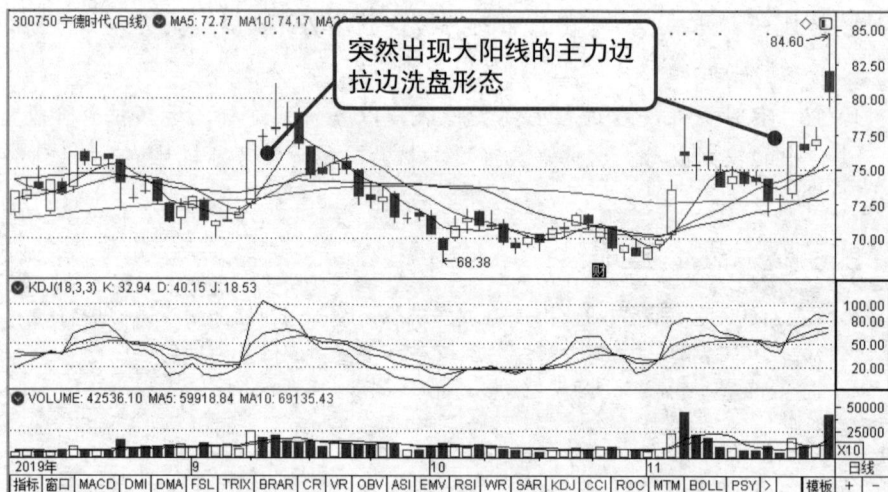

图9-10 主力洗盘的形态

主力洗盘时间的长短与市场的氛围、主力的实力以及操盘的风格等各种因素有关。如果时间太短，有可能导致预期效果不好，如果时间太长则可能错失跟风的投资者。通常，底部洗盘时间较长，持续数月乃至一两年；拉升过程中的洗盘常常是一两周或数周；在大势偏好的情况下，快速洗盘往往只需要几天。

洗盘的空间幅度指主力洗盘过程中股价震荡的幅度。在底部区域，往往股价会回落到前期的低点附近。经过整理后的快速拉升，洗盘幅度一般在10%以内。若是以大幅震荡方式进行洗盘，则洗盘的最大幅度可达到50%左右。

9.2.2 洗盘时的技术指标形态

在了解了什么是洗盘以及主力的洗盘手法之后，投资者就需要学会通过各种方法判断主力是否在洗盘。正在经历主力洗盘的股票，通常具有以下特点。

◆K线通常起伏不定，从箱体论来说，主力会为了消化获利盘和积极进场者用小的筹码狂洗股价，但是总是跌不破箱体底部。

◆K线阴线阳线夹杂排列，常常出现十字星形态，若是出现带上下影线的十字星则形态更明确，如图9-11所示。

◆也可能分时走势图上买入和卖出的价位相差大，成交量极度缩小，但稳定度较高，没有出现抛盘，股价并没有产生巨大变化。

◆震荡洗盘会导致股价涨跌互现，大跌大涨每天都会在5%左右，但是股价总体变化并不大。

◆洗盘中的股票常处于众多谣言之中，包括但并不限于企业遭遇巨大亏损、股份冻结、增发上市以及政策重大利好等，目的均为欺骗散户做出机构期望的操作。

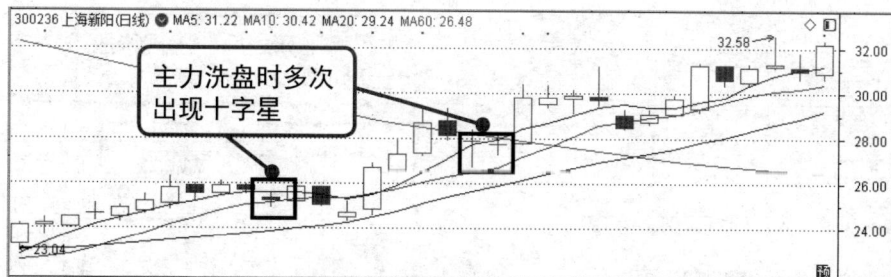

图9-11 主力洗盘时多次出现十字星

主力在洗盘时会故意打压股价，股价下跌的时候主力还会与大势或技术指标配合，例如使股价跌破上升通道或重要支撑线等。同时，KDJ形态也具有一些对应的变化。投资者可以根据观察KDJ指标曲线，找到合适的切入点。

◆ 当主力震荡洗盘时，KDJ指标曲线通常会出现三线胶着震荡的形态，当KDJ三线胶着震荡结束后，若出现K线突破均线、成交量放大、KDJ金叉等买入信号，意味着洗盘结束，可考虑买入股票。

◆ 当KDJ指标曲线出现在50线上，当K线和D线缓慢上行，J线在向下运行的过程中，即将与K线和D线交叉为死叉，但又并未形成"死叉"时，是主力清理浮筹结束的信号。

◆ 当股价在上涨过程中，KDJ指标突破了50线之后，又出现了三线回到50线以下的震荡整理，之后再次出现中低位的KDJ金叉，也意味着清理浮筹结束。

分析实例 上海新阳（300236）——主力洗盘时的买入信号

如图9-12所示为上海新阳2019年11月至2020年1月的日K线图。从图中可以看到，上海新阳的股价处于缓慢上行中，KDJ曲线在80线之上运行，且三线出现胶着的平行运行形态，种种迹象都表明上海新阳这只股票处于主力洗盘中。一月中旬，该股票出现了80线上的死叉不死形态，并伴随着放量价涨，投资者应引起注意，抓住时机乘势跟风。

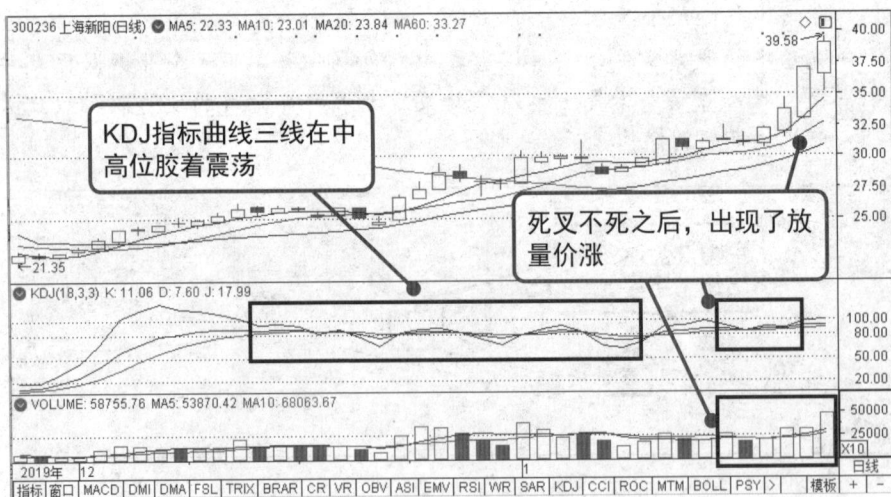

图9-12 KDJ曲线的洗盘信号

当股价出现放量拉升之后，上海新阳的K线迅速运行于均线之上，投资者可意识到主力洗盘结束应赶紧进场。

后市果然如预测一样，股价开始快速攀升，继而连续放量收于阳线，涨幅巨大。投资者若能及时抓住买入时机，即可获利，如图9-13所示。

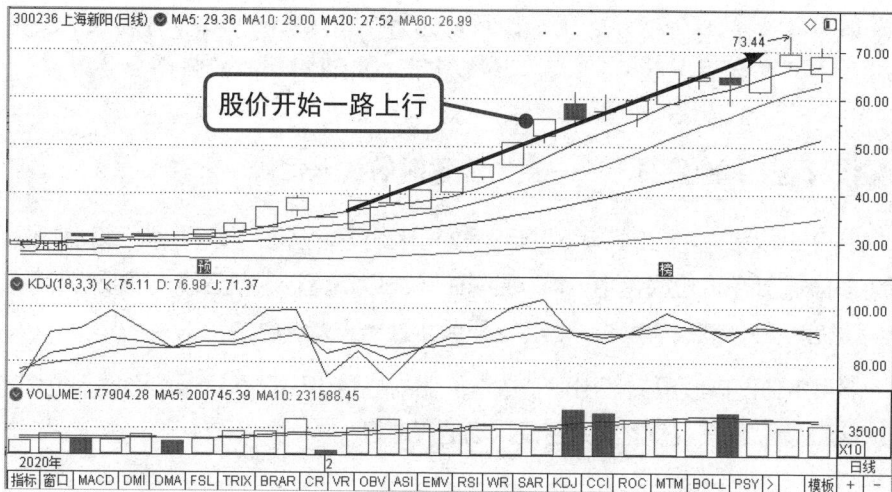

图9-13 买入股票获利

9.2.3
洗盘时的KDJ指标运用实战

投资者想要更稳妥的运用KDJ指标在洗盘阶段挖掘主力意图，还需要了解以下注意事项。

◆ 如果在股价下跌趋势的反弹行情中出现三线胶着震荡形态，意味着反弹即将结束，股价之后通常还会继续下跌，此时不能贸然进场。

◆ 当主力在底部拉升后继续清浮筹时出现三线胶着震荡形态，KDJ指标和股价还会出现明显的上涨后回落走势，谨慎的投资者应等到出现明确的上行走势时再进场。

◆ 50线上的KDJ指标死叉不死形态的买入点确认需配合均线运行方向的向上运行，只有当均线形成多头趋势时才是洗盘结束的信号。

◆ 50线上的KDJ指标死叉不死形态需要发生在股价上涨趋势中，才是真正的洗盘即将结束的信号。

◆ 50线上的KDJ死叉不死形态出现时，KDJ三线中的K线和D线需处于缓慢上行的状态。

◆ 当上涨回落过程中的低位KDJ金叉形态出现时，投资者应从周线图或日线图上去观察其形态，过长或过短的周期都不太准确。

◆ 当上涨回落过程中的低位KDJ金叉形态出现时，投资者应在金叉后KDJ曲线形成明显三线向上形态时才能确认洗盘即将结束。因为洗盘震荡中可能会有多次KDJ金叉与死叉的交替出现。

◆ 若是在长期的横盘震荡整理形态之后，出现50线上的KDJ死叉不死形态，并且均线形成多头排列，后市很可能出现个股的强势上涨。

分析实例 深科技（000021）——主力洗盘时的买入信号

图9-14为深科技2019年6月至9月的日K线图。从图可以看到，深科技的股价前期一直处于低位横盘中，KDJ曲线在50线以下运行，且三线出现胶着的平行运行形态，种种迹象都表明深科技这只股票处于主力洗盘中。

8月中旬，该股票突然出现了放量价涨，甚至出现了不止一次涨停，投资者应引起注意，仔细观察此时是否是入场的好时机。

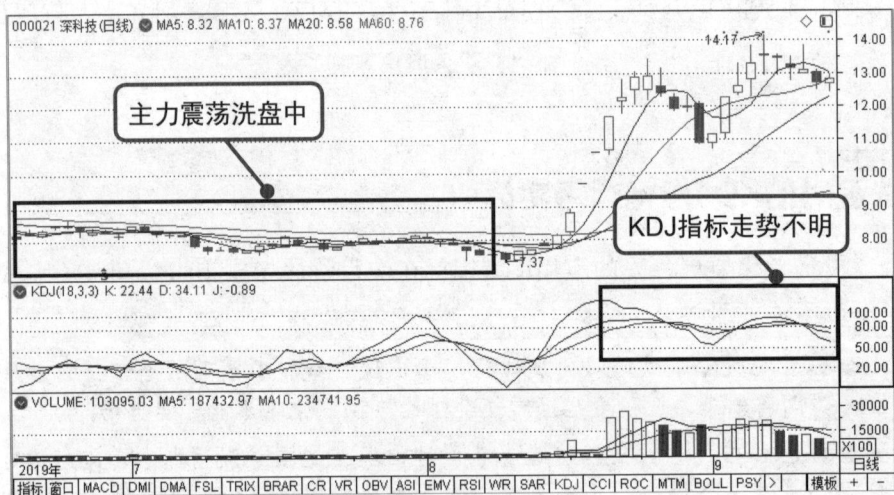

图9-14 KDJ曲线的洗盘信号

从上图中的后期走势中，我们可以发现该股的股价出现了明显的波动，但K线并没有彻底跃于均线之上，KDJ指标曲线也连续出现了两次死叉，没有形成明确的买入信号，因此稳妥的投资者还可以暂时观望。

后市果然如预测一样，股价又开始回落并伴随缩量，KDJ曲线再次落回50线之下，直到2019年12月初，深科技的股价开始连续收阳，KDJ曲线出现低位金叉，并且在金叉出现之后，KDJ指标三线上行，均线也出现三线向上的趋势，K线逐渐跃于均线之上，股价也出现了放量拉升，此时买入信号终于得到确认，如图9-15所示。

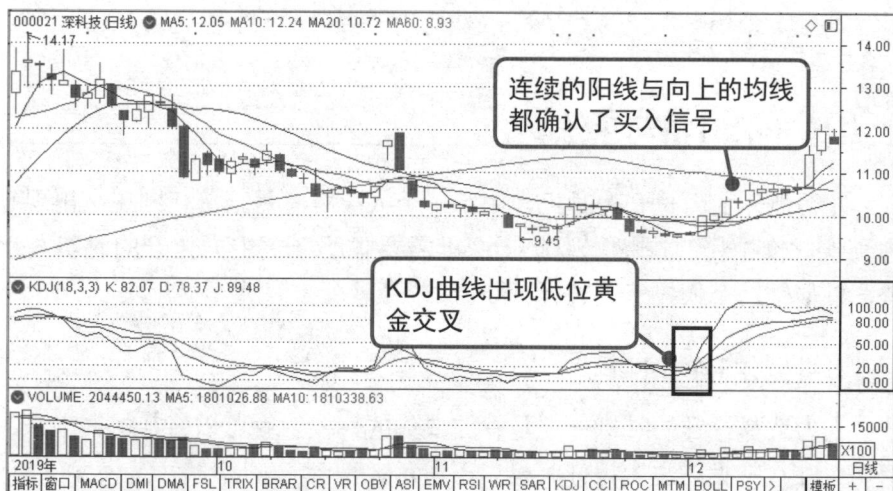

图9-15 回落后的买入信号

种种买入信号可帮投资者确认主力洗盘结束，应赶紧进场。后市果然如预测一样，股价开始快速攀升，继而连续放量收于阳线，涨幅巨大。投资者若能及时抓住买入时机，即可获利，如图9-16所示。

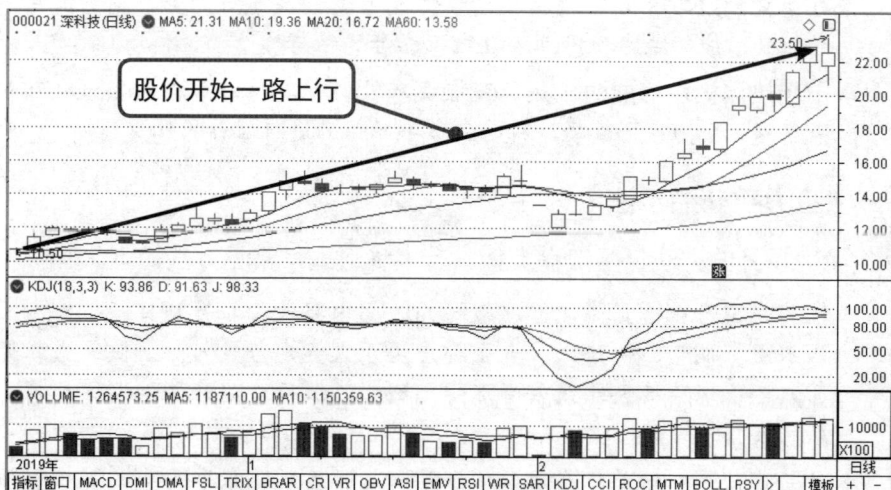

图9-16 买入股票获利

9.3 KDJ指标在主力拉升时的运用

当主力在股价低位建仓并洗盘结束之后，就会控盘拉升股价，以期后市获利，个人投资者需要抓住拉升时机以便跟风获利。

9.3.1
主力拉升的时机与手法

能否抓住主力拉升的时机，决定了个人投资者是跟单获利还是出现高价买入低价抛售的惨状。因此，这里需要了解一下主力拉升的时机与手法，以便辅助个人投资者进行判断。

1.主力拉升的时机

主力选择拉升的时机一定是有的放矢的，投资者可以将其挖掘出来，密切关注。常见的主力拉升时机如下所示。

◆ **在大势基本处于平静时**：主力操作股票时也会遵循顺势而为的原则。如果大盘环境特别恶劣，拉升难度会特别大，也很难找到散户一同参与。因此，当大盘处于平静时期时，庄家会选择拉升。

◆ **在大势趋热加速上升时**：主力借大势拉升，能够用较低的成本达到成功拉升股价的目的，市场热闹的人气可以轻松引来场外资金。

◆ **在重大利好发布时**：题材反复炒作能够聚集人气与资金，利好消息下的拉升，能使主力积极调动散户投资者的参与热情。

◆ **市场热点板块形成时**：热门股板块有较好表现时，个股也会随之旺起来，因此主力也会选择这种时机事半功倍的进行拉升操作。

2.主力拉升的手法

主力拉升的方法也同洗盘类似，有多种形式，常见方法如下。

◆ **快速式拉升**：这是指庄家在极短的时间内将股价拉升到目标位，期间基本没有调整。快速式拉升主要应用于大盘走势较好时。快速式拉升通常会出现连续大阳线或者涨停阳线推高股价，以此制造火爆行情，从而吸引跟风盘。

◆ **台阶式拉升**：这是指在股价上涨了一定幅度后，采取平台或强势整理的方式调整，待清洗掉浮筹后再度拉升，拉升到一定价位再次整理，反复多次操作直至将股价拉升至目标价。从K线走势图上看，股价呈现出台阶式的步步高升状态，如图9-17所示。

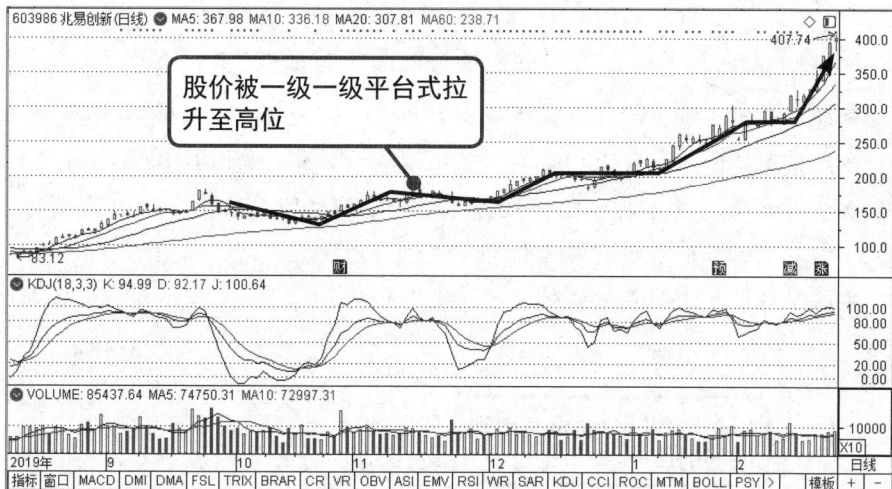

股价被一级一级平台式拉升至高位

图9-17 兆易创新平台式拉升

TIPS *平台拉升的特点* 🔍

台阶式拉升讲究稳扎稳打，通常适用于主力实力较强时，通常针对的是基本面优良、具有重大题材的绩优个股。当股价从低位启动上升到一个高度时，普通投资者可能会抛售，落实资金，从而导致该位置抛压较重，因此主力采用台阶式拉升，通过台阶横盘形成新的价值定位，从而减轻投资者的心理压力，使其对新价位产生的认可与跟随。

◆**振荡式拉升**：这是指主力采取低吸高抛的方法，以波段操作获取利润差价为目的，以时间换取空间为手段进行运作。在K线走势图上，经常表现为低点和高点逐步上移，走出比较规律的宽幅上升通道。这种拉升方法主要适用于基本面无重大题材或者主力资金不够充裕、实力较差的股票。

◆**边拉边洗式拉升**：这是指拉升与洗盘融于一体，交互进行，拉升过程中没有比较明显的大幅度洗盘，股价的上行也不会出现截然陡势。这种拉升方法通常以依托均线的方式进行，股价在上涨过程中始终不过度远离均线。通常而言，当主力开始大幅度洗盘之际，就是拉升行情结束之时。

拉升时的技术指标形态

股市主力在拉升时，个股的主要特征通常包括以下4点。

◆ 经常在中（高）价区连拉阳线。

◆ 经常跳空高开形成上攻缺口，且短线不予回补，如图9-18所示。

◆ 经常在通过前期某一阻力位时会进行震荡整理以消化该阻力的压力，而且突破之后又将加速上扬。

◆ 股价的短期上涨走势通常呈火箭发射状向上。

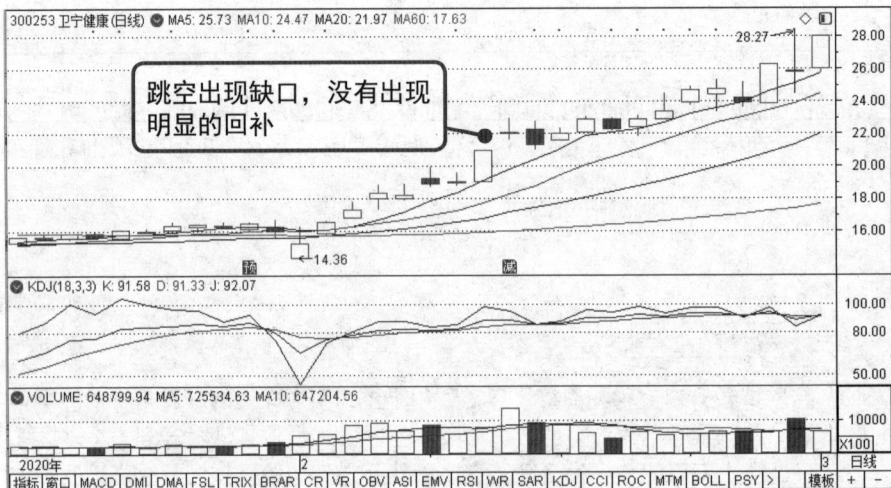

图9-18 KDJ曲线的洗盘信号

从KDJ指标曲线状态上来看，拉升阶段的股票也具有一些共同的特点，具体介绍如下。

◆ 个股处于拉升阶段时，KDJ指标曲线会呈现出三线加速上行形态。

◆ 三线加速上行形态出现时，K线和D线已经呈平行略向上运行的态势。

◆ 三线加速上行形态出现时，股价为上涨趋势，或是震荡中的均线多头趋势。

◆ 三线加速上行形态出现时，通常KDJ三线在50线附近。

拉升时的KDJ指标运用实战

在阻力拉升的初期，投资者若能果断入场就能跟风获利，因此，我们需要挖掘KDJ指标中透露的实战信号，内容如下。

◆ 当KDJ指标曲线的三线加速上行形态出现时，投资者应在三线刚开始向上，J线快速上行时抓住时机入场。

◆ 三线向上的形态确认需伴随股价的上涨作为辅助判断，若股价没有上涨则不能贸然入场。

◆ 如果前期的股价趋势为下跌反弹趋势，则通常不是主力清理浮筹结束进入快速拉升期的信号，应谨慎操作。

◆ 三线向上发散、J线快速上行形态出现时，K线与D线需有走平后转为上行的过程。

◆ 三线向上发散形态出现时，在K线和D线上行的时候，J线向上运行的角度越大，短期涨幅就越大。

◆ 三线向上发散、J线快速上行形态出现时，有时会形成KDJ金叉，有时会形成死叉不死的形态，这两者都是买入信号。

分析实例 **中通国脉（603559）——拉升时的KDJ指标买入信号**

中通国脉2019年12月至2020年2月的日K线图如图9-19所示。在经过前期震荡洗盘与突然的下跌洗盘之后，2月4日中通国脉出现了连续的阳线，股价节节攀升的同时KDJ曲线出现低位黄金交叉，从下图中可以看到，在黄金交叉之后KDJ三条曲线趋势向上。并且不久之后该股出现了大阳线伴随K线跃于均线之上。

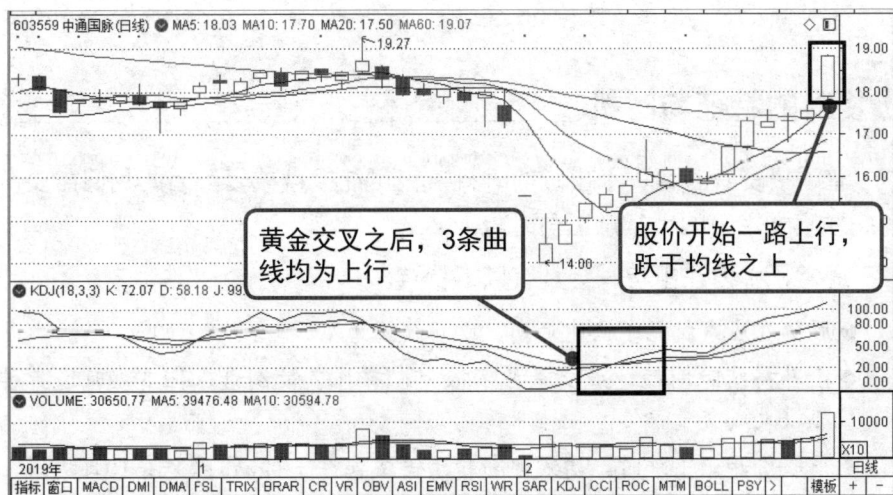

图9-19 中通国脉出现买入信号

以上种种迹象都表明中通国脉位于主力拉升初期，不久后该股就露出了明显强势上行的姿态，股价持续上涨，短短数日涨幅巨大，投资者若能及时抓住时机买入股票，必能短线获利，如图9-20所示。

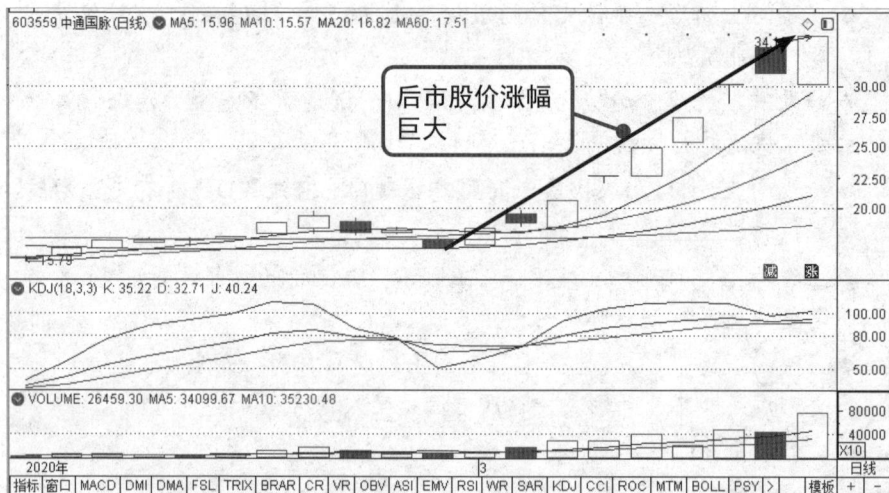

图9-20 后市短线获利

9.4 KDJ指标在主力出货时的运用

出货是指主力在股价高位时，不动声色地将股票卖出。前文所述的主力洗盘、拉升等所有步骤，最终目的都是为了这最后一步——出货。

出货时的特征与时机

普通投资者若错失了出货的时机，很可能接盘被套，因此我们需要研究怎样察觉主力的出货意图与时机。

通常，主力在出货时会具有以下特点。

◆ 股价在庄家拉抬下快速走高，之后缓缓落下。

◆ 上升持续时间短，成交量并不很大，有许多对倒盘，但下跌时通常伴随较大成交量。

◆ 当股价开始下跌时，均线逐渐趋于平缓甚至下行，K线跌穿10日均线，并持续阴跌。

◆整个出货过程中利好消息不断，诱使散户投资者认为此时只是盘整，后市股价还会再创新高。

◆主力坚决出货时可能形成打压形态，开盘快速拉高之后迅速打低，不计代价持续卖出。

> **TIPS** | *根据目的不同出货的手法也不同* | 🔍
>
> 　　急于套现或是资金链断裂的主力会强行出货，肆意抛售。在主力已经获利的情况下，通常会再把股价稍微拉升后出货，制造虚假繁荣的假象。还有主力靠构建多个平台，形成锯齿形出货形态，则是一种需要牟利但比较温和的出货方式。

　　主力出货时会把握一定的时机，因为如果出货时间晚，可能因为大盘走势变差（接盘者少）而导致出货困难；如果出货时间太早，则利润未达到高点。个人投资者自然也需要抓住这种时机出货。常见的出货时机如下所示。

◆在牛市中，人气最为旺盛时，主力会趁投资者追高意愿强烈时出货。

◆基本面的利多消息较多，能聚集人气时出货。投资者需注意主力可能通过自媒体、杂志、电视等多种渠道制造利好消息。

◆利用涨停快速拉高股价，人为制造虚假繁荣创造出货机会。

9.4.2
出货时的技术指标形态

　　当主力出货时KDJ指标曲线会出现一些预示信号，内容如下所示。

◆KDJ指标曲线突破50线后出现高位震荡，随后出现金叉不叉的形态，J曲线没能向上击穿K曲线与D曲线，继而转头向下。

◆均线出现死亡交叉结合KDJ指标曲线出现死叉，若KDJ指标曲线出现高位死叉，则出货信号更明确。

◆KDJ指标曲线出现三线向下发散的形态。

分析实例 **芯源微（688037）——KDJ指标预示的出货信号**

　　芯源微2020年1月至2月的日K线图如图9-21所示。在经过前期一轮上行走势之后，该股票在相对高位区域出现了预示反转的十字星K线形态，开始有了反转迹象。随后，芯源微的K线开始阴跌，同时KDJ曲线出现高位死亡交叉，从下图中可以看到，在死亡交叉之后KDJ曲线出现了金叉不叉的形态，J线没能向上击穿另外两条曲线，反而扭头向下，自此三条曲线都开始向下发散，主力出货信号确认。

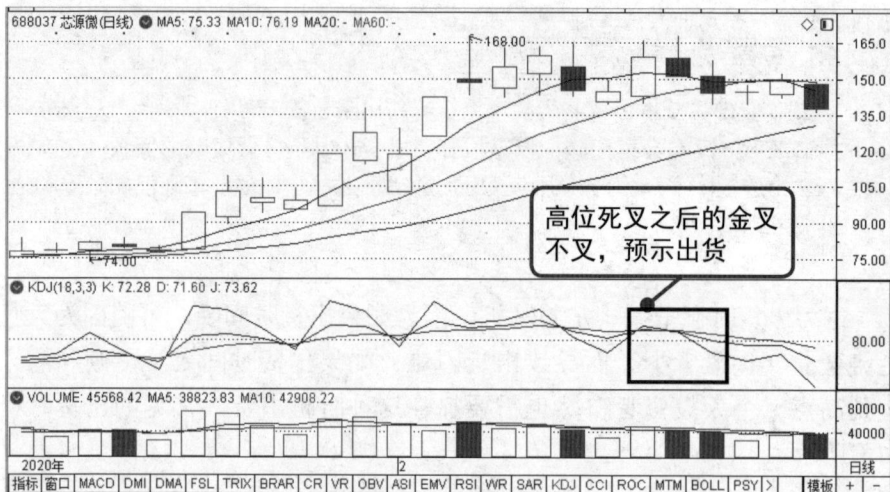

图9-21 芯源微出现主力出货信号

可以看到出货信号出现之后，该股股价即刻暴跌，如图9-22所示，如果投资者未能及时卖出股票，有可能遭受损失。

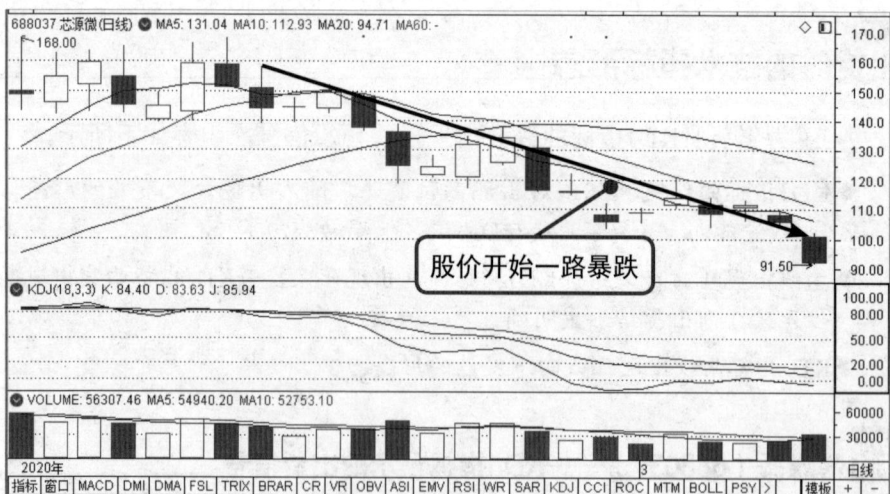

图9-22 后市股价暴跌

投资者还可以进一步根据其他技术指标形态来把握主力出货的时机，常见的出货形态要点如下。

- ◆ 在高价区域出现连续3日巨量长阴代表大盘将反转，若高位同时放量价跌则更明确。
- ◆ 在高位出现连续数日小阳或小阴或十字线及较长上影线，预示高位向下反转形态成立。
- ◆ 在高位出现倒N字形股价走势及倒M顶的股价走势，预示大盘将反转下跌。
- ◆ 股价暴涨后无法再创新高，虽有涨跌，但未能突破前期高点，K线跌破均线。
- ◆ 股价跌破支撑线之后，若股价连续数日跌破上升趋势线，显示股价将继续下跌。

分析实例 鸿远电子（603267）——主力出货时的预示信号

图9-23为鸿远电子2019年9月至12月的日K线图。从图中可以看到，鸿远电子在9月26日因放量价跌出现了大阴线，伴随股价下跌，K线跌破均线，这时投资者应引起注意，应当适时卖出手中股票。之后该股票就开始转入下跌走势中，一级一阶走出了平台锯齿形下跌形态，股价一直未见起色，可见主力在缓缓清仓，若投资者在高位未能及时卖出股票，后市可能遭受损失。

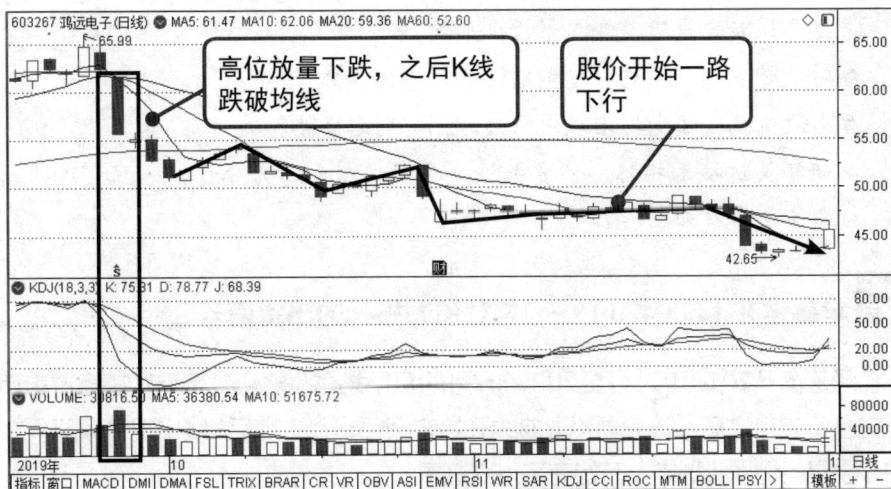

图9-23 鸿远电子主力出货信号

9.4.3
出货时的KDJ指标运用实战

投资者应意识到，只有抓住了主力出货的初期时机的信号，才能做出最佳判断，因此，我们还需要进一步挖掘KDJ指标中透露出的实战信号，内容如下。

◆ 在三线高位震荡出现金叉不叉形态之前，股价通常会有拔高的过程，这样出货形态才算成立。

◆ 如果金叉不叉形态出现后又再次出现金叉或死叉不死这种买入形态，若KDJ三线趋势向上可观望，若三线运行趋势向下且再次出现死叉或金叉不叉，可确认出货信号。

◆ 当高位死叉出现时，J线下行角度越大，主力出货信号更强烈。

◆ 当三线向下发散形态出现前，KDJ三线应当运行到顶部高位区，K曲线和D曲线出现震荡滞涨。

◆ 当三线向下发散形态时，如果J线出现大角度向下，同时伴随放量价跌，主力出货信号更为明确。

◆ 当三线向下发散形态如果出现在相对低位区，尽管同样是股价下跌的表现，但并不一定是出货，这时可能已经错过了主力出货的时机。

面对主力出货，普通投资者应当怎样做才能尽可能地避免损失获取利润呢？

◆ 设立止损点。设立了止损点之后一旦即将遭受无法承受的损失，就一定要果断卖出股票，以免错上加错。

◆ 对放量中的下跌要引起特别注意，谨慎操作。

◆ 当股价跌破强支撑出现中阴线时，需引起警惕。

◆ 研究关键技术指标，不要关注太多股票以免精力分散，一旦发现行情变化，切勿贪心。

分析实例 华鲁恒升（600426）——抓住KDJ指标的出货信号

华鲁恒升2019年11月至2020年2月的日K线图如图9-24所示。在经过前期一轮上行走势之后，该股票KDJ曲线开始在顶部横盘，随后K线出现了预示反转的十字星、倒锤头形态，开始有了下跌迹象。

随后，华鲁恒升的K线出现了三连阴正式开启了下跌的序幕，同时KDJ曲线出现高位死亡交叉，从下图中可以看到，在死亡交叉之后KDJ曲线出现了金叉不叉的形态，J线没能向上击穿另外两条曲线而是拐头向下，同时伴随放量价跌，K线出现大阴线并跌破了均线，自此三条曲线都开始向下发散，主力出货信号确认。谨慎的投资者此时就应清仓卖出股票。

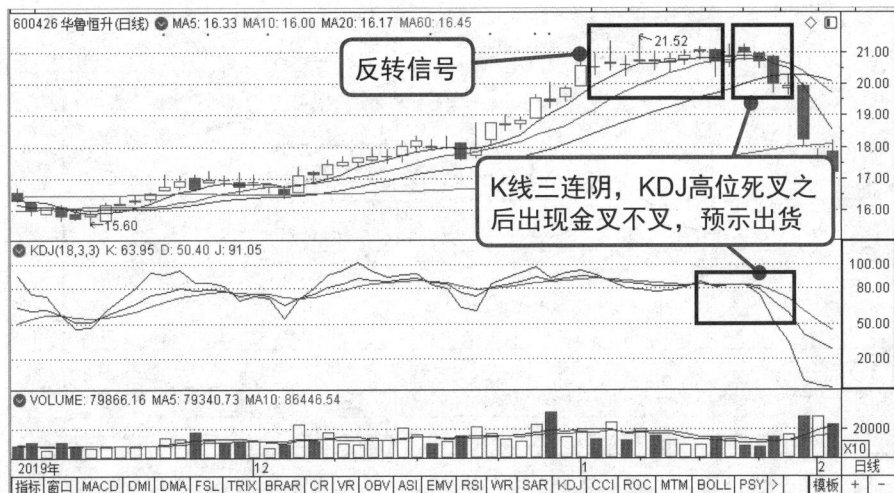

图9-24 华鲁恒升出现主力出货信号

从下图中可以看到出货信号出现之后，该股股价并未一路向下，而是出现了一个反弹，如图9-25所示。见此情形有的投资者可能会认为主力并未出货而是在洗盘，但实际上反弹之后该股又再次在高位死叉之后出现了金叉不叉现象，同时反弹中的K线也并未跃于均线之上，因而可判断此时只是一个拉升的假象。

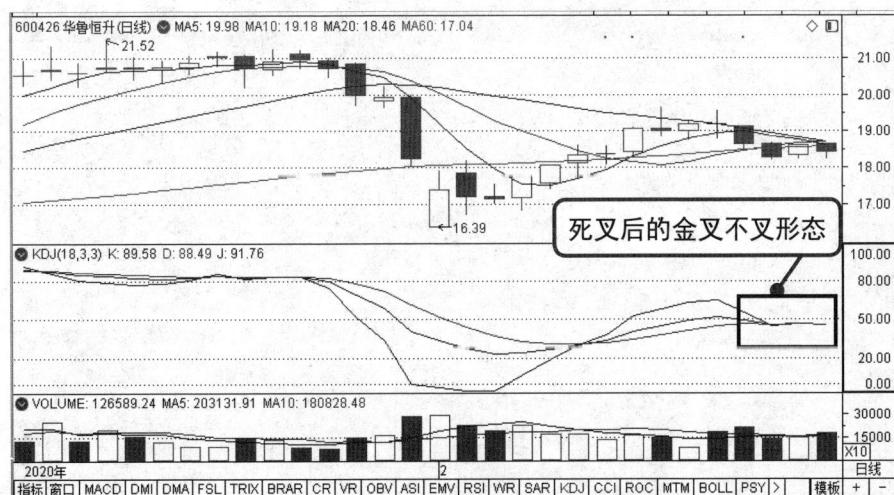

图9-25 股价出现反弹

从下图中可以看到，该股股价在短暂的反弹之后又开始继续下跌，如图9-26所示，如果投资者未能及时卖出股票，可能遭受损失。

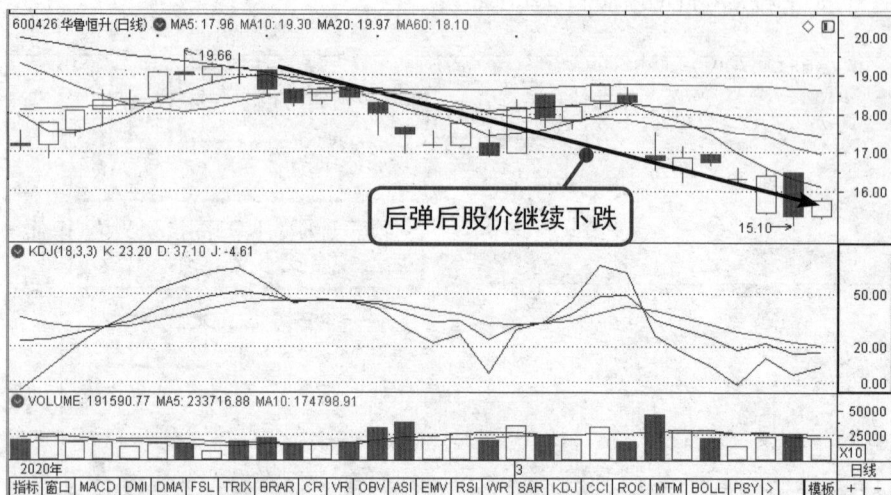

后弹后股价继续下跌

图9-26 后市股价持续下跌

TIPS *股市有风险，谨慎加杠杆* 🔍

切勿贪心，这四个字应贯穿投资者的整个炒股决策。有投资者会利用抵押贷款等方式加杠杆来提升投资报酬率。但此种方法尽管有可能获得高额利润，但也可能出现较大的亏损，因杠杆操作导致倾家荡产者比比皆是。请切记，股市有风险，入市需谨慎。